Quem tem medo do gênero?

Judith Butler

Quem tem medo do gênero?

TRADUÇÃO
Heci Regina Candiani

© desta edição, Boitempo, 2024
© Judith Butler, 2024
Todos os direitos reservados

Traduzido do original em inglês *Who's Afraid of Gender?*
(Nova York, Farrar, Straus and Giroux, 2024)

Direção-geral	Ivana Jinkings
Edição	Artur Renzo
Coordenação de produção	Livia Campos
Assistência editorial	Marcela Sayuri
Assistência de produção	Livia Viganó
Tradução	Heci Regina Candiani
Preparação	André Albert
Revisão	Daniel Rodrigues Aurélio
Capa	Isabella Teixeira
	sobre fotos de Rovena Rosa/Agência Brasil (CC 2.0), "Manifestantes protestam contra e a favor de filósofa Judith Butler em São Paulo", 7 nov. 2017.
Diagramação	Antonio Kehl

Equipe de apoio Ana Slade, Davi Oliveira, Elaine Ramos, Frank de Oliveira, Frederico Indiani, Higor Alves, Isabella Meucci, Ivam Oliveira, Kim Doria, Letícia Akutsu, Luciana Capelli, Marina Valeriano, Marissol Robles, Mateus Rodrigues, Maurício Barbosa, Pedro Davoglio, Raí Alves, Renata Carnajal, Thais Rimkus e Tulio Candiotto

CIP-BRASIL. CATALOGAÇÃO NA PUBLICAÇÃO
SINDICATO NACIONAL DOS EDITORES DE LIVROS, RJ

B992q

Butler, Judith
Quem tem medo do gênero? / Judith Butler ; tradução Heci Regina Candiani. - 1. ed. - São Paulo : Boitempo, 2024.
272 p. ; 23 cm.

Tradução de: Who is afraid of gender
ISBN 978-65-5717-334-3

1. Identidade de gênero. I. Candiani, Heci Regina. II. Título.

24-87661   CDD: 306.768
           CDU: 316.7-055.3

Gabriela Faray Ferreira Lopes - Bibliotecária - CRB-7/6643

Este livro compõe a quadragésima
caixa do clube Armas da crítica.

É vedada a reprodução de qualquer parte deste livro sem a expressa autorização da editora.

1ª edição: fevereiro de 2024
1ª reimpressão: julho de 2024

BOITEMPO
Jinkings Editores Associados Ltda.
Rua Pereira Leite, 373
05442-000 São Paulo SP
Tel.: (11) 3875-7250 / 3875-7285
editor@boitempoeditorial.com.br
boitempoeditorial.com.br | blogdaboitempo.com.br
facebook.com/boitempo | twitter.com/editoraboitempo
youtube.com/tvboitempo | instagram.com/boitempo

para as pessoas jovens que ainda me ensinam

Sumário

Introdução: Ideologia de gênero e o medo da destruição 9

1. O cenário global..41

2. Pontos de vista do Vaticano..79

3. Ataques contemporâneos ao gênero nos Estados Unidos.......................99

4. Trump, sexo e a Suprema Corte 119

5. Feministas radicais transexcludentes e as matérias de sexo britânicas... 141

6. E quanto ao sexo?..177

7. De que gênero você é?..195

8. Natureza/Cultura: rumo à construção conjunta 213

9. Os legados racial e colonial do dimorfismo de gênero.......................221

10. Termos estrangeiros ou a interferência da tradução..........................239

Conclusão: O medo da destruição, a luta para imaginar........................255

Agradecimentos...273

Sobre Judith Butler..275

Introdução

Ideologia de gênero e o medo da destruição

Por que alguém teria medo do gênero? Ao menos nos Estados Unidos, o termo tem sido considerado, até recentemente, bastante corriqueiro. Solicitam-nos marcar um quadrinho em um formulário, e a maioria de nós o faz sem parar para pensar. Mas, é claro, há entre nós quem não goste de assinalar o quadrinho e considere que deveriam existir muitos quadrinhos mais ou, quiçá, nenhum; cada um de nós tem sentimentos diferentes quando convocado a assinalar o quadrinho do gênero. Algumas pessoas suspeitam que "gênero" é uma maneira de discutir a condição de desigualdade das mulheres ou supõem que a palavra é um sinônimo de "mulheres". Outras pensam se tratar de uma maneira disfarçada de se referir a "homossexualidade". Outras, ainda, presumem que "gênero" é mais uma forma de dizer "sexo", embora algumas feministas tenham feito a distinção entre as duas coisas, associando o "sexo" à biologia ou à atribuição legal no momento do nascimento e o "gênero" às formas socioculturais do *tornar-se*. Ao mesmo tempo, as feministas e parte dos especialistas em estudos de gênero discordam entre si em relação a quais definições e distinções estão corretas. A miríade de debates em curso a respeito da palavra mostra que nenhuma abordagem para definir ou compreender o gênero é dominante.

O "movimento contra a ideologia de gênero", no entanto, trata o gênero como um monólito, assustador em seu poder e alcance. O mínimo que se pode dizer é que os debates lexicais sobre gênero não são realmente acompanhados por quem se opõe ao termo. Bem longe das formas mundanas e acadêmicas sob as quais circula, o gênero se tornou, em algumas partes do mundo, uma questão de extraordinário alarde. Na Rússia, tem sido chamado de ameaça à segurança nacional, ao passo que o Vaticano a declarou uma ameaça tanto à civilização quanto ao próprio "homem". Em comunidades conservadoras evangélicas e católicas ao redor do mundo, "gênero" é considerado o código para uma pauta política que busca não apenas destruir a família tradicional mas também proibir qualquer referência à "mãe" e ao "pai", em prol de um futuro sem gênero. Em contraposição a isso, nas recentes campanhas estadunidenses para manter o "gênero" longe da sala de aula, o termo é tratado como um código para a pedofilia ou para uma forma de doutrinação que ensina criancinhas a se masturbarem ou se tornarem gays. O mesmo argumento foi apresentado no Brasil de Bolsonaro, sob a alegação de que o gênero põe em dúvida o caráter natural e normativo da heterossexualidade, e que, uma vez que a ordem heterossexual deixar de ser sólida, uma enxurrada de perversidades sexuais, incluindo zoofilia e pedofilia, tomará a face da terra. As contradições são abundantes. Essa linha de pensamento – segundo a qual educar as crianças em relação ao "gênero" significa abuso infantil – se esquece, convenientemente, da longa e abominável história de abuso sexual de jovens por sacerdotes que depois são exonerados e protegidos pela Igreja. Acusar de abuso infantil quem leciona educação sexual é projetar os males cometidos pela Igreja sobre pessoas que estão tentando ensinar como o sexo funciona, por que o consentimento é importante e quais percursos existem tanto para o gênero como para a sexualidade. Essa externalização dos males é apenas um exemplo de como o fantasma do gênero atua.

Em várias partes do mundo, o gênero é representado não apenas como uma ameaça às crianças, à segurança nacional ou ao casamento heterossexual e à família normativa, mas também como uma conspiração das elites para impor seus valores culturais a "pessoas de verdade", um esquema orquestrado nos centros urbanos do Norte Global para colonizar o Sul Global. O gênero é retratado como um conjunto de ideias que se opõe à ciência, à religião ou a ambas, ou ainda como um risco à civilização, uma negação da natureza, um ataque à masculinidade ou o apagamento das diferenças entre os sexos. Às vezes, o gênero também é encarado como uma ameaça totalitária ou como obra do demônio, e, dessa forma, disseminado como a força mais destrutiva do mundo, um rival contemporâneo e perigoso de Deus, a ser combatido ou destruído a qualquer custo.

Ao menos nos Estados Unidos, o gênero deixou de ser um quadrinho banal a ser assinalado em formulários oficiais, e certamente não é uma daquelas disciplinas acadêmicas obscuras sem efeito no mundo em geral. Pelo contrário: tornou-se um fantasma com poderes destrutivos, uma forma de reunir e exacerbar a multiplicidade de pânicos modernos. É claro que há muitas razões completamente legítimas para temer nosso mundo atual. O desastre climático, a migração forçada, as vidas ameaçadas e perdidas na guerra. As economias neoliberais, que privam as pessoas dos serviços sociais básicos de que necessitam para viver e prosperar. O racismo sistêmico, que tira a vida de tantas pessoas por meio de formas de violência tanto lentas quanto rápidas. Mulheres, pessoas queer e trans, especialmente as negras ou marrons*, são assassinadas em índices estarrecedores.

Na direita, contudo, a lista de medos é diferente: contestações ao poder patriarcal e às estruturas sociais no interior do Estado, da sociedade civil e da unidade familiar heteronormativa; ondas de migração que ameaçam noções tradicionais de nacionalidade, supremacia branca e nacionalismo cristão. A lista do que deve ser temido continua, mas nenhuma lista é capaz de explicar como movimentos de direita, instituições e Estados exploram esses medos de destruição em favor de seus próprios objetivos, e de que maneira termos como "gênero", "teoria de gênero", "racismo sistêmico" ou "teoria crítica da raça" são culpados pelos temores completamente desnorteantes que muitas pessoas sentem hoje mundo afora em relação ao futuro de seus modos de vida. Para que o gênero seja identificado como uma ameaça à vida como um todo, à civilização, à sociedade, ao pensamento e por aí vai, o termo tem de condensar uma ampla gama de medos e ansiedades – independentemente do fato de contradizerem uns aos outros –, embalá-los em um único fardo e reuni-los sob um único nome. Como Freud nos ensinou em relação aos sonhos, tudo o que acontece em fantasmas como esses envolve a condensação de vários elementos e um deslocamento em relação ao que permanece não visto ou não nomeado.

Será que é sequer possível dizer *quantos* dos medos contemporâneos se concentram no terreno do gênero? Ou explicar como a demonização do gênero encobre e desvia a atenção de ansiedades legítimas quanto à destruição climática, à precariedade econômica intensificada, à guerra, às toxinas ambientais e à violência policial – medos de que, sem dúvida, temos razão em sentir ou cogitar? Quando o "gênero" absorve uma série de medos e se torna um fantasma totalizante para a direita contemporânea, as variadas condições que de fato dão origem a esses medos perdem seus nomes. O "gênero" reúne e incita esses medos, impedindo-nos de refletir mais claramente sobre o que

---

* Em inglês, *brown*, termo utilizado na sociedade estadunidense como um marcador político, socioeconômico e cultural para identificar pessoas de diferentes heranças étnico-racias, incluindo descendentes de povos do Oriente Médio, América Latina, Oceania, sul, sudeste e centro da Ásia. (N. T.)

há a temer e como, para início de conversa, surgiu a atual percepção de que o mundo está em perigo.

Colocar o fantasma do "gênero" em circulação também é uma forma encontrada pelos poderes existentes – Estados, igrejas, movimentos políticos – para atemorizar as pessoas, de modo que elas retornem a suas fileiras, aceitem a censura e externalizem seu medo e ódio contra comunidades vulneráveis. Esses poderes não só recorrem aos medos reais de muitas pessoas da classe trabalhadora quanto ao próprio futuro profissional ou à sacralidade de sua vida familiar como incitam esses medos, convenientemente insistindo, por assim dizer, que as pessoas identifiquem no "gênero" a verdadeira causa de seus sentimentos de ansiedade e apreensão em relação ao mundo. Consideremos a sugestão do papa Francisco em 2015. Depois de alertar para a existência de "Herodes" em todos os períodos históricos, diz que a "teoria de gênero" contemporânea é composta por novos herodianos que "tramam desígnios de morte, que desfiguram o rosto do homem e da mulher, destruindo a criação". Em seguida, o papa Francisco esclarece quão aniquiladora é a força da "teoria de gênero": "Pensemos nas armas nucleares, na possibilidade de aniquilar em poucos instantes um número muito grande de seres humanos [...]. Pensemos também na manipulação genética, na manipulação da vida, ou na teoria de gênero, que não reconhece a ordem da criação". O papa Francisco prossegue relatando que o financiamento a escolas que atendem aos mais pobres foi assegurado sob a condição de que a "teoria de gênero" fosse incluída no currículo; não nos é apresentado nenhum detalhe sobre o que exatamente se entende por "teoria de gênero", mas é claramente algo a ser temido tal como se temeria, digamos, a perda em massa de vidas. Exigir o ensino de gênero nas escolas é, nas palavras dele, "colonização ideológica". Ele acrescenta que "o mesmo foi feito pelos ditadores do século passado... Pensemos na Juventude Hitlerista"[1].

A decisão do Vaticano de usar uma retórica inflamada dessa espécie é, obviamente, bastante destrutiva, dadas a influência da instituição e a elevada estima em geral reservada ao papa Francisco. Se o gênero é uma bomba nuclear, precisa ser desativado. Se é o próprio diabo, todos aqueles que o representam devem ser expulsos da humanidade. O que o papa diz é claramente absurdo e perigoso, mas também bastante tático: quer seja representado como uma arma de destruição, como o diabo, como uma nova versão

---

[1] Candida Moss e Joel Baden, "Pope's Shocking Hitler Youth Comparison", *The Daily Beast*, 20 fev. 2015; disponível on-line.

do totalitarismo, como pedofilia, quer como colonização, o gênero assumiu um número surpreendente de formas fantasmáticas, eclipsando tanto seu uso acadêmico quanto seu uso cotidiano. Como consequência, fazer circular a ideia dos poderes destrutivos do gênero é uma maneira de produzir um medo existencial que possa ser explorado por quem deseja ampliar os poderes estatais na esperança de retornar a uma ordem patriarcal "segura". O medo é alimentado de modo que aqueles que prometem aliviá-lo possam emergir como forças de redenção e restauração. Ele é produzido e explorado para mobilizar as pessoas a apoiar a destruição de vários movimentos sociais e de políticas públicas entendidas como organizadas pelo gênero.

Transformar em arma esse temível fantasma do "gênero" é algo essencialmente autoritário. O retrocesso na legislação progressista certamente é alimentado pela retaliação, mas retaliação é uma mera descrição do momento reativo nesse cenário. O projeto de reconduzir o mundo a um tempo anterior ao "gênero" promete o retorno a uma sonhada ordem patriarcal que pode nunca ter existido, mas que ocupa o lugar da "história" ou da "natureza" – uma ordem que apenas um Estado forte pode restaurar[2]. A sustentação aos poderes do Estado, incluindo os poderes dos tribunais, enreda o movimento antigênero em um projeto autoritário mais amplo. A identificação de minorias sexuais e de gênero como perigosas para a sociedade, como exemplos da força mais destrutiva do mundo, a fim de privá-las de seus direitos, proteções e liberdades fundamentais, enreda a ideologia antigênero no fascismo. À medida que o pânico aumenta, dá-se carta branca ao Estado para negar a vida daquelas pessoas que passaram a representar, por meio da sintaxe do fantasma, uma ameaça à nação.

Ao ter o gênero como alvo, alguns proponentes dos movimentos antigênero afirmam estar defendendo não apenas os valores da família, mas os valores em si; não apenas um modo de vida, mas a vida em si. O fantasma que alimenta as tendências fascistas é aquele que busca totalizar o campo social, infundindo na população o medo quanto a seu próprio futuro existencial – ou melhor, explorando medos existentes e dando uma forma totalizante à "causa" deles. Seria tentador dizer que "gênero" é um significante vazio porque, a partir do

---

[2] A feminista turca Deniz Kandiyoti apresentou esse argumento de modo convincente em uma palestra, "How Did Gender Move to the Center of Democratic Struggles?" [Como o gênero se deslocou para o centro das disputas democráticas], no Global Centers [Istambul] da Universidade Columbia, em 15 de fevereiro de 2022. A gravação está disponível on-line no site das Kapuscinski Development Lectures.

momento em que ele atrai e mobiliza medos de várias ordens da sociedade, incluindo a econômica e a ecológica, já não se refere mais a nada que possamos entender como gênero. Trata-se, no entanto, de um significante que é menos vazio do que sobredeterminado, absorvendo, da história social e do discurso político, ideias brutalmente diferentes sobre o que ameaça o mundo. Além disso, "gênero" designa, até mesmo no imaginário cotidiano, certa maneira de viver o corpo, de tal sorte que a vida e o corpo constituem seu campo de operação. A vida corporal está ligada à paixão e ao medo, à fome e à doença, à vulnerabilidade, à penetrabilidade, à relacionalidade, à sexualidade e à violência. Se a vida do corpo, a vida distinta ou diferenciada do corpo, já é, mesmo nas melhores condições, um terreno no qual as ansiedades sexuais se concentram, no qual as normas sociais se estabelecem, então todas as lutas sexuais e sociais da vida podem encontrar precisamente nela um local ou incitamento. Se por um lado o termo "gênero" representa muito mais do que gênero no movimento contra a ideologia de gênero, fora desse discurso ele se refere muito mais aos sentidos da vida corporificada, formada e enquadrada por convenções sociais e distúrbios psíquicos. Ouvir, como a primeira-ministra italiana Giorgia Meloni informou aos públicos italiano e espanhol, que os defensores do gênero vão despojar você de sua identidade sexuada intensifica o medo e a indignação entre aquelas pessoas cuja identidade sexuada é fundamental para sua própria noção de si. Fabricar medo com o objetivo de despojar pessoas trans de seus direitos de autodeterminação é mobilizar o medo de se ter a identidade sexuada anulada a fim de anular as identidades sexuadas de outras pessoas. O medo de ser privado de algo tão íntimo e definidor como uma identidade sexuada depende de uma compreensão geral de que isso seria, de fato, uma privação; em outras palavras, seria errado privar alguém do aspecto sexuado de seu próprio ser. A partir dessa premissa, deveria ser possível universalizar a reivindicação, recusar o envolvimento em qualquer atividade que prive qualquer pessoa, inclusive as pessoas trans, de sua identidade sexuada; porém, é o oposto disso que tem se mostrado verdadeiro quando a afirmação do direito ao próprio sexo significa exigir que outras pessoas percam esse mesmo direito.

*

A tarefa que se apresenta diante de nós é tentar compreender essa escalada cada vez mais acelerada e essa combinação de perigos potenciais e literais, e questionar como podemos combater um fantasma desse tamanho e intensidade antes que ele chegue ainda mais próximo da erradicação da justiça reprodutiva, dos direitos de mulheres, os direitos de pessoas trans e não binárias, das liberdades gays e lésbicas e de todos os esforços para alcançar a paridade e a justiça sexual e de gênero, sem mencionar a censura direcionada ao discurso público livre e à academia.

Poderíamos, é claro, apresentar bons argumentos sobre o que há de errado em analisar o gênero dessa maneira, e isso seria útil para quem trabalha com educação e formulação de políticas públicas e busca explicar por que utiliza o termo e o considera importante. Poderíamos também tentar apresentar uma história que explique como o gênero passou a ser encarado dessa forma, dando atenção tanto à sua versão secular quanto à religiosa e assinalando como, na batalha contra um inimigo comum, católicos e evangélicos de direita superaram em parte suas diferenças. Todas essas abordagens são necessárias, mas dificilmente podem explicar ou combater a intensificação da força fantasmática do "gênero". Esse fantasma, compreendido como um fenômeno *psicossocial*, é uma área em que medos e ansiedades íntimas se organizam socialmente para incitar paixões políticas. Qual é a estrutura desse fantasma vibrante e distorcido chamado "gênero"? E com que objetivo é animado? Como desenvolvemos um imaginário oposto, vigoroso o bastante para expor seu estratagema, dissipar sua força e deter as tentativas de censura, distorção e política reacionária que ele fortalece? Cabe a nós contrapor uma visão convincente que afirme os direitos e liberdades da vida corporificada que podemos e devemos proteger. Afinal, derrotar esse fantasma é no fundo uma questão de afirmar a maneira de amar, de viver no próprio corpo, o direito de existir no mundo sem medo de violência ou discriminação, de respirar, de se mover, de viver. Por que não gostaríamos que todas as pessoas tivessem essas liberdades fundamentais?

Se os oponentes de alguém estão tomados pelo medo, dominados pela ameaça de um fantasma perigoso, então a abordagem deve ser outra. Não parecemos estar em um debate público, precisamente porque não há nenhum texto explícito, nenhum acordo sobre os termos; o medo e o ódio inundaram a paisagem na qual o pensamento crítico deveria estar florescendo. Trata-se de um cenário fantasmático. Ao me referir a um "cenário fantasmático", adapto a formulação teórica de Jean Laplanche, o falecido psicanalista francês, para pensar os fenômenos psicossociais. Para Laplanche, a fantasia não é somente produto da imaginação – uma realidade totalmente subjetiva. Ela deve ser entendida, em sua forma mais fundamental, como um arranjo sintático de elementos da vida psíquica. A fantasia, portanto, não é apenas uma criação da mente, um devaneio subliminar, mas uma organização de desejo e ansiedade que segue certas regras estruturais e organizacionais, valendo-se de material tanto inconsciente quanto consciente. Eu sugeriria que a organização ou sintaxe dos sonhos e da fantasia é ao mesmo tempo social e psíquica. Embora Laplanche estivesse interessado na infância e na formação de uma fantasia original, pergunto-me se podemos nos apropriar de alguns aspectos de sua perspectiva para compreender o cenário *antigênero* como fantasmático. Minha aposta é que, enquadrando a questão dessa maneira, seremos mais capazes de responder a esse movimento e a seu discurso. Pois quando o cenário está montado e imagina-se que algo chamado gênero atua sobre crianças ou afeta o público de maneiras nefastas e destrutivas, "gênero" substitui um conjunto complexo de ansiedades e se torna uma área sobredeterminada na qual o medo da destruição se concentra.

O fantasma pode ser encontrado em uma ampla gama de movimentos contra a legislação progressista. Chega à pauta principal do nacionalismo cristão em Taiwan e às plataformas presidenciais nas eleições francesas; está presente não apenas na defesa da pureza racial europeia, dos valores nacionais e da "família natural", mas também na crítica conservadora da Europa e de suas políticas de transversalização da perspectiva de gênero, ou seja, suas agendas neoliberais. Onde quer que opere, o fantasma traz consigo uma euforia sádica por se ver livre de novas restrições éticas aparentemente impostas pelas pautas feministas e LGBTQIA+ ou por apologistas da transversalização da perspectiva de gênero. O que é notável e perturbador é a maneira como essa campanha moral se deleita em experimentar várias formas de negar a própria existência dos outros, despojá-los de direitos, recusar sua realidade, restringir liberdades básicas, envolver-se em formas desavergonhadas de ódio racial e controlar, rebaixar, caricaturar, patologizar e criminalizar essas vidas. O ódio é alimentado e racionalizado pela retidão moral, e todas as pessoas prejudicadas e destruídas por movimentos odiosos são apresentadas como as verdadeiras agentes da destruição. Essa projeção e inversão estruturam o cenário fantasmático do "gênero". Ficamos, assim, com duas perguntas urgentes: quem quer destruir quem? E de que modo as formas de sadismo moral compartilhado e crescente se manifestam como uma ordem virtuosa[3]?

---

[3] Ver meu artigo "Moral Sadism and Doubting One's Own Love; Kleinian Reflections on Melancholia", em Lynsey Stonebridge e John Phillips (orgs.), *Reading Melanie Klein* (Londres, Routledge, 1998).

A tarefa consiste em não apenas revelar a falsidade, mas também esvaziar o poder do fantasma de circular e convencer, além de produzir outro imaginário, no qual os alvos do movimento antigênero se aliam para se contrapor a quem destruiria seu direito de habitar o mundo de formas vivenciáveis e livres.

O cenário fantasmático não é o mesmo que uma fantasia que você ou eu temos em um momento de distração. É, antes, uma forma de organizar o mundo forjada pelo medo de uma destruição pela qual o gênero é considerado responsável. E, contudo, no esforço de expulsar do mundo o termo e seus supostos efeitos, o movimento antigênero claramente causa danos, tentando derrubar práticas, instituições e políticas que buscaram revisar e expandir a liberdade e a igualdade – isto é, que concederam maiores liberdades para viver publicamente, para respirar livremente sem medo de ataques, para experimentar a sensação de ter um lugar igual junto às outras pessoas na sociedade.

Consideremos a alegação de que o "gênero" – seja ele o que for – coloca em risco a vida de crianças. Essa acusação é poderosa. Para algumas pessoas, assim que essa acusação é feita, ela se realiza, e as crianças não estão ameaçadas de um mal, e sim ativamente atingidas pelo mal. Quando se chega a essa conclusão repentina, há apenas uma opção: impedir o mal! Acabar com o gênero! O medo de que as crianças sejam prejudicadas, o medo de que a instituição familiar, ou a própria família da pessoa, seja destruída, de que o "homem" seja derrubado, incluindo os homens e o homem que alguns de nós somos, de que um novo totalitarismo esteja se impondo a nós, são todos medos sentidos profundamente pelas pessoas que se comprometeram com a erradicação do gênero – da palavra, do conceito, do campo acadêmico e dos vários movimentos sociais que ele passou a representar. Esses medos são, como sugiro aqui, agrupados em uma sintaxe inflamada.

Em linhas gerais, a sintaxe é uma maneira de integrar elementos da linguagem para dar sentido ao mundo. Nos sonhos e nas fantasias, a disposição dos elementos é essencial para a compreensão do sentido do que está acontecendo. Linguistas que estudam a sintaxe procuram discernir as regras que regem tais arranjos. No entanto, quando Laplanche perguntou sobre a sintaxe da fantasia, ele queria saber sobre arranjos inconscientes que se baseiam em condensação e deslocamento, uma maneira específica de encadear associações para formar uma unidade complexa que impõe a crença em sua realidade. Condensação nomeia a forma como elementos psíquicos e sociais díspares são arbitrariamente conectados entre si e reduzidos a uma realidade única. Deslocamento nomeia a maneira como um ou muitos tópicos são expulsos da mente – ou externalizados –

em favor daquele que ao mesmo tempo os representa e os oculta. Veremos como esses dois processos psíquicos, ligados a medos e ansiedades sociais, atuam na construção e circulação do fantasma do gênero.

Em uma de suas últimas entrevistas, Laplanche sugere que a "ideologia" se dá quando os códigos culturais penetram nas fantasias mais primevas, nas quais não há uma maneira clara de dissociar o inconsciente da ação da cultura[4]. Existem múltiplas maneiras de organizar elementos inconscientes, e a tarefa é compreender como esses elementos se ligam uns aos outros. Nas palavras de Laplanche: "O processo primário [...] [é] a primeira forma de ligação. É uma ligação muito frouxa, mas é uma ligação. As associações, deslocamentos e condensações significam que há ligações. Existem trajetos estabelecidos pelo processo primário". A tarefa, então, não é ver como a psicanálise pode ser aplicada a fantasmas culturais como "gênero", mas como uma série de elementos culturais e sociais são reorganizados por meio de trajetos ou arranjos *que já operam* no nível do inconsciente. Segundo essa lógica, o movimento antigênero é guiado por uma sintaxe inflamada: ou seja, uma forma de ordenar o mundo que absorve e reproduz ansiedades e medos sobre permeabilidade, precariedade, deslocamento e substituição; perda do poder patriarcal tanto na família quanto no Estado; e perda da supremacia branca e da pureza nacional[5]. No processo de reproduzir o medo da destruição, a fonte da destruição é exteriorizada como "gênero". Exteriorizado como uma unidade, o termo condensa uma gama de elementos e intensifica a sensação de perigo iminente. Também desloca os medos relativos a formas de destruição ecológica e econômica para um substituto à mão, impedindo-nos de enfrentar essas que são fontes mais verdadeiras de destruição mundial em nossos tempos. O resultado é que o gênero, agora firmemente estabelecido como uma ameaça existencial, torna-se alvo de destruição.

Laplanche sugere que pensemos a "ideologia" dessa maneira. O movimento contra a ideologia de gênero é, em si, uma ideologia no sentido que ele a concebe. Ainda que geralmente seja antimarxista, o movimento antigênero lança mão de versões popularizadas da crítica da ideologia quando toma o gênero como alvo. Às vezes, as "ideologias" são caracterizadas como falsas formas de conhecimento,

---

[4] "Existem códigos fornecidos pela cultura, e esses códigos assumem o lugar do fantasmático primevo". Ver Jean Laplanche, "The Other Within", *Radical Philosophy*, n. 102, jul.-ago. 2000, p. 33.

[5] Agnieszka Graff e Elżbieta Korolczuk, *Anti-Gender Politics in the Populist Moment* (Londres, Routledge, 2021).

ecoando noções marxistas de falsa consciência. Outras vezes, uma "ideologia" é o mesmo que um "ponto de vista" ou "uma visão de mundo totalizante" – um uso que retira dela todos os seus sentidos históricos e seu lugar no pensamento crítico. Marx e Engels, em *A ideologia alemã* (1845-1846)*, distinguiram trabalho material de trabalho espiritual, argumentando que aqueles que afirmavam que o pensamento poderia, por si só, produzir uma revolução estavam redondamente equivocados e tinham invertido a relação efetiva entre pensamento e realidade.

Louis Althusser revisou essa ideia significativamente em seu artigo "Ideologia e aparelhos ideológicos do Estado" (1970)**, sugerindo que a ideologia promove formas abstratas de pensamento em lugar de modos mais revolucionários de se opor à exploração capitalista – e de superá-la – como uma organização econômica aceitável da sociedade. Althusser pensava que a ideologia permeava nossas vidas, como o ar, e que o esforço para romper com a atmosfera da ideologia era difícil. Afinal, a ideologia não é apenas um conjunto de crenças que passamos a adotar com o tempo, e sim uma série de formas de organizar a realidade que fazem parte de nossa formação, e de nossa educação, inclusive. A ideologia fornece os termos pelos quais passamos a compreender a nós mesmos, mas também nos leva a existir como sujeitos sociais.

Por exemplo, no início da vida, geralmente nos chamam de menina ou menino, e de repente nos vemos confrontados por uma interpelação poderosa vinda de fora. O sentido que é finalmente dado a essa interpelação não pode ser determinado previamente. Podemos, efetivamente, fracassar em atender à demanda que tal prática de nomeação comunica – e esse "fracasso" pode se revelar uma libertação[6]. É por isso que nossa capacidade de criticar as ideologias está necessariamente enraizada na posição de um sujeito mau ou falho: a de alguém que não conseguiu se aproximar das normas que regem a individuação, o que nos coloca na difícil posição de romper com nossa própria criação ou formação para pensar criticamente, à nossa maneira, e repensar, mas também de nos tornarmos pessoas que não correspondem plenamente às expectativas tantas vezes comunicadas por meio da atribuição do sexo no nascimento.

*

---

* Ed. bras.: trad. Rubens Enderle, Nélio Schneider e Luciano Martorano, São Paulo, Boitempo, 2007. (N. E.)
** Ed. bras.: em Slavoj Žižek (org.), *Um mapa da ideologia*, trad. Vera Ribeiro, Rio de Janeiro, Contraponto, 1996, p. 105-42. (N. E.)
[6] Jack Halberstam, *The Queer Art of Failure* (Durham, Duke University Press, 2011).

Embora interpretada como uma reação aos movimentos progressistas, a ideologia antigênero é impulsionada por um desejo mais forte, qual seja, a restauração de uma sonhada ordem patriarcal em que um pai é um pai; uma identidade sexuada nunca muda; as mulheres, consideradas "mulheres desde o nascimento", retomam suas posições naturais e "morais" dentro do lar; e a população branca detém uma supremacia racial incontesta. O projeto, no entanto, é frágil, uma vez que a ordem patriarcal que ele procura restaurar nunca existiu da forma que se busca efetivar no presente. "Gênero", aqui, é um cenário psicossocial, uma forma pública de sonhar, pois o passado que proponentes antigênero procuram restaurar é um sonho, um desejo, até mesmo uma fantasia, que irá restabelecer uma ordem fundada na autoridade patriarcal. O recrutamento para o movimento contra a ideologia de gênero é um convite a se juntar a um sonho coletivo, talvez uma psicose coletiva, que acabará com o medo e a ansiedade implacáveis que afligem tantas das pessoas que vivenciam a destruição climática em primeira mão, ou a violência generalizada e a guerra brutal, a expansão dos poderes policiais ou a intensificação da precariedade econômica.

Fomentar um desejo de restauração do privilégio masculino serve a muitas outras formas de poder, mas constitui um projeto social próprio, a saber: produzir um passado ideal cuja reanimação atingirá, ou até eliminará, as minorias sexuais e de gênero. Esse sonho busca não apenas restaurar um lugar legítimo para a autoridade patriarcal, concebida como parte de uma ordem natural e/ou religiosa, mas também reverter direitos e políticas progressistas, a fim de tornar o casamento exclusivamente heterossexual, insistir que o sexo atribuído no nascimento seja imutável, que o aborto seja impedido porque é o Estado quem sabe que limites devem ser impostos ao corpo das pessoas grávidas. A retaliação que vemos contra o "gênero" faz parte desse projeto mais amplo de restauração que busca fortalecer regimes autoritários como formas legítimas de paternalismo, o sonho tornado realidade.

A mobilização do sentimento antigênero pela direita depende da credibilidade que esse sonho de passado tem para as pessoas suscetíveis às seduções do autoritarismo. Nesse sentido, os medos não são totalmente fabricados nem totalmente descobertos tais como existentes. Ninguém está apresentando uma documentação histórica sobre a ordem patriarcal que precisa ser restituída a seu devido lugar; não se trata de um passado a ser descoberto no tempo histórico, mesmo que possamos encontrar muitos exemplos de organização patriarcal ao longo da história, como de fato muita gente encontrou. Essa ideia de passado pertence a uma fantasia cuja sintaxe reordena elementos da realidade a serviço de uma força motriz que torna opaca sua própria operação. O sonho funciona apenas como uma organização fantasmática da realidade que oferece uma série de exemplos e acusações para reforçar o argumento político que quer defender.

Pouco importa que a documentação histórica de um passado patriarcal idealizado não seja fornecida. Certamente não importa que os argumentos disponíveis estejam repletos de contradições. A incoerência e a impossibilidade do argumento contra o gênero representam fenômenos contraditórios e chegam a oferecer a seu público uma maneira de reunir muitos de seus medos e convicções sem jamais ter que tornar o conjunto coerente: o gênero representa o capitalismo e o gênero não é nada além de marxismo; o gênero é um constructo libertário e o gênero indica a nova onda de totalitarismo; o gênero corromperá a nação, assim como os migrantes indesejados, mas também como as potências imperialistas. É uma coisa ou é a outra? O caráter contraditório do fantasma permite que ele abarque qualquer ansiedade ou medo que a ideologia antigênero queira a fim de nutrir seus próprios propósitos, sem para isso precisar torná-los coerentes. Aliás, a desobrigação da documentação histórica e da coerência lógica faz parte de uma euforia crescente que fomenta um frenesi fascista e reforça formas de autoritarismo.

Não importa que os alvos da ideologia antigênero incluam uma série de grupos que nem sempre estão aliados: pessoas trans, incluindo jovens trans, em busca de reconhecimento legal e social e de assistência médica; qualquer pessoa em busca de assistência à saúde reprodutiva cuja prioridade expressa *não seja* a de consagrar a família heteronormativa, o que inclui quem busca fazer um aborto e grande parte de quem busca contracepção; todas aquelas pessoas que fazem campanhas por equiparação salarial; todas as que trabalham pela aprovação e manutenção de leis de combate à discriminação, ao assédio e ao estupro; lésbicas, gays e bissexuais que buscam proteção legal; e quem luta para exercer suas liberdades de expressão e de circulação sem medo de violência, punição ou prisão. O combate ao "gênero" como um constructo social demoníaco culmina em políticas que tentam privar as pessoas de seus direitos legais e sociais, ou seja, de uma existência nos termos que elas estabeleceram para si mesmas legitimamente. Retirar direitos das pessoas em nome da moralidade ou da nação ou de um sonho erótico patriarcal faz parte de uma lógica mais abrangente, amplificada pelo nacionalismo autoritário para, digamos, negar a migrantes o direito ao asilo, expulsar indígenas de suas terras, empurrar pessoas negras para um sistema prisional em que os direitos de cidadania são sistematicamente negados e tanto o abuso como a violência são justificados como medidas "legítimas" de segurança. As restrições autoritárias à liberdade que resultam de tudo isso são abundantes, seja por meio do estabelecimento de "zonas livres de LGBT" na Polônia, seja pelo estrangulamento, na Flórida, de currículos educacionais progressistas que abordam liberdade de gênero e sexualidade na educação sexual. Mas não importa o quanto as forças autoritárias tentem, intencionalmente, restringir as liberdades, é inegável o fato de que as categorias "mulher" e "homem" mudam histórica e contextualmente. Novas formações de gênero fazem parte da história e da realidade. Ignorá-las ou tentar proibi-las é um esforço inútil para negar uma complexidade viva que certamente não desaparecerá nos próximos anos.

*

O gênero faz parte do feminismo há muitas décadas. Quando nós, feministas, levantamos a questão "O que é uma mulher?", estamos reconhecendo desde o início que o significado dessa categoria permanece incerto e até enigmático. O gênero é, em uma definição mínima, a rubrica sob a qual consideramos as mudanças na forma como homens, mulheres e outras categorias afins têm sido compreendidas. Por isso, quando levantamos questões sobre homens, mulheres ou categorias de gênero que se afastam do binário, ou quando perguntamos sobre o que acontece no espaço entre essas categorias, estamos nos envolvendo em uma investigação sobre gênero. A pergunta "O que é uma mulher?" ou a questão psicanalítica "O que quer uma mulher?" foram levantadas e comentadas de tantas maneiras que, em algum momento, simplesmente aceitamos que essa categoria é aberta, sujeita a interpretação e discussão perpétuas, tanto na academia quanto no discurso público.

Quando os direitos ligados ao aborto são restringidos pelos governos porque as mulheres, dizem, não deveriam poder exercer esse tipo de liberdade, as mulheres estão sendo definidas e privadas de uma liberdade fundamental. Não se trata apenas de definir que as mulheres não devem ter essa liberdade, e sim que o Estado decida os limites da liberdade delas. Sujeitas a tais restrições, as mulheres são definidas como aquelas cuja liberdade deve ser limitada pelo Estado. As pessoas que afirmam saber o lugar que as mulheres devem ocupar na vida social e política aderem a uma teoria de gênero muito específica. Elas não se opõem ao gênero – elas têm em mente uma ordem de gênero rigorosa e desejam impô-la ao mundo. Buscam restaurar e consolidar um sonho patriarcal de binarismos de gênero estabelecidos e hierárquicos, uma ordem que só pode ser alcançada destruindo – ou tentando destruir – a vida de outras pessoas. A destruição se torna, assim, paradoxalmente, condição de possibilidade de uma ordem patriarcal sexual e de gênero que tenta repelir a perspectiva do poder "destrutivo" do gênero. Em vez de evitar a destruição, o movimento contra a ideologia de gênero se dedica a criar um mundo cada vez mais destrutivo.

É tentador procurar expor e puncionar essa caricatura inflamada do gênero por meio de um exercício intelectual. Como profissional da educação, minha tendência é dizer: "Vamos ler juntos alguns textos-chave dos estudos de gênero e ver o que gênero significa e o que não significa, e se a caricatura se sustenta". Com isso, esperaríamos esvaziar o fantasma exagerado pondo-o à prova com os próprios textos em que o gênero é discutido e as políticas públicas correntes em que o termo é usado. Infelizmente, essa estratégia raramente funciona. Defensores da posição antigênero (aquelas pessoas que interpretam o gênero como uma "ideologia") consideram que devem acabar com o gênero – o campo, o conceito, a realidade social – precisamente porque não se dispõem a ler os estudos sobre gênero a que se opõem, recusando-se, às vezes por uma questão de princípios, a se empenhar em formas fundamentadas de crítica. Seu anti-intelectualismo, sua desconfiança em relação à academia, é ao mesmo tempo uma recusa a participar do debate público. O que repudiam como procedimento "acadêmico" é, na realidade, algo necessário para as deliberações públicas informadas nas democracias. O debate público informado torna-se impossível quando algumas das partes se recusam a ler o material em disputa. A leitura não é apenas um passatempo ou um luxo, mas uma precondição da vida democrática, uma das práticas que mantêm o debate e a discordância embasados, focados e produtivos.

Além disso, defensores da posição antigênero estão amplamente empenhados em *não* ler criticamente porque imaginam que a leitura os exporia – ou submeteria – a uma doutrina contra a qual, desde o início, apresentaram objeções. Eles imaginam que foram acadêmicos especialistas em estudos de gênero, e não eles mesmos, que proclamaram lealdade a uma ideologia ou um dogma e, com isso, participam de uma forma acrítica de pensamento e ação que os une como grupo e os coloca contra seus oponentes. Tal maneira de imaginar a leitura crítica, ou o pensamento crítico, apoia-se em uma inversão de posições e na exteriorização do papel que o crítico de gênero realmente ocupa – é uma importante forma de deslocamento fantasmático.

Para os críticos religiosos que alegam basear sua oposição ao gênero em fundamentos bíblicos, o único livro que vale a pena ler sobre o assunto é a própria Bíblia. Ler de maneira acadêmica, quanto mais criticamente, é admitir que pode haver outros pontos de vista além daqueles encontrados nas escrituras ou propostos por líderes religiosos. Certa vez, uma mulher na Suíça aproximou-se de mim depois que dei uma palestra e disse: "Eu rezo por você". Perguntei por quê. Ela explicou que a escritura diz que Deus criou o homem e a mulher, e que eu, por meio de meus livros, negava a escritura. Ela acrescentou que macho e fêmea são naturais e que a natureza era uma criação de Deus. Comentei que a natureza admite complexidade e que a própria Bíblia está aberta a algumas interpretações diferentes, e ela caçoou. Então, perguntei se ela havia lido alguma obra minha, e ela respondeu: "Não! Eu nunca leria um livro desses!". Foi aí que percebi que, para ela, ler um livro sobre gênero seria tratar com o diabo. A visão dela repercute a exigência de tirar os livros sobre gênero da sala de aula e o medo de que quem ler esses livros se contamine por eles ou passe por uma doutrinação ideológica, ainda que as pessoas que buscam restringir esses livros em geral nunca os tenham lido.

Opositores do gênero retratam defensores do gênero como dogmáticos, ou alegam que temos uma postura crítica em relação à autoridade deles, mas nunca às nossas próprias crenças. No entanto, os estudos de gênero são um campo diversificado, marcado por debate interno e várias metodologias, sem um quadro referencial único. A lógica implícita aqui parece ser: se meus oponentes lerem da forma como eu leio, e se a leitura é a submissão à autoridade de um texto (ou conjunto de textos) considerado autorizado e unificado em sua mensagem, então os críticos do gênero são como os críticos cristãos conservadores, mas cada um se submete a um dogma diferente. Disso resulta que os críticos do gênero imaginam que seus oponentes leem a teoria de gênero como eles próprios leem a Bíblia, ou que aceitam cegamente os pronunciamentos de suas autoridades preferidas. Em sua imaginação exaltada, a teoria de gênero se baseia em textos equivocados escritos por falsas autoridades, muitas vezes intangíveis, que exercem um poder rival e paralelo à autoridade bíblica e impõem um tipo semelhante de submissão a suas alegações.

Aparentemente, então, o gênero é interpretado como uma "ideologia" porque as pessoas que leem livros sobre gênero são ostensivamente submetidas a seus dogmas e não pensam de forma independente ou crítica. A oposição à inclusão de livros sobre gênero nas escolas e universidades, os novos esforços para expurgar tais temas dos currículos, assentam-se em certa desconfiança em relação à leitura e à capacidade dela de abrir a mente para novas possibilidades[7].

---

[7] Consideremos, por exemplo, o esvaziamento do currículo e da liberdade acadêmica da New College, em Sarasota, Flórida, entre 2022 e 2023. O governador Ron DeSantis não só

Por um lado, a mente não deve estar aberta a repensar como a sexualidade ou o gênero são organizados socialmente, ou como nos referimos às pessoas em um sentido mais amplo. Ao que parece, a mente deve permanecer fechada a esse respeito. Por outro lado, a mente deve ser mantida livre de ideólogos que, aparentemente, se empenhariam em esforços de recrutamento, em formas nefastas de sedução ou até mesmo em lavagem cerebral. Não importa que as salas de aula nas quais o gênero é ensinado estejam tomadas por debates apaixonados; que diferentes escolas, métodos e teorias entrem em conflito; e que um grande número de especialistas em gênero recorra ecleticamente a diferentes legados intelectuais formulados em diferentes idiomas. O gênero é tachado de "ideologia", uma forma de saber falsa e unívoca que capturou a mente de quem atua dentro de seus parâmetros – ou mesmo de pessoas que foram apenas momentaneamente expostas a seu funcionamento. No entanto, a alegação de que o gênero é uma ideologia reflete o próprio fenômeno que ela condena, pois o "gênero" se torna não apenas um monólito, mas um monólito de enorme poder – uma jogada ideológica por excelência. Subentende-se que esse monólito itinerante captura a mente de várias maneiras, exerce uma força sedutora, doutrina ou converte quem está sob seu poder, invade fronteiras, arruína a própria condição humana. Será que essa é mesmo uma descrição dos estudos de gênero ou apenas a imagem espelhada de uma forma de ortodoxia religiosa que projetou seu próprio mecanismo sobre o gênero, apresentando-o como uma ortodoxia rival?

É quase impossível superar esse fosso epistêmico com bons argumentos, dado o medo de que a leitura introduza confusão na mente de quem lê ou a coloque em contato direto com o diabo. De fato, algumas das pessoas que se opõem ao "gênero" não leem livros sobre gênero, estudos feministas, queer ou trans, crítica queer racializada, feminismo negro ou qualquer versão da teoria de raça. Eles são céticos em relação à academia por temerem que os debates intelectuais os confundam quanto aos valores que defendem. No entanto, sua recusa a se importarem com a consistência, a basearem suas críticas na leitura do texto, sua maneira de arrebatar frases para transformá-las em para-raios,

---

encheu o conselho de administração com conservadores que seguem sua linha como fechou programas e aplicou novas formas de censura ao que pode ser ensinado e a quem pode ensinar. Com a ajuda de Christopher Rufo, um polemista republicano, delineou um programa anti-*woke*, demitiu todos os docentes que iam se candidatar à estabilidade no cargo e incitou ao assédio antigay no *campus*.

tudo isso acaba sendo uma recusa a pensar criticamente – ou seja, a, no mínimo, exercer a liberdade de pensamento para revolver uma questão e examinar seus pressupostos, limites e potencialidades. Quando essa liberdade é negada, também é negada a contribuição fundamental que a universidade e o pensamento crítico dão ao debate público, no qual considerar as diferentes dimensões de uma questão complexa é crucial para adquirir conhecimento[8]. Declarar-se "crítica ao gênero" é, portanto, usar um termo equivocado, como o fazem algumas feministas que estabelecem alianças implícitas ou explícitas com a oposição de direita ao gênero. Seus pontos de vista são enfaticamente reprováveis não apenas porque reduzem o "gênero" a uma única versão caricatural de uma realidade complexa, mas porque não compreendem o que uma posição "crítica" implica. A crítica ocupa-se de problemas e textos que são importantes para entendermos como e por que funcionam, para deixá-los viver em pensamento e prática em novas constelações, para questionar o que tomamos corriqueiramente como um pressuposto fixo da realidade, a fim de afirmar um sentido dinâmico e vivo do nosso mundo. Infelizmente, os esforços para eliminar os estudos de gênero dos currículos educacionais apresentam o "gênero" não como uma "categoria útil de análise", no sentido da formulação de Joan W. Scott*, mas como um fantasma de poder destrutivo que precisa ser eliminado.

Os debates sobre *como pensar sobre gênero* definem mais prontamente o discurso atual sobre gênero em uma ampla gama de campos acadêmicos e de formulação de políticas do que em qualquer teoria. Esses debates impulsionam a pesquisa e o discurso público a se tornarem mais responsivos a realidades sociais cada vez mais complexas. Recusar o gênero é, infelizmente, recusar o encontro com essa complexidade; em outras palavras, é recusar-se a deixar que seu pensamento seja transformado pela complexidade encontrada na vida contemporânea em todo o mundo.

E, no entanto, o monólito do gênero, aparentemente enorme em tamanho e poder, persiste entre aqueles que utilizam sua temeridade fantasmática no sentido de mobilizar as massas para que estas apoiem poderes estatais mais fortes. Ao que parece, pouco importa que o movimento contra a ideologia de gênero tenha como alvo uma versão do gênero que não é endossada por

---

[8] Ver Joan W. Scott, *Knowledge, Power, and Academic Freedom* (Nova York, Columbia University Press, 2019).

* Idem, "Gênero: uma categoria útil de análise histórica", *Educação & Realidade*, n. 20, v. 2, jul.-dez. 1995, p. 71-99; disponível on-line. (N. E.)

ninguém que se dedique à teoria de gênero[9]. Essa recusa dos críticos do gênero em ler os textos aos quais se opõem – ou em aprender a melhor forma de lê--los – só faz sentido se a leitura for considerada um exercício acrítico. E se o que essas pessoas defendem é uma leitura ou recepção acrítica dos textos que consideram autorizados, são elas mesmas que ilustram de forma mais pura o que é apropriadamente chamado de posição ideológica ou dogmática, ou seja, aquela que rechaça perguntas, contestações e um espírito investigativo aberto. Essa atitude faz parte da tendência mais ampla do anti-intelectualismo, marcada pela hostilidade a todas as formas de pensamento crítico.

A mesma atitude circula amplamente na oposição pública à "teoria crítica da raça". Em uma palestra no Claremont Institute, na Califórnia, um *think tank* conservador, Christopher Rufo protestou contra a teoria crítica da raça, mas, quando instado a explicar o que é teoria crítica da raça, ele hesitou e se recusou, dizendo: "Não dou a mínima para essas coisas". Rufo, ex-professor visitante da Heritage Foundation*, se recusa a ler ou estudar o campo acadêmico contra o qual travou uma guerra cultural que incluiu um ataque à "teoria queer", a qual, segundo ele, consiste em "aulas sobre 'liberação sexual', 'exploração de gênero', 'BDSM', 'como ser profissional do sexo' [...] e 'atividade sexual acompanhada do uso de drogas lícitas e ilícitas'"[10]. Será que ele frequentou essas aulas? Estudou tais currículos? Se ele fosse aluno de alguma dessas turmas, seus professores sem dúvida lhe pediriam que sustentasse seu argumento com evidências ou uma boa leitura, pois são esses os protocolos que, de fato, ensinamos. Como a mulher suíça que se dirigiu rapidamente para a porta depois de confessar que nunca tocaria em um livro sobre gênero, Rufo declara descaradamente sua ignorância sobre um campo que, mesmo assim, está disposto a condenar.

---

[9] Mesmo quando oponentes do gênero aceitam que estudantes e especialistas dos estudos de gênero se dedicam a formas de leitura crítica, interpretam a "crítica" como destruição pura, como algo que põe em dúvida as mesmas autoridades que eles consideram inquestionáveis. Se este último ponto se revelar verdadeiro, então, de acordo com a lógica deles, as pessoas que se dedicam aos estudos de gênero se dedicam a formas de leitura crítica e, portanto, *não são ideológicas*.

* Tradicional *think tank* conservador estadunidense. Fundado em 1973 e sediado em Washington, D.C., assumiu um papel proeminente na década de 1980, durante o governo Reagan. (N. E.)

[10] Candace Bond-Theriault, "The Right Targets Queer Theory", *The Nation*, 19 abr. 2022; disponível on-line.

Podemos ficar tentados a concluir que a tarefa é tornar nossos inimigos mais inteligentes, pedir-lhes que leiam e discutam, mas isso não vem ao caso. Como oponentes do gênero e da teoria crítica da raça, esses grupos também se opõem às universidades não porque elas ensinam um dogma ostensivo, mas porque se arriscam a produzir uma mente aberta. Como um projeto que bloqueia o tipo de pensamento crítico que contesta o *status quo* heteronormativo, o movimento antigênero é uma forma politicamente importante do anti-intelectualismo, que combate o pensamento como um perigo para a sociedade – solo fértil para a horrenda colaboração entre paixões fascistas e regimes autoritários.

Minha tarefa aqui não é nem propor uma nova teoria de gênero nem defender ou reconsiderar a teoria performativa que apresentei há quase 35 anos e que agora parece, em vários aspectos, claramente questionável, em especial à luz das críticas trans e materialistas[11]. Espero apenas refutar algumas falsidades no processo e entender como e por que essas falsidades em torno do "gênero" estão circulando com tal força fantasmática. A que poderes essas falsidades servem e como podem ser combatidas? Aliás, se eu pudesse dar uma explicação única e persuasiva do gênero para demonstrar a falsidade daquilo que a crítica de direita, e parte de suas aliadas feministas e positivistas, têm a dizer sobre o tema, teria uma tarefa mais fácil do que a que tenho em mãos. A verdade, como sempre, é mais complexa, o que exige uma leitura crítica e o compromisso de combater os fantasmas psicossociais que têm o poder de amedrontar as pessoas e mobilizá-las a favor não apenas de causas ultraconservadoras, mas de figuras autoritárias que surfam na onda das tendências neofascistas na sociedade e na política contemporâneas. Minha esperança é mostrar que abrir a discussão sobre gênero para um debate ponderado demonstrará seu valor como categoria e nos ajudará a explicar como, quando considerado um problema de corporificação na vida social, o gênero pode ser espaço de ansiedade, prazer, fantasia e até terror.

Sejamos claros: segundo os oponentes de direita, os fatos tal como eles os apresentam respaldam o caráter exclusivamente heterossexual do casamento; a negação generalizada da realidade das pessoas trans, intersexo e não binárias, bem como a recusa de seus direitos básicos; a negação da história racial e colonial do dimorfismo de gênero; e a afirmação do Estado como executor legítimo da restrição às liberdades reprodutivas de todas as pessoas que podem engravidar. Será que

---

[11] Ver meu livro *Problemas de gênero: feminismo e subversão da identidade* (trad. Renato Aguiar. Rio de Janeiro, Civilização Brasileira, 2016 [1990]).

os fatos sustentam as posições políticas? Ou a posição política está mobilizando alguns fatos em detrimento de outros – um positivismo seletivo, cujo princípio de seleção dos fatos em questão permanece oculto? Dizer que um princípio de seleção está em funcionamento não é o mesmo que dizer que todos os fatos são inventados. No entanto, sugere que os fatos podem ser enquadrados com um propósito, e o propósito é alcançado com mais eficácia se a moldura estiver oculta.

*

Como contestar uma fantasia psicossocial que reúne tantas ansiedades, move-se em tantas direções e aparentemente exerce poderes tão extraordinários de destruição? E como combatê-la, quando ela está se movendo tão depressa em suas formas cambiantes e contraditórias?

Ao perguntar quem tem medo de gênero, também pergunto quem tem medo de quê e como compreender melhor o temor resultante e seus efeitos políticos. Quem ou o que está realmente exercendo poderes destrutivos? Afinal, vivemos em uma época na qual uma miríade de atos de anulação, patologização, criminalização e deslegitimação buscam destruir liberdades e poderes que os movimentos sociais de esquerda lutam há décadas para consolidar. Vidas e meios de subsistência estão sendo atacados; a identidade trans está sendo anulada; mulheres e outras pessoas grávidas estão regressando aos becos para conseguir procedimentos cirúrgicos; os direitos ao casamento e à parentalidade para gays e lésbicas estão sendo questionados ou, às vezes, claramente recusados; jovens trans não conseguem encontrar assistência médica ou uma comunidade em lugares onde a transfobia se tornou política pública ou lei; aulas de educação sexual são canceladas e difamadas para uma juventude que tem o direito a compreender, de forma bem-informada, o gênero e a sexualidade, a aprender sobre consentimento e ética sexual em um sentido mais amplo.

Como outros movimentos de direita de nossa época, o movimento antigênero tomou emprestado a linguagem da esquerda, incluindo "ideologia", um termo que pertence a Marx e ao marxismo. Esses movimentos não consideram qual teoria da ideologia estão usando. Mas somos livres para reconsiderar essa história com o objetivo de fazer algumas distinções mais firmes que podem ajudar a compreender o movimento antigênero como parte do fascismo. Consideremos a obra de Karl Mannheim, cujo *Ideologia e utopia** teve sua

---

* Ed. bras.: trad. Sérgio Magalhães Santeiro, Rio de Janeiro, Zahar, 1972. (N. E.)

primeira publicação em inglês em 1936, mas foi lançado em alemão em 1929, antes do advento do regime hitlerista. O livro analisou se o fascismo poderia ser entendido como uma ideologia que emergia do capitalismo, procurando examinar as origens inconscientes de ficções mentais que negam a natureza real da sociedade. Dado que, segundo Mannheim, as ideologias trabalham para, diante de instabilidades, preservar as ordens sociais existentes – ou preservar a ideia de uma ordem social anterior –, elas podem ser combatidas por utopias, que ativam certos potenciais dentro da sociedade para promover um imaginário coletivo de transformação. O fascismo era uma ideologia porque procurava restabelecer o nacionalismo e as hierarquias racistas, baseando-se em ordens sociais mais antigas a fim de deter, subjugar à força, atacar, matar e expulsar comunistas, judeus, ciganos, pessoas com deficiência, gays, lésbicas e doentes. Mannheim argumentou que o ataque fascista às chamadas "ideias perigosas" associou esse perigo às perspectivas de transformação social. Em nome da manutenção do *status quo* ou do retorno a um passado idealizado, os fascistas impugnam os movimentos sociais e políticos que tentam expandir nossos compromissos fundamentais com a liberdade e a igualdade. O passado idealizado aparece na convocação do movimento contra a ideologia de gênero pela restauração de uma ordem patriarcal em nome da família, do casamento e do parentesco, incluindo proscrições às liberdades reprodutivas, à autodeterminação de gênero e à assistência médica para pessoas LGBTQIA+. Em cada um desses casos, eles priorizam um passado imaginado em detrimento de um futuro potencial de maior igualdade e liberdade. Dessa forma, a ideologia tem como alvo a imaginação radical, identificando-a com perigos sociais difusos e corrosivos. O ataque às "ideias perigosas" é, portanto, não apenas uma resistência aos potenciais da democracia radical que emergem até nos piores momentos, mas um esforço para desfazer a realidade presente em prol da reconstrução e restauração de um passado imaginário no qual reina a hierarquia de gênero. Sem dúvida seria mais fácil lutar se o oponente estivesse interessado apenas em manter o *status quo*, mas os projetos de restauração são mais ambiciosos e destrutivos.

A teoria de Mannheim certamente está datada. Seus pontos de vista foram criticados por sua forma particular de idealismo e também por sua sugestão de que a superação da ideologia exigia abrir mão de todos os absolutos. Mesmo assim, parece significativo, hoje, que ele pudesse imaginar uma utopia com o poder de fazer frente à força da ideologia fascista emergente na década de 1930. Para Mannheim, conceber um futuro que desmantelasse a ideologia presumiria que certo tipo de imaginação era possível, ainda que seus potenciais não pudessem ser totalmente determinados de antemão. Poderíamos ter a esperança de que ideais "irrealistas", distintos de uma versão lacaniana do imaginário, continuassem a ser regenerados por movimentos sociais que lutam contra a violência, a desigualdade social e econômica e a injustiça. Essa forma de "irrealismo" se mostra necessária para os movimentos sociais que recusam o caminho da *realpolitik* e são fortes o suficiente para resistir à acusação de idealismo inócuo. De fato, ainda fazemos a pergunta de Mannheim: como um *contraimaginário* poderia dissipar o domínio da ideologia exemplificado por quem acusa o gênero de ser, ele mesmo, uma ideologia? Tal caminho consciente e coletivo é necessariamente um conceito idealista. Mas será que poderia vir a ser um ideal incorporado por movimentos sociais embrenhados na luta contra o fascismo emergente em nosso tempo?

Marx e Engels advertiram que "não se parte daquilo que as pessoas dizem, imaginam ou representam, tampouco das pessoas pensadas, imaginadas e representadas para, a partir daí, chegar às pessoas de carne e osso; parte-se das pessoas realmente ativas e, a partir de seu processo de vida real, expõe-se também o desenvolvimento dos reflexos ideológicos e dos ecos desse processo de vida"*. Eles escrevem ainda: "Também as formações nebulosas na cabeça das pessoas são sublimações necessárias de seu processo de vida material". Em outras palavras, a alegação de que o gênero é ideológico é sua própria formação ideológica, composta por um conjunto próprio de crenças, incluindo um "ataque" a uma formulação nebulosa que essas pessoas tomam como real, muito embora ela tendo emergido, digamos, de seus próprios cérebros. As formulações nebulosas de Marx se aliam, portanto, à minha noção de "fantasma" influenciada por Laplanche. Pode-se dizer que o ataque à família que a direita imagina estar em curso justifica seu próprio ataque aos estudos de gênero, aos direitos reprodutivos, ao casamento homoafetivo, aos direitos trans e a políticas e leis que combatem a violência de gênero. Se o ataque avança sobre eles, então eles estão defendendo a si mesmos, a seus valores ou a sua noção do que deveriam ser a família, a nação, o homem, a mulher e a civilização. Mas talvez esse ataque que eles veem avançar em sua direção ou se infiltrar em seus mundos culturais já seja uma projeção, carregando e lançando de volta sobre eles o traço agravado de sua própria agressão. Embora o gênero seja muitas vezes injustamente caricaturado como algo inventado, um artifício, uma notícia

---

* Karl Marx e Friedrich Engels, *A ideologia alemã*, cit., p. 94. (N. E.)

falsa, uma mentira, algo forjado na linguagem e que só existe nela, quem parece temer profundamente o poder da linguagem são os próprios críticos de direita. A palavra "gênero", ao que tudo indica, enfeitiça, exerce um encantamento, e, por isso, tudo que se associa a ela deve ser desencantado, dissipado.

Este livro apresenta alguns argumentos que se contrapõem ao movimento contra a ideologia de gênero, mas este não pode ser seu objetivo principal. Não é possível reconstruir por inteiro os argumentos usados pelo movimento contra a ideologia de gênero porque eles não se atêm a padrões de consistência ou coerência. O que eles fazem é agregar e disparar afirmações incendiárias a fim de derrotar o que enxergam como "ideologia de gênero" ou "estudos de gênero" por qualquer meio retórico que julgarem necessário. A tarefa não é simplesmente expor seu ardil usando habilidades analíticas mais apuradas, rastrear suas estratégias e provar que estão erradas. A tarefa é ajudar a produzir um mundo no qual possamos nos movimentar, respirar e amar sem medo da violência, com a esperança radical e irrealista de um mundo que não seja mais regido pelo sadismo moral disfarçado de moralidade. Em outras palavras, a resposta deve produzir uma visão ética e política convincente, que exponha e se oponha à crueldade e à destruição em circulação. O fantasma do gênero como uma força destrutiva torna-se o álibi quase moral para desencadear a destruição de todas as pessoas que buscam viver e respirar em liberdade. Assumir uma posição em prol de respirar e viver livres do medo da violência é o princípio da visão ética de que necessitamos agora.

Para se opor ao movimento contra a ideologia de gênero, necessitamos de coalizões transnacionais que reúnam e mobilizem todas aquelas pessoas que ele definiu como alvo. As lutas mutuamente mortíferas no interior do campo devem se tornar diálogos e confrontos dinâmicos e produtivos, por mais difíceis que sejam, dentro de um movimento expansivo dedicado à igualdade e à justiça, à preservação e afirmação de liberdades e poderes sem os quais a vida é invivível e a política, injusta. Coalizões nunca são fáceis. Envolvem encontros antagônicos e podem ser destruídas por crueldades mutuamente mortíferas[12]. E, nos pontos em que os conflitos não puderem ser resolvidos, os movimentos ainda podem avançar juntos tendo o olhar voltado para as fontes comuns de opressão. As coalizões não exigem amor mútuo; elas exigem uma visão

---

[12] Bernice Johnson Reagon, "Coalition Politics: Turning the Century", em Barbara Smith (org.), *Home Girls: A Black Feminist Anthology* (Nova York, Kitchen Table: Women of Color Press, 1983), p. 356-60.

compartilhada de que as forças opressivas podem ser derrotadas por meio da ação conjunta e do avanço em meio às diferenças difíceis, sem insistir em dar a estas últimas uma solução definitiva.

Determinar a melhor forma de abordar o movimento antigênero, no entanto, coloca uma dificuldade de outra espécie. Por ser um fantasma assustador e destrutivo, o gênero é difícil de discutir. Quer as pessoas sejam a favor do gênero quer sejam contra ele, geralmente deixam de lado a questão sobre o que ele é de fato ou quais significados deve carregar. Mas não deveríamos saber sobre o que estamos discutindo? Não raro, os debates da direita sobre o tema se concentram na identidade de gênero, às vezes, na igualdade de gênero e, outras, na violência de gênero. Quando o gênero é posto como uma identidade que excede o binário usual ou que é definida por meio da autoidentificação, as paixões tendem a se exaltar. Algumas pessoas gostam de pensar em seu próprio gênero não apenas como natural, mas como universal: sou um homem como todos os outros, e é a natureza que nos faz assim. Independentemente de terem determinado gênero atribuído no nascimento ou de assumirem um com o tempo, as pessoas podem realmente gostar de ser do gênero que são e rejeitar qualquer esforço para perturbar esse prazer. Elas procuram exibir e celebrar, se expressar e comunicar a realidade de quem são. Ninguém deveria subtrair essa alegria, contanto que essas pessoas não insistam que sua alegria é a única possível. É importante ressaltar, no entanto, que muitas pessoas enfrentam sofrimento, ambivalência e desorientação dentro das categorias existentes, especialmente aquela que lhes foi atribuída no nascimento. Elas podem ser gênero queer ou trans, ou qualquer outra coisa, e estão buscando viver a vida de acordo com o corpo que faz sentido para elas e permite que a vida seja vivível, ou mesmo feliz. Às vezes, elas vivem nos interstícios abertos entre as categorias atribuídas e os modos vividos de corporificação[13]. Esse espaço também deve ser protegido e afirmado. O que quer que signifique, gênero certamente nomeia, para alguns, uma sensação consciente do corpo, em suas superfícies e profundidades, a sensação vivida de ser um corpo no mundo *desta maneira*. Uma pessoa pode ser criticada ou elogiada pelo modo como seu gênero se revela, ou acabar presa, rejeitada ou enviada para instituições psiquiátricas. Pode-se fazer gênero nas ruas, celebrando com outras

---

[13] Ver Leticia Sabsay, "Body Matters: From Autonomy to Relationality", em *The Political Imaginary of Sexual Freedom: Subjectivity and Power in the New Sexual Democratic Turn* (Londres, Palgrave MacMillan, 2016), p. 165-212.

pessoas o corpo que se habita, ou descobrir que os outros definiram seu gênero antes mesmo de você entrar naquele local. Habitar um gênero é viver uma certa complexidade histórica que se tornou possível para as vidas que vivemos agora. Por mais que alguém queira agarrar-se a uma única ideia do que é ser mulher ou homem, a realidade histórica derrota esse projeto e torna as questões mais difíceis ao insistir em gêneros que sempre foram além das alternativas binárias. Gênero vem junto com vulnerabilidade, penetrabilidade, agência, dependência, doença, reconhecimento social, requisitos básicos, vergonha, paixão, sexualidade e condições variáveis de vida e vitalidade. O modo como vivemos e deixamos que as outras pessoas vivam essa complexidade torna-se, portanto, de suprema importância.

É claro que muitas pessoas se referem ao "sexo" como se fosse um fato óbvio, baseado na observação, e receiam que os acadêmicos tenham obscurecido desnecessariamente questões simples. Consideremos, no entanto, que a atribuição do sexo não é simplesmente o anúncio do sexo percebido em um bebê, mas também a comunicação de um conjunto de desejos e expectativas adultas. Muitas vezes, o futuro do bebê é imaginado ou desejado por meio do ato de atribuir-lhe um sexo, portanto, a atribuição de sexo não é uma simples descrição de fatos anatômicos, mas uma maneira de imaginar o que esses fatos vão – ou deveriam – significar. Esse imaginar vem de outro lugar e não chega exatamente a cessar depois de o sexo ser determinado, sob o ponto de vista legal ou médico, no nascimento. A menina continua a ser tornada menina; o menino continua sendo tornado menino; e essas práticas de ir tornando alguém menina ou menino são repetidas não apenas pelos pais mas também por uma série de instituições que recebem a criança com quadrinhos a serem assinalados e normas a serem corporificadas. Em certo sentido, a atribuição do sexo não acontece apenas uma vez. É um processo de iteração, repetido por diferentes atores e instituições, e, dependendo de onde se vive, pode ser reiterado de formas que nem sempre estão em conformidade umas com as outras. A atribuição do sexo não é um mecanismo, mas um processo, e pode gerar contradições e ser arruinado por interrupções e contestações. Uma criança pode recusar, temporária ou permanentemente, a interpelação, e grandes debates podem ser travados, especialmente em contextos religiosos, sobre qual é a maneira certa ou errada de ser, ou se tornar, homem ou mulher, e se essas são, infelizmente, as duas únicas opções possíveis. O que corretamente chamamos de autodefinição surge dentro desse cenário reiterativo, que trata não apenas de contrastar definições culturais de gênero, mas do poder e dos limites da autodeterminação[14]. O problema não é apenas que as pessoas adultas nomeiam uma criança de determinada maneira ou se referem a seu gênero de determinada maneira, mas que as palavras, consideradas como significantes, ecoam o que Laplanche chamou de "significantes enigmáticos" que constituem formas primárias de tratamento e espaços primários de incitação do desejo. Na verdade, a atribuição do sexo, entendida como um processo de iteração, transmite um conjunto de desejos, ou mesmo fantasias, sobre como se deve viver o corpo no mundo. E essas fantasias, vindas de outro lugar, nos tornam menos autoconscientes do que às vezes alegamos[15].

Há quem diga que a noção de construção social, e que a construção social de gênero, implica basicamente que somos feitos de normas e convenções sociais, como se essas constituíssem a substância do próprio corpo. Outras afirmam que a "construção" é simplesmente artificial e falsa, e que precisamos retornar ao que é manifestamente verdadeiro. Ambas as perspectivas, a meu ver, estão erradas. Elas subestimam, entre outras coisas, tanto a perturbação quanto a imprevisibilidade dos primeiros cenários de tratamento em que o gênero aparece. O desejo de uma pessoa adulta já é instigado e formado por uma série anterior de desejos – aqueles pertencentes aos adultos que se dirigiram e criaram aquela pessoa quando criança. Na medida em que esses desejos estavam ligados a normas e modos de vida normativos, podemos dizer que as normas nos precedem, circulando no mundo antes mesmo de se imprimirem em nós. Mas quando as normas se imprimem em nós e quando registramos essa impressão, abre-se um registro afetivo. Aliás, o "nós" que registraria essa impressão emerge efetivamente desse cenário. Se podemos dizer que as normas nos formam, é apenas porque já está em ação alguma relação próxima, corporificada e involuntária com a impressão delas. As normas agem sobre uma sensibilidade e uma suscetibilidade ao mesmo tempo que lhes dão forma; elas nos levam a nos sentirmos de determinadas maneiras, e esses sentimentos podem adentrar nosso pensamento mesmo se acabarmos refletindo sobre eles e nos perguntando: "Por que nos sentimos desta maneira e não daquela?". Embora as normas nos condicionem e nos

---

[14] Para uma argumentação importante em prol da dimensão coletiva da autodeterminação, que leva o conceito para além do individualismo liberal, ver Eric Stanley, "Gender Self--Determination", *TSQ*, v. 1, n. 1-2, 2014, p. 89-91.

[15] Ver Jacqueline Rose, "Who Do You Think You Are?", *London Review of Books*, v. 38, n. 9, 5 maio 2016; disponível on-line.

formem, elas dificilmente são efetivas ou mesmo previsíveis. Sua lógica de iteração só termina quando a vida termina, embora a vida das normas, do discurso em geral, persista com uma tenacidade bastante indiferente a nossa finitude. A temporalidade das normas é distinta da temporalidade desta ou daquela vida corporificada.

Ninguém chega ao mundo isolado do conjunto de normas que nos aguarda de tocaia. As convenções, os modos de tratamento e as formas institucionais de poder já estão agindo antes do momento em que sentimos sua impressão pela primeira vez, antes do surgimento de um "eu" que pensa em si como alguém que decide quem ou o que quer ser. É claro que, às vezes, acabamos rompendo com as normas que nos são impostas, recusando as interpelações que nos foram dirigidas, encontrando a liberdade naquele "não" e naquela opção por outro caminho. Contudo, nossa formação não desaparece repentinamente após certas quebras ou rupturas; essas rupturas tornam-se parte da história que contamos sobre nós mesmos, em parte para mostrar às outras pessoas que tal ruptura é possível. Dizemos, por exemplo: "Esse foi o momento em que rompi com esta ou aquela autoridade ou expectativa"; e, em tais circunstâncias, compreendemos: o como, o quando e o porquê rompi são importantes para a história que quero contar a meu respeito. É precisamente porque as normas que me moldam agem sobre mim não apenas uma vez, mas repetidamente ao longo do tempo, que surgem oportunidades para inviabilizar sua reprodução. Esse processo de iteração abre possibilidades de revisão e recusa, e é por isso que o gênero tem uma temporalidade própria e que não podemos compreendê-lo adequadamente sem compreender que ele é constituído historicamente e passível de revisão. Essa perspectiva tem implicações para a resposta à pergunta: "Serei eu livre ou determinado?". Simplificando, nunca sou simplesmente formado nem sou incondicionalmente autoformado. Esta é, talvez, outra maneira de dizer não apenas que vivemos no tempo histórico, mas que também ele vive em nós como a historicidade da forma de gênero – seja ela qual for – que tomamos na condição de criaturas humanas. Não escapamos da impressão inicial que avivou nosso desejo e tornou enigmático o mundo adulto, incluindo suas interpelações de gênero.

De certa forma, o movimento contra a ideologia de gênero quer acabar com toda essa vitalidade, liberdade e complexidade histórica e interna. O Vaticano deixou claro que as pessoas que desejam criar sua própria personalidade em seus próprios termos estão tomando para si um poder que, por direito, pertence apenas a Deus. Esse movimento antigênero reage à situação de jovens que buscam a transição de gênero ou o acesso a cuidados de saúde ou a uma condição jurídica que confirmem seu gênero.

*

Este livro começa, então, enfocando especificamente a contribuição do Vaticano para a retórica antigênero, bem como as dimensões globais do movimento, incluindo as redes que o constituem. As alegações feitas contra o gênero diferem conforme o contexto de sua enunciação, apesar da continuidade de certas ideias por todas as regiões. As colaborações entre as igrejas evangélicas de direita nos Estados Unidos, nas Américas, no Leste Europeu e na África Oriental estão entre as mais importantes, em razão das declarações de posição que publicaram e pelo apoio público que obtiveram. Também analiso como os fantasmas psicossociais estão presentes nos principais argumentos contra o gênero, reviso alguns dos principais debates legislativos sobre o assunto e aponto as colaborações bem-organizadas contra o gênero nas mais diferentes regiões e hemisférios. Em seguida, o livro aborda os debates recentes nos Estados Unidos, onde o termo "gênero" se tornou controverso apenas recentemente, e examina o investimento do Estado em uma fantasia de restauração dos poderes patriarcais. Também considero os debates britânicos sobre a questão do sexo, com especial atenção às ansiedades fantasmáticas encontradas na argumentação de feministas trans-excludentes como J. K. Rowling, a organização Sex Matters e as opiniões de Kathleen Stock e da estudiosa neozelandesa Holly Lawford-Smith.

A partir daí, examino os desafios à teoria da construção social subjacente a uma visão de gênero como "construída". Por um lado, sempre foi um equívoco compreender a "construção" como artifício ou falsificação, algo distinto da realidade material do corpo. Por outro lado, um modelo de construção conjunta demonstra mais plenamente como as contribuições materiais e sociais estão entrelaçadas na produção do corpo generificado. O terreno no qual a construção do gênero acontece não é a natureza. Tanto a dimensão material quanto a social do corpo são construídas por meio de uma série de práticas, discursos e tecnologias. Esse processo de construção conjunta ressalta como a materialidade do corpo é formada por meio do que é ingerido, dos ambientes aos quais ele está exposto, dos tipos de alimentos disponíveis, do ar que se respira, de toda a infraestrutura ambiental pela qual os corpos são formados e sustentados. Esses elementos não estão apenas fora do corpo, mas no material do qual ele é feito.

Dito isso, o processo de construção conjunta também pode ser implantado por estruturas normativas, com consequências devastadoras. Por exemplo, as cirurgias brutais e os procedimentos de normalização realizados pela Clínica de Identidade de Gênero de John Money na Universidade Johns Hopkins, ou as experimentações ginecológicas em mulheres negras durante o escravismo, por meio das quais foram forjadas as ideias normativas de padrões masculino e feminino brancos. Esses são apenas dois exemplos de formas culturais e materiais de forjar o gênero que envolveram terríveis violências. Nas cirurgias forçadas, os corpos das mulheres negras foram tratados como "carne", nos termos de Hortense Spillers, e a cultura ou civilização sexuada foi construída sobre esse alicerce. Por que, em que condições e com que propósitos os corpos negros foram obrigados a assumir o papel de "natureza"? O dimorfismo serve à reprodução da família branca normativa nos Estados Unidos. Hortense Spillers argumenta que as mulheres negras foram deixadas de fora do binarismo de gênero idealizado, consideradas como carne desprovida de gênero a partir da qual os gêneros brancos foram forjados. Durante e após a escravidão, as normas de gênero foram construídas como presumivelmente brancas, escorando a supremacia branca literalmente nas costas de pessoas escravizadas. C. Riley Snorton expande a tese de Spillers para defender que, nos Estados Unidos, a história da cirurgia ginecológica em pessoas que haviam sido escravizadas atesta como as normas de gênero foram criadas por meio do racismo cirúrgico. Os corpos negros eram o campo experimental a partir do qual as normas de gênero brancas eram forjadas.

O projeto de Money pressupõe e explora a incomensurabilidade entre uma corporificação vivida e o sexo que lhe é atribuído. Considerado de forma mais ampla, o gênero dá nome ao dilema de como conjugar categorias sociais e formas vividas de corporificação – por quais meios e com que força? Existem maneiras brutais e injustas de forçar essa conjunção, e há maneiras promissoras e até emancipatórias de incorporar tanto essa conjunção quanto essa disjunção. Eu confronto os projetos sexológicos que buscaram coagir os corpos a estar em conformidade com ideais dimórficos. Em contrapartida, espero mostrar como paradigmas científicos diversos oferecem uma maneira de pensar o gênero como um espectro ou um mosaico, uma complexidade viva que vale a pena afirmar.

Além da sexologia e da raça, a colonização funciona de maneira paradoxal dentro do movimento contra a ideologia de gênero. Analiso a alegação de que o gênero serve aos projetos de colonização, uma afirmação de direita que não distingue a imposição colonial do dimorfismo, criticada por feministas decoloniais, da posição do Vaticano que vai em sentido oposto, a saber, a de que as influências coloniais são culpadas por colocar em dúvida a preciosa estrutura binária. Com base em trabalhos que mostram que o dimorfismo de gênero está longe de ser uma suposição estável no Sul global, argumento que estão em ação aí ao menos duas compreensões bastante distintas da colonização.

É certo que o termo "gênero" está ligado ao inglês [*gender*] e, muitas vezes, a um suposto monolinguismo. O termo às vezes não funciona em outras línguas; outras vezes, encontra primos linguísticos que não sabia que tinha. A proeminência do termo depende da tradução, e afirmar essa tradução muitas vezes altera o significado do termo quando ele chega a outro idioma e a outro contexto. Concluo que a tradução é a condição de possibilidade de um feminismo transnacional e de uma efetiva solidariedade na oposição ao movimento contra a ideologia de gênero. Assim, é importante: pôr em primeiro plano os estudos que mostram que o referencial heteronormativo para pensar o gênero como binário foi imposto ao Sul global pelas potências coloniais; rastrear os legados da escravidão e do colonialismo envolvidos em práticas cirúrgicas e sexológicas brutais que visavam determinar e "corrigir" o sexo à luz dos ideais de branquitude; e verificar quais podem ser, em diferentes idiomas, as alternativas linguísticas ao gênero, com o objetivo de criticar os pressupostos monolíngues do termo.

Talvez a tarefa seja desacelerar toda a discussão pública, retornar ao que pensamos querer dizer com "gênero" e por quê. Esse tipo de investigação pública aberta é crucial para a vida democrática, pois, se formos julgar algo que não compreendemos, a ignorância moralista e dogmática ditará o destino tanto da vida intelectual quanto do discurso público. Quem pede aos censores que acabem com programas de estudos de gênero ou eliminem a palavra da educação ou da saúde pede a ampliação da censura e do controle estatal em todo o domínio público, dedicando suas paixões ao fortalecimento de poderes autoritários.

Vou tentar reconstruir alguns dos argumentos levantados contra o gênero e responder da melhor maneira que posso. E, embora eu queira mostrar que esses argumentos trans-excludentes e de direita contra o gênero estão errados ou formulados de maneira incorreta, meu objetivo principal não é simplesmente argumentativo, acadêmico ou filosófico. Como espero ter deixado claro, minha pergunta é: *que tipo de fantasma o gênero se tornou e que ansiedades, medos e ódios ele agrega e mobiliza?* Quem se opõe ao gênero vive com a convicção de que algo está, de fato, destruindo seu mundo, seu senso de identidade corporificada no mundo, as estruturas sociais sem as quais não sobreviverá. Espero, então, tentar entender a dimensão fantasmática do "gênero" tal como ele aparece para quem pede a eliminação da educação de gênero, a censura a textos relacionados a gênero e a privação de direitos ou criminalização de pessoas transgênero ou gênero queer.

Ainda há muito a ser entendido sobre gênero como um problema estrutural da sociedade, como uma identidade, como um campo de estudo, como um termo enigmático e altamente investido que circula de maneiras que inspiram algumas pessoas e aterrorizam outras. Por mais imperativo que seja defender os campos de estudo que utilizam o gênero como termo que descreve a identidade, formas sociais de poder e formas diferenciais de violência, temos de continuar pensando sobre o que queremos dizer, bem como sobre o que os outros querem dizer quando se revoltam com o termo. Nas garras de um fantasma, é difícil pensar. E, no entanto, pensar e imaginar nunca foram tão importantes. Que forma de imaginação crítica seria poderosa o bastante para se contrapor ao fantasma? O que significaria criar uma forma de solidariedade e imaginação orquestrada com o poder de expor e derrotar as normas cruéis e as tendências sádicas que se propagam sob o nome de movimento contra a ideologia de gênero?

I.

O CENÁRIO GLOBAL

A ideia de uma perigosa ideologia de gênero surgiu na década de 1990, quando o Pontifício Conselho para a Família alertou que o "gênero" era uma ameaça à família e à autoridade bíblica[1]. Pode-se traçar as origens da ideia através dos documentos desse Conselho para a Família[2], mas, desde então, ela tem percorrido caminhos que acompanham o poder político do Vaticano, bem como sua aliança recentemente formada com a igreja evangélica na América Latina. Fica claro que a postura do Vaticano intensifica o poder fantasmático do "gênero" no cenário político global, o que ressalta o poder do termo no discurso político contemporâneo.

Para algumas pessoas cristãs, a lei natural e a vontade divina são a mesma coisa: Deus fez os sexos de forma binária, e não é prerrogativa dos humanos refazê-los

---

[1] Sobre a declaração feita em 2004 pelo Pontifício Conselho para a Família, ver "Carta aos bispos da Igreja Católica sobre a colaboração do homem e da mulher na Igreja e no mundo", Vaticano, 31 mar. 2004; disponível on-line. Ver também a excelente análise de Mary Anne Case, "The Role of the Popes in the Invention of Sexual Complementarity and the Anathematization of Gender", *Religion and Gender*, v. 6, n. 2, 2016 (ed. especial, "*Habemus Gender!* The Catholic Church and 'Gender Ideology'"), p. 155-72; e idem, "After Gender the Destruction of Man? The Vatican's Nightmare Vision of the Gender Agenda for Law", *Pace Law Review*, n. 31, 2011, p. 802-17.

[2] Ver o livro da irmã Elizabeth Johnson, *Quest for the Living God: Mapping Frontiers in the Theology of God* (Londres, Bloomsbury, 2007), que apresenta uma crítica feminista católica à doutrina do Vaticano, mostrando como os conceitos-chave da Bíblia, incluindo o de criação, podem ser reinterpretados por seu potencial feminista. O livro foi denunciado por Ratzinger e se tornou objeto de uma investigação conduzida pela "Comissão de Doutrina" da Conferência de Bispos Católicos dos Estados Unidos em 2011. Ver também Yannik Thiem, "The Art of Queer Rejections: The Everyday Life of Biblical Discourse", *Neotestamentica*, v. 48, n. 1, 2014, p. 33-56.

fora desses termos. Obviamente, algumas estudiosas feministas da religião contestam isso, sugerindo que a Bíblia tem pontos de vista conflitantes sobre esse tópico[3]. Não obstante, essa ciência mais antiga mantém a proposição de que as diferenças sexuais são estabelecidas na lei natural; ou seja, que o conteúdo dessa lei é estabelecido pela natureza e, portanto, presumivelmente, tem validade universal. Dado que a natureza é aí entendida como criada por Deus, desafiar a lei natural é desafiar a vontade de Deus. O que se segue desse conjunto de crenças é que, se uma pessoa tem uma vontade ou age intencionalmente, ela não só desafia Deus e a ordem natural que Ele criou mas também ameaça se apossar de Sua vontade.

Estes são apenas alguns dos argumentos católicos conservadores contra o gênero[4]. O furor contemporâneo tomou forma em 2004, quando o Pontifício Conselho para a Família, então dirigido por Joseph Ratzinger, alertou que teóricos de gênero estavam colocando a família em perigo ao desafiar a proposição de que os papéis familiares cristãos poderiam e deveriam derivar do sexo biológico[5]. De acordo com o Vaticano, a divisão sexual do trabalho pode ser encontrada na natureza do sexo: as mulheres devem fazer o trabalho doméstico e os homens devem empreender ações no emprego remunerado e na vida pública. A integridade da família, entendida ao mesmo tempo como cristã e natural, estava ameaçada por um espectro que pairava no horizonte: a "ideologia de gênero". A primeira vez que Ratzinger tornou pública sua preocupação foi na IV Conferência Mundial das Nações Unidas sobre a Mulher, em Pequim, em 1995, e novamente em 2004, como diretor da Congregação para a Doutrina da Fé, em uma carta aos bispos, ressaltando o potencial do "gênero" para destruir valores femininos importantes para a Igreja e para a distinção natural entre os dois sexos[6]. Em 2012, como papa

---

[3] Ver Sara Garbagnoli, "Against the Heresy of Immanence: Vatican's 'Gender' as a New Rhetorical Device Against the Denaturalization of the Sexual Order", *Religion and Gender*, v. 6, n, 2, 2016, p. 187-204.

[4] Ver Sarah Bracke e David Paternotte (orgs.), *Religion and Gender*, v. 6, n. 2, 2016 (ed. especial, "Habemus Gender! The Catholic Church and 'Gender Ideology'").

[5] Ver "Carta aos bispos da Igreja Católica sobre a colaboração do homem e da mulher na Igreja e no mundo", cit., e também a atual política do Vaticano, na qual se afirma que o masculino e o feminino definem todas as células do corpo, expressa no informativo oficial sobre sexualidade do site do Family Research Council, "Sexuality"; disponível on-line. Ver, ainda, Sara Garbagnoli, "Against the Heresy of Immanence", cit., p. 187-204.

[6] Ver a *Carta aos bispos da Igreja Católica sobre a colaboração do homem e da mulher na Igreja e no mundo*, cit. Antes da publicação, em 1995, de *Who Stole Feminism?* [Quem roubou o feminismo?], Christina Hoff Sommers publicou em 1994 um livreto financiado por *think tanks* conservadores dos Estados Unidos, no qual a expressão "feministas de gênero"

Bento XVI, ele foi mais longe, sustentando que tais "ideologias" negam a "dualidade preordenada de homem e mulher" e, portanto, negam "a família" como "uma realidade estabelecida pela criação". Como homem e mulher são criações de Deus, argumentou, aquelas pessoas que buscam criar a si mesmas negam o poder criador de Deus, supõem que têm poderes divinos de autocriação e são iludidas por uma série de crenças ateístas.

Em 2016, o papa Francisco, apesar de suas visões ocasionalmente progressistas, deu continuidade à linha desenvolvida pelo papa Bento XVI e disparou um alarme ainda mais sonoro: "Estamos vivendo um momento de aniquilação do homem como imagem de Deus". Ele incluiu como exemplo específico dessa desfiguração "[a ideologia do] 'gênero'". Ele estava claramente horrorizado porque "hoje, crianças – crianças! – aprendem na escola que todo mundo pode escolher seu sexo […] e isso [sic] terrível!". Em seguida, ele fez uma menção afirmativa a Bento XVI e disse: "Deus criou o homem e a mulher; Deus criou o mundo de uma certa maneira […] e estamos fazendo exatamente o contrário"[7]. Segundo essa perspectiva, seres humanos que se permitem explorar o gênero estão assumindo o poder criativo do divino. Desde então, o papa Francisco foi além, ao afirmar que defensores do gênero são como as pessoas que apoiam ou empregam armas nucleares, tendo como alvo a criação em si. Essa analogia sugere que, seja o que for o gênero, ele leva às mentes de quem se opõe a ele um enorme poder destrutivo – uma destrutividade realmente insondável e aterrorizante. Ela é representada como uma força demoníaca de aniquilação voltada contra os poderes criativos de Deus.

Muitas metáforas proliferam, misturadas, no esforço de retratar o gênero como um perigo extremo. As várias figuras de destruição não se encaixam em um quadro coerente, e sim se acumulam sem qualquer preocupação com consistência ou contradição. Quanto mais o "gênero" consegue reunir esses diversos medos e ansiedades, mais poderoso o fantasma se torna. Se uma figura de destruição

---

apareceu pela primeira vez. A expressão se tornou parte de uma crítica popular ao gênero em 1995, no contexto da política antiaborto e dos textos de Dale O'Leary. No mesmo ano, O'Leary apresentou sua análise ao cardeal Joseph Ratzinger; ver Sara Garbagnoli, "Against the Heresy of Immanence", cit., p. 189. Para um debate sobre a nova legislação antitrans, ver também S. J. Crasnow, "The Legacy of 'Gender Ideology: Anti-Trans Legislation and Conservative Christianity's Ongoing Influence on U.S. Law", *Religion and Gender*, v, 11, n. 1, 2021, p. 67-71.

[7] Papa Francisco, "Annihilating Man as the Image of God", Polônia, 20 set. 2017; disponível em: <https://www.thecatholicthing.org/2017/09/20/annihilating-man-as-the-image-of-god>.

não funciona com todos os públicos, outra muitas vezes funcionará, e se todas se acumularem com velocidade e intensidade suficientes sob um único nome, poderão circular ainda mais amplamente, atraindo diferentes públicos à medida que avançam. Juntas, elas procuram identificar a origem do medo da destruição, aquilo que devemos temer, o que destruirá nossas vidas, e, ao fazer isso, começam a destruir a vida de pessoas que foram usadas como bodes expiatórios.

*

Embora o papa Francisco tenha sido elogiado por sua abordagem mais aberta à "homossexualidade", é importante lembrar que o que ele defendeu em 2020 foram as uniões civis de gays e lésbicas, e não a sexualidade de gays e lésbicas[8]. Em uma entrevista publicada em livro sob o título *This Economy Kills** [Esta economia mata], lançado em italiano em 2015, o papa considera a rejeição, pela teoria de gênero, da doutrina da "complementaridade" (a visão de que os seres humanos são compostos essencial e exclusivamente por homem e mulher e que a união sexual entre ambos é a única forma humana e natural) como uma prova da existência de "Herodes" em todos os períodos históricos. Os herodianos teóricos de gênero, mencionados anteriormente, "tramam planos de morte que desfiguram o rosto do homem e da mulher, destruindo a criação". A analogia com as armas nucleares ressalta a força aniquiladora atribuída à "teoria do gênero": "Pensemos nas armas nucleares, na possibilidade de aniquilar em poucos instantes um número muito grande de seres humanos [...]. Pensemos também na manipulação genética, na manipulação da vida, ou na teoria de gênero, que não reconhece a ordem da criação". Foi nesse contexto que o papa Francisco aconselhou seu público a considerar teóricos de gênero como análogos aos "ditadores do século passado [...]. Pensemos na Juventude Hitlerista"[9].

Ao comparar a "ideologia de gênero" tanto com a guerra nuclear quanto com o nazismo, ele incitou aquelas pessoas que se opõem ao movimento LGBTQIA+ e ao feminismo a pensar que estão travando uma guerra justa contra as forças

---

[8] Jason Horowitz, "In Shift for Church, Pope Francis Voices Support for Same-Sex Civil Unions", *The New York Times*, 21 out. 2020; disponível on-line.

* Andrea Tornielli e Giacomo Galeazzi, *This Economy Kills: Pope Francis on Capitalism and Social Justice* (Collegeville, Lithurgical Press, 2018). (N. E.)

[9] Candida Moss e Joel Baden, "Pope's Shocking Hitler Youth Comparison", *The Daily Beast*, 20 fev. 2015; disponível on-line.

de destruição. É claro que nem todos os católicos ou organizações católicas concordam com esse ponto de vista, e algumas, como a DignityUSA, permaneceram admiravelmente firmes em exigir direitos para um espectro de gêneros e orientações sexuais, bem como os direitos da população intersexo[10]. As consequências dessa retórica alarmista do papa podem ser percebidas claramente quando consideramos as intervenções ativas por parte do Vaticano, especialmente do Pontifício Conselho para a Família.

Mary Anne Case, professora de direito da Universidade de Chicago, documenta essas intervenções, incluindo a aliança que o Vaticano fez com Nicolas Sarkozy em 2011 para retirar do ensino médio francês livros didáticos que incluíssem capítulos sobre "gênero". No mesmo ano, o Vaticano apresentou sua opinião de que o gênero tem o poder de minar "o próprio alicerce do sistema de direitos humanos". O que estava em jogo era a ideia de ser humano, que, aparentemente, a "ideologia de gênero" tem o poder de destruir, pois o ser humano é definido pela complementaridade dos sexos: uma definição dois-em-um da forma humana. Um ano após a bem-sucedida batalha legal em defesa do casamento homoafetivo na França em 2013, veio uma retaliação que teve como um de seus protagonistas o psicanalista lacaniano e padre Tony Anatrella[11]. Um importante programa curricular transversal na França chamado *ABCD de l'égalité* [ABCD da igualdade] apresentava a estudantes uma maneira de refletir sobre a diferença entre sexo biológico e gênero cultural, mas foi rescindido depois de Anatrella alertar que a "teoria de gênero" estava sendo ensinada nas escolas primárias e que isso desorientaria e prejudicaria o desenvolvimento sexual. O próprio papa Francisco se reuniu com um dos organizadores da iniciativa para revogar o programa, levantando na França objeções de que a Igreja estava se intrometendo na política educacional pública, que deveria permanecer sob o domínio apropriado do Estado. O programa foi, de fato, revogado. O Vaticano então publicou seu próprio texto sobre gênero para fornecer uma visão compensatória[12].

*

---

[10] DignityUSA, <https://www.dignityusa.org>.
[11] Ver Michael Stambolis-Ruhstorfer e Josselin Tricou, "France's 'Anti-Gender' Pipeline to the Vatican", em Roman Kuhar e David Paternotte (orgs.), *Anti-Gender Campaigns: Mobilizing Against Equality* (Londres, Rowman and Littlefield, 2017), p. 82-5.
[12] Conseil Pontifical pour la Famille (org.), *Gender. La controverse* (Paris, Pierre Téqui, 2011).

Para o papa Francisco, esse fantasma chamado "gênero" é diabólico e ideológico. "Diabólico" significa que o gênero vem do diabo e é obra do diabo, portanto, não é uma criação divina e constitui uma forma rival, falsa e destrutiva de "criação". A ponto de o Vaticano entender "gênero" como uma doutrina ou crença que afirma que podemos *criar* um gênero que não nos foi atribuído no nascimento, uma forma falsa e enganosa de criação. O divino é o único que tem poderes criativos e o divino criou o masculino e o feminino, ao menos é o que afirma a Bíblia. Se uma pessoa se afasta do sexo que lhe foi divinamente criado, ela está roubando e destruindo os poderes criadores que pertencem unicamente a Deus. Uma força diabólica mostra-se especialmente perigosa para quem é vulnerável e suscetível, que corre o risco de ser influenciado e doutrinado por essa "ideologia" que desafia a doutrina cristã. O diabo, ou o demoníaco em geral, atua para seduzir e influenciar, inculcar e aliciar, explorar a juventude e quem quer que seja suscetível a acreditar nesses novos poderes de autodefinição dados por algo chamado "gênero".

Na verdade, o gênero não pressupõe que cada um de nós escolha quem somos ou como desejamos e amamos. Aliás, a tese de que o gênero é "pré-programado" não deixa de ser uma teoria de gênero. Os antigos debates sobre livre-arbítrio e determinismo também tomam forma dentro da teoria de gênero. No entanto, cabe fazer aqui uma distinção entre as pessoas poderem ou não escolher o gênero e a sexualidade, de um lado, e elas serem livres para viver de acordo com seu gênero e sua sexualidade, de outro. Por exemplo, uma pessoa trans pode alegar que sua verdade de gênero é interna, até mesmo dada por Deus, enquanto outra pode considerar que a dela foi formada pela cultura ou até mesmo escolhida livremente. Todas elas merecem o direito de viver de forma livre, o que significa que sua reivindicação por liberdade política não implica necessariamente que o gênero ou a sexualidade sejam escolhas. Quando as pessoas reivindicam para si um gênero ou um sexo diferente do que lhes foi originalmente atribuído no nascimento, elas exercem poderes humanos de autodefinição, em detrimento de um sexo natural criado por Deus ou estabelecido em uma versão cristã da natureza. Segundo o papa, essas pessoas estão agindo como se tivessem poderes divinos, contestando flagrantemente o poder da divindade de definir o sexo delas para sempre. Em certos momentos, o papa declarou que os defensores do gênero procuram roubar os poderes de Deus, confirmando assim que trabalham junto ao diabo. Afinal, o diabo sempre se disfarça com uma aparência hipnotizante. Se o gênero é tão demoníaco, ou o próprio demônio, discutir com ele é cair em sua armadilha. Discutir com o diabo seria aceitar a falsa aparência como interlocutor plausível. Diabos e demônios só podem ser expulsos ou banidos, queimados em efígies, e é por isso que a censura, o *bullying* e a patologização se tornam as estratégias-chave do movimento antigênero.

Seria muito útil um debate informado sobre questões de liberdade e necessidade, constituição do desejo, do sexo e do gênero, mas, como a professora Case sustentou, "a multiplicidade e a variedade [de definições e genealogias] também indicam quão ínfimo é o trabalho acadêmico dos ditos especialistas católicos em teoria de gênero no que se refere às origens e aos parâmetros das teorias que eles deploram"[13].

Por exemplo, a proposição de que o gênero é uma construção social levou algumas pessoas a concluir que os indivíduos podem escolher seu gênero como bem entenderem e a qualquer momento. Em algumas versões da objeção da Igreja à construção social, o gênero é considerado nada mais que liberdade ou licenciosidade pessoal desenfreada. Tais pressupostos desconsideram o fato de que a construção social enfatiza o papel das normas sociais na construção do gênero. A ideia de que construção social significa que você e eu podemos nos fazer como e quando quisermos esquece as restrições impostas pela sociedade e a obstinação do inconsciente na formação tanto da sexualidade quanto do gênero. Na verdade, essa identificação do gênero com a ideia de liberdade pessoal é uma interpretação equivocada da luta coletiva necessária para abrir espaço a novas formas de existência generificada que são mais viváveis do que as que nos foram atribuídas.

Um dos mais influentes críticos católicos a denunciar a construção social como uma forma radical (e perigosa) de liberdade pessoal é Jorge Scala, que publicou na Argentina, em 2010, um livro atacando a "ideologia de gênero", de início lido por comunidades católicas e depois amplamente distribuído pela igreja evangélica[14]. O livro alertava que o conceito voluntarista de gênero era uma deformação da doutrina da criação, condenando-o como inimigo da religião e também da ciência. Ao mesmo tempo que combatia essa ideia de liberdade radical como uma cooptação dos poderes divinos e uma ruptura com a ordem natural, Scala insistia que as crianças seriam prejudicadas por essa "ideologia",

---

[13] Mary Anne Case, "Trans Formations in the Vatican's War on 'Gender Ideology'", *Signs: Journal of Women in Culture and Society*, v. 44, n. 3, 2019, p. 639-54.

[14] Jorge Scala, *La ideología de género* (Rosario, Logos, 2010). [ed. bras.: *Ideologia de gênero: o neototalitarismo e a morte da família*, São Paulo, Katechesis, 2011.]

reiterando que aprender sobre a vida de gays e lésbicas nas escolas leva as crianças a serem "homossexualizadas" pelos professores. Conforme ele elaborava seu ataque ao gênero concebido como uma forma de liberdade pessoal, a ideia seguia em outra direção: o gênero é uma forma de doutrinação. As crianças não deveriam ser tão livres! As crianças não deveriam perder sua liberdade! Ou o gênero ensina que a pessoa é radicalmente livre ou é o gênero que tira a liberdade.

Contradições como essas são abundantes no movimento contra a ideologia de gênero, e quanto mais suas formas incoerentes e contraditórias circulam, mais poderosas se tornam. Um dos espaços mais poderosos de influência antigênero são as eleições nacionais. Nos últimos anos, o "gênero" se tornou tema de várias eleições importantes para o poder executivo – Brasil, Costa Rica, Colômbia, França, Suíça, Reino Unido, Escócia, Equador e Alemanha –, e há algum tempo tem sido questão central em uma Hungria cada vez mais autoritária, onde o departamento de Estudos de Gênero da Universidade Centro-Europeia, onde Andrea Pető lecionava, foi abolido e em seguida obrigado a se transferir para Viena. A abolição de tais programas teve sequência nos Bálcãs[15]. Já na Espanha, a campanha contra a ideologia de gênero tornou-se parte central da plataforma do direitista Vox, cuja propaganda inclui referências frequentes ao "jihadismo de gênero" e às "feminazis". Nas eleições turcas de 2023, Erdoğan se referiu aos defensores dos direitos de gays e lésbicas como "terroristas culturais", afirmando que não seguiam o caminho de Maomé[16]. Francisco Serrano, um dos líderes do Vox na Andaluzia, escreveu em 2012 um livro intitulado *La dictadura de género* [A ditadura de gênero] e outro, em 2019, intitulado *Guia práctica para padres maltratados: consejos para sobrevivir a la dictadura de género* [Guia prático para pais maltratados: conselhos para sobreviver à ditadura de gênero]*. Na época, o Vox havia feito uma aliança

---

[15] Sobre a questão de gênero na Sérvia, ver Adriana Zaharijević e Zorana Antonijević, "Gender Equality for Show: Serbian Performative Europeanisation", em Júlia Garraio, Alberta Giorgi e Teresa Toldy (orgs.), *Gender, Religion and Populism in the Mediterranean* (Nova York, Routledge, 2023).

[16] Antes dos comentários de Erdoğan, feitos no inverno de 2023 do hemisfério Norte, seu ministro do Interior, Süleyman Soylu, rotulou a mensagem do movimento LGBTQIA+ de "propaganda de uma organização terrorista". Ver "Erdoğan and Soylu Attack LGBTI+ Community During Election Campaigns", *Duvar English*, 22 abr. 2023; disponível on-line.

* Francisco Serrano, *La dictadura de género* (Córdoba, Almuzara, 2012); idem, *Guia práctica para padres maltratados: consejos para sobrevivir a la dictadura de género* (Córdoba, Almuzara, 2019). (N. E.)

com o partido italiano Irmãos da Itália para salvar a família – mulheres e mães inclusas – da força destrutiva da ideologia de gênero. Apenas a "família natural", argumentavam, poderia proteger a nação, o que exigia preservar o lugar da mãe nas formações familiares patriarcais. Os alicerces da nação, no entanto, parecem igualmente ameaçados pela ideologia de gênero e pela migração a partir do Norte da África, de acordo com a primeira-ministra Meloni, e também pelos "Goldman Sachs" (uma difamação antissemita velada que associa os judeus ao poder corporativo) e "intelectuais progressistas"[17].

Ao prometer a lealdade do Estado à família patriarcal em 2015, Vladimir Putin identificou o "gênero" como uma construção ideológica ocidental, alegando na Estratégia de Segurança Nacional daquele ano que confrontar o gênero, uma nefasta influência ocidental, é necessário para preservar a identidade espiritual e a unidade da nação russa. Em maio de 2012, em resposta à legalização do casamento homoafetivo em partes da Europa, ele se referiu à "Gayropa" para zombar e frustrar a potencial onda de influência LGBTQIA+ nos valores russos[18]. Opondo-se ao uso de "palavras estrangeiras" que subvertem os significados linguísticos tradicionais, Putin alertou que desafiar as ideias básicas de "mãe" e "pai" era inaceitável. Assim, apesar da retórica antieuropeia, suas visões estão em linha com os movimentos conservadores europeus contrários à "ideologia de gênero". Em sua crítica a Putin, Daria Ukhova aponta que questões como a do "gênero" não devem ser deixadas de lado como meramente culturais, pois o entendimento é de que elas atingem o núcleo espiritual do país. De fato, o documento estratégico afirma textualmente como objetivos "dar prioridade [ao] espiritual sobre o material; à proteção da vida humana e dos direitos e liberdades humanos; à família; ao trabalho criativo; ao serviço à pátria; às normas morais e éticas; ao humanismo; à caridade; à justiça; à assistência mútua; ao coletivismo; à unidade histórica dos povos da Rússia; à continuidade da história da nossa mãe pátria". A ideologia dos "valores familiares tradicionais", na visão de Ukhova, visa legitimar apenas formas muito específicas de relações de gênero, ou seja, "heterossexuais, férteis [reprodutivas], baseadas na garantia de cuidados não remunerados etc.". A maneira como os gêneros são diferenciados um do outro

---

[17] Sobre a adoção por Giorgia Meloni da ideologia antigênero, ver Alessia Donà, "Rights for Women and Gender Equality Under Giorgia Meloni", *The Loop*, 7 mar. 2023; disponível on-line.

[18] Leandra Bias, "Die Internationale der Antifeministen", *Republik*, Zurique, 6 jun. 2022; disponível on-line.

e colocados em uma relação hierárquica é, na análise de Ukhova, "inerente a tais formas de relações de gênero – embora não abertamente endossadas na legislação – [e] representa elementos essenciais dessa ideologia"[19].

*

Em todos esses contextos, e em outros que serão discutidos a seguir, o gênero é apresentado como uma "ideologia" única que refuta a realidade da diferença sexual e que busca apropriar-se do poder divino da criação em favor de pessoas que desejam criar seus próprios gêneros. A identidade trans é considerada uma escolha, uma expressão excêntrica ou excessiva de liberdade pessoal, e não uma verdade individual e uma realidade social dignas de reconhecimento público. Muitas vezes, a redução da identidade de gênero a uma escolha pessoal é seguida pela afirmação de que a criação de identidades de gênero está tomando o lugar da criatividade divina. No entanto, em outras regiões, como a Alemanha, a ideologia de gênero ou mesmo os estudos de gênero são regularmente caracterizados como totalitários, de modo a sugerir que eles impõem novas identidades de gênero e suprimem a liberdade pessoal[20]. Ou se trata de liberdade pessoal ou da supressão dela, ou de uma forma de individualismo ou de usurpação do poder divino, ou de doutrinação e totalitarismo ou de muitas outras versões de temíveis espectros políticos que dominam as pessoas.

No Brasil, durante o governo Bolsonaro, assim como na Rússia de Putin, a própria ideia de nação, a masculinidade em si, foram consideradas ameaçadas por uma "ideologia de gênero" descrita como importação cultural perigosa[21]. Segundo a estudiosa e ativista Sonia Corrêa, os movimentos antigênero se formaram no Brasil nos anos 2000 e foram claramente inflamados após a visita do papa Bento XVI ao Conselho Episcopal Latino-Americano (Celam) em Aparecida, em 2007. Em 2013, católicos e evangélicos deram seguimento à superação de suas diferenças para forjar uma aliança visando derrubar a proposta

---

[19] Ver Emil Edenborg, "Putin's Anti-Gay War on Ukraine", *Boston Review*, 14 mar. 2022; disponível on-line.

[20] Eva von Redecker, "Anti-Genderismus and Right-wing Hegemony", *Radical Philosophy*, v. 198, jul.-ago. 2016, p. 2-7; Sabine Hark e Paula-Irene Villa (orgs.), *Anti-Genderismus: Sexualität und Geschlecht als Schauplätze aktueller politischer Auseinandersetzungen* (Bielefeld, Transkript, 2015).

[21] Ver o importante trabalho de Sonia Corrêa sobre essa questão: "Interview: The Anti-gender Offensive as State Policy", *Connectas*, 3 jul. 2020; disponível on-line.

do Plano Nacional de Educação (PNE) e eliminar qualquer referência a gênero na educação[22]. Daí em diante, foram aprovadas centenas de leis municipais e estaduais contra o gênero na educação. O discurso de posse de Bolsonaro, no início de janeiro de 2019, continha o compromisso de erradicar a "ideologia de gênero" nas escolas, e ele prometeu resistir à "submissão ideológica"[23]. A Human Rights Watch relata que "[d]esde 2014, legisladores brasileiros, nos níveis federal, estadual e municipal, apresentaram mais de 200 propostas legislativas para proibir a 'doutrinação' ou a chamada 'ideologia de gênero' nas escolas. Essas propostas, que têm como alvo a educação sobre gênero e sexualidade, têm sido objeto de intenso debate político e social no Brasil, com alguns projetos de lei aprovados, muitos ainda pendentes e outros arquivados"*.

Na Colômbia, após décadas de violência, a perspectiva de um acordo de paz entre as Forças Armadas Revolucionárias da Colômbia (Farc) e o governo foi submetida a votação popular no início de outubro de 2016. Os colombianos se opuseram ao acordo de paz por uma estreita maioria. Significativamente,

---

[22] Ver Juan Marco Vaggione, "The Conservative Uses of Law: The Catholic Mobilization Against Gender Ideology", *Social Compass*, v. 67, n. 2, 6 abr. 2020. Entre outros pontos interessantes da história, Vaggione discorre sobre a expansão da ideologia de gênero na América Latina. Ele aponta que ela teve uma genealogia separada na América Latina, que começa com uma publicação de 1998 em que o bispo Alzamora Revoredo menciona uma ideologia de um individualismo niilista oculto no conceito de gênero. A oposição ao gênero foi oficialmente assumida pela V Conferência Geral do Episcopado Latino-Americano e do Caribe em 2007, na qual novas formas de direitos individuais estavam em disputa. Em 2018, a Conferência do Episcopado uniu-se ao Comitê Ecumênico e à Aliança Evangélica Mundial na oposição ao casamento homoafetivo, afirmando compreender que o direito ao casamento homoafetivo era um ataque às instituições do casamento e da família. A Igreja Evangélica Unida, junto com denominações pentecostais, embora desafiem a hegemonia da Igreja Católica, encontraram um terreno comum com as autoridades católicas ao se opor tanto ao feminismo quanto aos direitos de lésbicas e gays sob a rubrica de "ideologia de gênero". Segundo Vaggione: "A expressão 'ideologia de gênero' se desprendeu de suas origens católicas e se tornou um significante para políticos que combatem a influência dos movimentos feministas e LGBTQI. Essas políticas antigênero passaram a incluir a luta contra a ideologia de gênero em suas campanhas, iniciativas legais e decisões públicas, recebendo apoio eleitoral de diferentes setores da população".

[23] Dom Phillips, "Bolsonaro Declares Brazil's 'Liberation from Socialism' as He Is Sworn In", *The Guardian*, 1 jan. 2019; disponível on-line; ver também Andrea Dip, "'Ideologia de gênero' – uma narrativa fantasiosa e moldável", *Heinrich-Böll-Stiftung*, 18 jul. 2022; disponível on-line.

* Ver "Tenho medo, esse era o objetivo deles", *Human Rights Watch*, 12 maio 2022; disponível on-line. (N. E.)

a campanha foi liderada pelas igrejas evangélicas pentecostais, segundo as quais o acordo, embora aparentasse ser de paz, estava atolado em "ideologia de gênero". Na verdade, o acordo menciona as formas específicas mediante as quais o conflito prolongado afetou mulheres e pessoas "LGBTI", referindo-se à discriminação, à exposição à violência, ao deslocamento forçado, à falta de acesso aos direitos de propriedade para mulheres e às hierarquias masculinistas dentro de várias facções armadas. Segundo os especialistas William Beltrán e Sian Creely, na campanha das igrejas,

> "gênero" passa a ser uma abreviatura para a série de males sociais aos quais ele foi associado durante os debates sobre o plebiscito de paz colombiano por meio do uso da expressão "ideologia de gênero". Postulamos que é a associação entre a modernidade de "gênero", o colonialismo e a indústria desenvolvimentista, seu caráter acadêmico, de valor neutro, e sua condição de termo técnico isolado que permite que "gênero" se torne um representante de uma ampla gama de insatisfações sociais.[24]

Nesse caso, o "gênero" ameaça inaugurar uma era em que não haverá mais intervenção religiosa nos assuntos do Estado e a Igreja estará firmemente separada do Estado. Líderes pentecostais alertaram que a família seria atacada se a paz fosse alcançada e que, como resultado do acordo, o país se tornaria ateu e comunista. Na medida em que o gênero, funcionando agora como um fantasma, agrega medos sobre o futuro, ele perde qualquer referente concreto, mas seu poder assustador aumenta. Beltrán e Creely deixam claro que em tais debates o "gênero" não recebe uma definição e sugerem que a tarefa crítica nessas circunstâncias não é perguntar o que é gênero, mas o que ele *faz*. Eles também destacam que o "gênero", no contexto colombiano, serviu como uma abreviatura que condensa e representa uma série de ansiedades auxiliares, e "acumula ruído semântico que permite sua demonização por meio da frase 'ideologia de gênero'"[25]. Se o gênero fosse meramente um ruído, não teria o poder político que tem. Ele funciona não por abafar o referente, mas por revestir a palavra com trajetórias multidirecionais de força ameaçadora.

Mesmo que os argumentos contra o "gênero" surjam de diferentes localidades, regiões e nações e com propósitos diferentes, eles são unificados

---

[24] William Mauricio Beltrán e Sian Creely, "Pentecostals, Gender Ideology and the Peace Plebiscite: Colombia 2016", *Religions*, v. 9, n. 12, 2018, p. 418.

[25] Ibidem, p. 2.

e amplificados por partidos políticos, organizações globais, redes on-line, plataformas eleitorais (Vox na Espanha, A Liga e Irmãos da Itália na Itália) e organizações das Igrejas evangélicas e católica interconectadas. Segundo Agnieszka Graff, estudiosa e ativista polonesa, uma das principais redes que ampliam e fazem circular o ponto de vista antigênero é a Organização Mundial da Família (anteriormente Congresso Mundial da Família), que conta com milhares de participantes em suas conferências, bem como o American College of Pediatricians (ACP) [Colégio Estadunidense de Pediatria], uma organização socialmente conservadora fundada em 2002 por profissionais de saúde que se opunham à adoção por casais homoafetivos. Talvez o mais influente entre esses grupos seja a plataforma on-line chamada CitizenGo, que foi fundada na Espanha em 2013 e mobiliza pessoas contra palestras, exposições e candidatos políticos que defendem os direitos LGBTQIA+. Essa plataforma tornou-se rapidamente uma importante protagonista on-line na oposição aos direitos reprodutivos em vários países. A CitizenGo afirma ter mais de 9 milhões de seguidores, prontos para se mobilizar a qualquer momento. Recentemente, a organização pagou pessoas para lançar uma campanha de mídia social contra os direitos reprodutivos no Quênia, onde conseguiu proibir temporariamente os atendimentos de aborto. De acordo com a *Quartz Africa*, a organização promove em, no mínimo, cinquenta países petições de oposição ao casamento homoafetivo, ao aborto e à eutanásia. Em 2019, a CitizenGo se vangloriou por realizar campanhas contra clínicas que oferecem aborto no Malawi, na Nigéria e na Tanzânia, além do Quênia[26]. Descobriu-se que a organização pagou pessoas para usar táticas de intimidação nas mídias sociais a fim de contestar tanto os direitos reprodutivos quanto a educação sexual para jovens em várias regiões[27].

A influência da CitizenGo em toda a Europa e, ultimamente, na África tem sido significativa, mas ela também está presente nos Estados Unidos. A organização usa "gênero" para designar uma série de movimentos sociais, políticas públicas e leis regionais e nacionais. Outra organização, chamada Hazte Oir ("Faça-se ouvir"), fundada em 2001 na Espanha, se opõe aos direitos de

---

[26] "Stop Marie Stopes Abortion Activities in Nigeria", petição on-line disponível no site oficial da CitizenGo.

[27] Odanga Madung, "In Kenya, Influencers Are Hired to Spread Disinformation", *Wired*, 8 set. 2021; disponível on-line. Ver também Ali Breland, "How a Hard-Right European Group Tried to Manipulate Kenyan Political Discourse on Twitter", *Mother Jones*, 24 fev. 2022; disponível on-line.

gays, lésbicas e pessoas trans e ao aborto legalizado. Foi fundada por Ignacio Arsuaga, que posteriormente, em 2013, fundou a CitizenGo para difundir a mesma agenda internacionalmente. Apoiador do partido espanhol de direita Vox, Arsuaga também é representante do Congresso Mundial das Famílias, que inclui a Organização Nacional para o Casamento nos Estados Unidos. E em 2017, ele liderou uma campanha de combate ao casamento homoafetivo e aos direitos de pessoas trans com base na versão popular da tese da "complementaridade" do Vaticano. Seu lema: "Meninos têm pênis e meninas têm vaginas". O grupo alugou um ônibus que ostentava o lema para realizar uma caravana pela Espanha em 2017, e por ação do Partido Socialista em Madri, ele foi rapidamente proibido como uma perturbação da ordem pública. A "Rede de Intolerância" do WikiLeaks registrou uma extensa série de iniciativas da CitizenGo em países como Rússia, Hungria, Alemanha, Espanha, Itália, Chile, México, Brasil e Estados Unidos[28]. A CitizenGo mantém laços tanto na Rússia quanto nos Estados Unidos, especialmente com organizações e plataformas contra direitos ligados ao casamento, incluindo a ultraconservadora ActRight [Aja Direito], também ligada ao Congresso Mundial das Famílias (WCF, na sigla em inglês). O Congresso Mundial das Famílias é um projeto da Organização Internacional pela Família (IOF) que serve para conectar um grande número de organizações cristãs ortodoxas, católicas e evangélicas dedicadas à defesa da "família natural" e ao combate aos direitos de lésbicas, gays e pessoas trans. Formada em 1995 por Allan Carlson, um indicado de Reagan que trabalhava com dois sociólogos russos, Anatoly Antonov e Viktor Medkov, a organização se concentra no medo da queda das taxas de natalidade e de que tanto o direito ao aborto quanto a legislação pró-LGBT provocariam um colapso civilizacional[29]. Estava presente nessa reunião inicial Ivan Shevchenko, representante da perspectiva da Igreja Ortodoxa Russa[30]. O WCF apoiou a política antigay na Sérvia, na Lituânia e na Romênia, bem como no Quênia, onde a doutrina do Vaticano foi canalizada para a política social em 2016[31].

---

[28] "The Intolerance Network", *WikiLeaks*. Comunicado de imprensa disponível on-line no site oficial da organização.

[29] Hannah Levintova, "How US Evangelicals Helped Create Russia's Anti-Gay Movement", *Mother Jones*, 14 fev. 2014; disponível on-line.

[30] Kristina Stoeckl, "The Rise of the Russian Christian Right: The Case of the World Congress of Families", *Religion, State and Society*, v. 48, n. 4, 2020, p. 225.

[31] Kapya Kaoma, "The Vatican Anti-Gender Theory and Sexual Politics: An African Response", *Religion and Gender*, v. 6, n. 2, 2016, p. 282-3.

As conexões transnacionais são muitas. O representante russo do Congresso Mundial, Alexey Komov, faz parte do conselho da CitizenGo. Em 2014, Komov patrocinou um congresso afiliado em Moscou sobre "grandes famílias" que enfatizou a importância da "família natural", mas também abriu caminho para oligarcas ortodoxos russos formarem alianças com cristãos evangélicos nos Estados Unidos[32].

A CitizenGo também é responsável por propagar trechos de lixo científico que associam casamento igualitário à pedofilia e o aborto ao câncer de mama. Esses trechos anunciam as agendas políticas anuais do Congresso Mundial das Famílias[33]. Por causa de suas campanhas contra direitos ao casamento, ao aborto e direitos de pessoas trans, a CitizenGo foi classificada em 2014 pelo Southern Poverty Law Center como um "grupo de ódio" e tornou-se objeto de uma investigação da openDemocracy em 2019[34].

Antes de 2015, vários grupos pertencentes a essa rede pouco se preocupavam com "gênero", mas passaram a usar o termo para agregar todas as posições às quais se opõem. Passaram também a atacar a "teoria crítica da raça" como se ela incluísse toda e qualquer posição que apontasse a persistência sistêmica e histórica do racismo dentro de países como Estados Unidos e Reino Unido. Os grupos que atualmente convergem na oposição às duas teorias incluem Heritage Foundation, Discovery Institute (dedicado ao criacionismo), American Legislative Exchange Council, Parents Defending Education (na Virginia, que produz um "Mapa da DoutriNação"), Citizens for Renewing America, Moms for Liberty e No Left Turn. Em setembro de 2016, Brian Brown, líder da Organização Nacional para o Casamento e autoproclamado pai de nove filhos, lidou com seu fracasso em barrar os direitos de casamento nos Estados Unidos juntando-se à CitizenGo na Cidade do México para ajudar a promover manifestações contra o apoio do governo Enrique Peña Nieto ao casamento igualitário, depois que a Suprema Corte mexicana proibiu, em 2015, as restrições ao casamento baseadas no gênero. Trabalhando com aliados no cenário global, Brown começou a usar a expressão "ideologia de gênero" para descrever

---

[32] Hélène Barthélemy, "How the World Congress of Families Serves Russian Orthodox Political Interests", *Southern Poverty Law Center*, 16 maio 2018; disponível on-line.

[33] Perfil do Congresso Mundial de Famílias [Word Congress of Families] no site da CitizenGo.

[34] Adam Ramsay e Claire Provost, "Revealed The Trump-Linked 'Super PAC' Working Behind the Scenes to Drive Europe's Voters to the Far Right", *openDemocracy*, 25 abr. 2019; disponível on-line.

os direitos de gays e lésbicas ao casamento e os esforços educacionais voltados para a sexualidade e o gênero, os quais, a seu ver, minavam os direitos dos pais de direcionar a educação de seus filhos de acordo com os valores parentais[35]. Assim como importou o referencial da "ideologia de gênero" da Europa para os Estados Unidos, Brown também o exportou para o México. No momento em que este livro foi escrito, ele era presidente da Organização Mundial da Família, que sedia anualmente o Congresso Mundial das Famílias.

A oposição ao "gênero", que ameaça a "família natural", está muitas vezes ligada à ameaça dos imigrantes, à perspectiva da miscigenação e seu efeito aparentemente perigoso sobre a família natural. A família "natural" não apenas é heteronormativa como serve para reproduzir a nação segundo linhas de pureza racial e étnica. Em maio de 2017, a Hungria sediou o WCF, e o primeiro-ministro Viktor Orbán fez uma aparição ao lado de Brian Brown. No discurso de Orbán na conferência, ele falou primeiro sobre o perigo dos imigrantes: "Reforçaremos a proteção das fronteiras do sul da União Europeia e não deixaremos entrar ninguém que desperte a mais leve suspeita de querer atacar nossas famílias e nossas crianças"[36]. A necessidade de "proteger nossa juventude" está ligada a uma fantasia aguda e infundada de que imigrantes, se tiverem autorização para entrar no país, podem atacar crianças húngaras. O fato de que "a mais leve suspeita" será suficiente para tomar uma atitude sugere que tudo que se imagina sobre imigrantes é suficiente para mantê-los longe, que atravessar a fronteira e atacar crianças são atos associados. Invocando implicitamente a teoria da substituição, Orbán lamenta que a população europeia esteja em declínio, que menos pessoas estejam se casando e que a imigração não possa ser a solução para o problema da Europa. Em contrapartida, ele se opõe à "imigração ilegal" como potencialmente enfraquecedora da solidez da família natural, concebida como a base da nação. A família natural é entendida, portanto, como uma norma nacional, pois a família natural reproduz a nação de acordo com as linhas nacionais. Em outras palavras, o que é "natural" não é uma forma qualquer de heterossexualidade, mas apenas aquela que reproduz a nação. Nas palavras dele: "A luta pelo futuro da Europa [...] só vale a pena se formos capazes

---

[35] Trudy Ring, "NOM's Brian Brown Exporting Anti-LGBT Hate to Mexico", *The Advocate*, 19 set. 2016; disponível on-line.
[36] "Prime Minister Viktor Orbán's Opening Speech at the World Congress of Families XI Budapest Family Summit, Hungary", International Organization for the Family, 4 out. 2017; disponível on-line.

de combiná-la com uma política familiar *que restaure a reprodução natural no continente*". O apelo de Orbán para fazer a população da Hungria crescer anda de mãos dadas com sua insistência na reprodução "natural". O futuro da Europa depende de manter o casamento exclusivamente heterossexual e a reprodução não assistida: "É importante destacar que a restauração da reprodução natural é uma causa nacional; e não é apenas uma causa nacional em meio a muitas, mas *a* causa nacional. E é também uma causa europeia; não apenas uma causa europeia em meio a muitas, mas *a* causa europeia".

Qualquer que seja a função exercida pelo gênero no imaginário de Orbán, ele representa e pressagia um ataque tanto à nação quanto à sua versão nacionalista da família "natural". Ao fazer as ligações e associações entre nacionalismo, raça e gênero, Orbán sugere que o futuro da Europa e seu legado branco está ameaçado não apenas por pessoas originárias do Norte da África e do Oriente Médio, mas também por uma taxa de natalidade em declínio, que precisa crescer para manter de pé o ideal racial de uma Europa branca, e que só pode ser retificado pela família heterossexual e mediante vias "naturais". Apenas a família "natural" pode salvar a nação, o que faz com que o gênero ou outras "ideologias" contrárias representem a morte potencial da nação. Para alcançar esse futuro, para salvar a Europa, "a família" deve continuar sendo a unidade primária da comunidade "no coração da juventude". Não basta aumentar o número de filhos; a Hungria deve produzir jovens que vejam "a família natural" como sua unidade social central e que crescerão se opondo à "ideologia progressista". A restrição do casamento a duas pessoas heterossexuais de gêneros diferentes e a rejeição da tecnologia reprodutiva em nome da união "natural" devem ser acompanhadas por esforços educativos que incutam a primazia dessa forma de família como natural e europeia ao mesmo tempo. E essa reprodução "natural", acompanhada de uma política anti-imigração, serve à versão supremacista branca da Europa que ele defende. Em julho de 2022, Orbán alertou contra a "miscigenação de raças", pois, ao que parece, a miscigenação destrói qualquer conceito legível de nação, o que levou um de seus assessores a renunciar, citando a natureza "nazista" de seu discurso racista[37].

A oposição ao gênero e a defesa da família (contra qualquer contestação a sua heteronormatividade) e da nação (contra qualquer contestação a sua pureza racial) ligam-se a uma eugenia que pertence ao passado histórico e ao presente

---

[37] Zack Beauchamp, "The European Country Where 'Replacement Theory' Reigns Supreme", *Vox*, 19 maio 2022; disponível on-line.

do fascismo. Essa ligação é reiterada por formas de política conservadora que atravessam as fronteiras nacionais, sugerindo que as agendas nacionalistas dependem da circulação transnacional de termos-chave como "gênero", que se tornam mais eficazes à medida que se propagam.

Não é surpresa que o Congresso Mundial das Famílias, onde Orbán se pronunciou em 2017, tenha mantido laços ativos com as campanhas de Trump e Ted Cruz nos Estados Unidos em 2020. E que, em 4 de agosto de 2022, Orbán tenha discursado para o Comitê de Ação Política do Partido Republicano (CPAC, na sigla em inglês), deixando claro que o perigo da "ideologia de gênero" deve ser tratado da mesma forma que a ameaça da imigração indesejada: "Na Hungria, tivemos de construir não só um muro físico em nossas fronteiras e um muro financeiro em torno de nossas famílias, mas um muro legal em torno de nossos filhos e filhas para protegê-los da ideologia de gênero que os têm como alvo". A essa afirmação seguiu outra: a de que os piores eventos da história foram causados por pessoas que "odeiam o cristianismo", usando como exemplo George Soros, contra quem os ataques antissemitas do governo húngaro têm sido frequentes e sucessivos.

As visões de Orbán resumem alguns dos principais elementos da "ideologia de gênero" no contexto do Leste Europeu: ela é imposta a nações como a Hungria por organizações internacionais ou pela União Europeia – UE (e ele culpa Obama por isso); é um ataque aos valores nacionais e cristãos, que para ele são a mesma coisa; traz ensinamentos que prejudicam as crianças; ataca a família "natural". Esse conjunto fantasmático de problemas leva ao apelo para que a "ideologia de gênero" seja impedida de entrar como os migrantes o são, como a UE e as poderosas forças "estrangeiras" também devem ser, como Soros e suas instituições devem ser. Isso nos leva a entender que Soros presumivelmente odeia o cristianismo porque é judeu, uma carcomida suposição antissemita. Mas, como outros fantasmas, este também representa a ameaça do capitalismo aos valores da família húngara. Soros é caracterizado como dono de quase tudo, e sua influência nas universidades e na "pesquisa" é imaginada como avassaladora, se não irrefreável.

Em sua reunião anual de 2016, em Tbilisi, o Congresso Mundial das Famílias fez uma série de declarações oficiais que ecoam as de governos de direita e grupos religiosos em todo o mundo: "Governos e entidades transnacionais devem cessar toda propaganda favorável à 'teoria de gênero' e à 'orientação sexual', que não têm base na realidade biológica"; "Diga aos tiranos da tolerância LGBT, essa máfia lavanda, esses homofascistas, esses radicais do arco-íris, que eles não são bem-vindos para divulgar sua propaganda antirreligiosa e anticivilizacional em suas nações"[38].

Mais uma vez, elementos díspares e conflitantes são suturados uns aos outros como em um sonho. Mas não se trata aqui de um sonho; trata-se do discurso oficial de poderosas instituições transnacionais. A sintaxe dos sonhos e da fantasia se transformou na sintaxe inflamada do discurso político de mobilização. Essa "teoria" de gênero é propaganda, essa petição por "tolerância" é tirania, e o arco-íris, que geralmente significa valores progressistas de inclusão e diversidade, muitas vezes criticado por transmitir uma sensação morna e apaziguadora, de repente é inflamado como a bandeira de uma organização mafiosa ou uma forma nova e singular de fascismo. Seria fácil demais simplesmente expor a loucura das justaposições e adotar o sarcasmo e um ar de superioridade, mas seria tolo de nossa parte não perceber como o poder da justaposição funciona para criar cadeias de associação, insinuações de cumplicidade e constelações retóricas que – sob determinadas condições – têm o poder de instaurar no centro de um fantasma psicossocial uma "causa" para a destruição. À medida que esse feixe sintático se mostra convincente, qualquer pessoa que se oponha à tirania se oporá igualmente ao gênero e à imigração; quem se opõe à morte da civilização se oporá às duas coisas; e quem se opõe a organizações criminosas como a máfia verá que elas também são, de alguma forma, representadas pelo gênero e a imigração. Essas cadeias associativas não simplesmente se dissipam; elas se condensam para demarcar um perigo identificável, que segundo esses esquemas só pode ser repelido colocando em risco pessoas trans e queer, feministas, gays, lésbicas e comunidades de imigrantes. Ao alegar a evitação de males, esse tipo de discurso provoca um mal enorme, mas pode dar a esse mal que provoca o nome de defesa contra o mal. A tautologia é, infelizmente, vívida e eficaz, e age como se fosse uma forma de raciocínio lógico. As várias comunidades vulneráveis agora transformadas em alvos por esse tipo de raciocínio prejudicial estão ameaçadas de exclusão e criminalização, patologização e perda de liberdades fundamentais, dentre as quais tanto a liberdade reprodutiva quanto a autoidentificação de gênero. Tais estratégias de retirada de direitos pertencem a uma história fascista: elas

---

[38] Ver a entrada "World Congress of Families", do dossiê sobre organizações extremistas organizado pelo *Southern Poverty Law Center*; disponível on-line. Ver também a denúncia da Human Rights Campaign, *Exposed: The World Congress of Families*, jun. 2015; disponível on-line.

intensificam a vulnerabilidade das mesmas comunidades falsamente responsabilizadas pelo estado precário do mundo. Identificam essas comunidades, ainda, como a "causa" da destruição, para que possam fazer uma promessa: a de que, ao destruir tais grupos, a destruição pareça ser evitada, muito embora ela seja, obviamente, intensificada. Elas insistem que tais comunidades e suas reivindicações políticas são forças destrutivas, mas mobilizam exatamente esse tipo de forças quando se exteriorizam no outro. Na verdade, renomeiam o objeto de destruição como a causa dela, engajando-se em uma forma contemporânea de reposicionamento de marca do fascismo.

Essas associações e ligações estão organizadas de forma a continuarem a ser eficazes não só no apelo aos medos existentes, mas também na sua organização e mobilização contra uma série de pessoas e políticas. A abreviatura de movimentos feministas e LGBTQIA+ como "gênero" permite uma condensação de tais preocupações em uma única "ideologia" e cria uma sensação de que existe um único inimigo, que pode e deve ser derrotado. Além do WCF, existem outras organizações cristãs que mobilizam alianças transnacionais contra o "gênero". Nos Estados Unidos, o ex-vice-presidente Mike Pence discursou, em setembro de 2018, no Values Voter Summit [Cúpula do Eleitor de Valores], uma reunião evangélica organizada pelo Family Research Council [Conselho de Pesquisa da Família], aliado do WCF, logo após um painel intitulado "How Gender Ideology Harms Children" [Como a ideologia de gênero prejudica as crianças], que procurou defender a terapia de conversão de pessoas homossexuais e argumentar que ninguém deveria ser obrigado a assar um bolo de casamento para um casal homoafetivo (uma referência à decisão da Suprema Corte, de 4 de junho de 2018, no caso *Masterpiece Cakeshop vs. Comissão de Direitos Civis do Colorado*)[39]. Nesse contexto, Pence defendeu as liberdades religiosas, uma forma indireta de autorizar condutas homofóbicas e transfóbicas sob a alegação de que *não* discriminar constituiria uma restrição às liberdades religiosas dos cristãos. A obrigação de discriminar decorre, aparentemente, do compromisso com a liberdade religiosa, sugerindo que garantir a liberdade de discriminar é o sinal supremo de que a liberdade religiosa está viva e passa bem. Só se chega a essa conclusão, no entanto, se a liberdade religiosa for um valor superior à

---

[39] Wendy Brown, *Nas ruínas do neoliberalismo: a ascensão da política antidemocrática no Ocidente* (trad. Mario Marino, Eduardo A. Camargo Santos, São Paulo, Politeia, 2021). Ver também Jeremiah Ho, "Queer Sacrifice in Masterpiece Cakeshop", *Yale Journal of Law and Feminism*, v. 31, n. 2, 2020, p. 249; disponível on-line.

igualdade social que a lei antidiscriminação pretende garantir. O caráter fortuito da liberdade religiosa é afirmado, qualificado como direito das pessoas cristãs, com a consequência de que o direito de discriminar é agora defendido como uma liberdade sagrada, e que o cristianismo se torna mais firmemente entrincheirado como a religião cujas liberdades devem ser protegidas das reivindicações de igualdade. É significativo que, nesses contextos, "gênero" também represente igualdade, inclusive direitos igualitários de casamento, de formação de parcerias íntimas e formas sociais que não as da ordem heteronormativa. Opor-se ao gênero é opor-se à igualdade disponível, aparentemente de forma imprópria e escandalosa, para mulheres, lésbicas, gays, pessoas trans e todas aquelas que estabelecem laços de parentesco de maneira desviante.

Em 2010, o monsenhor Tony Anatrella, que poucos anos depois facilitou a intervenção do Vaticano na oferta de um programa sobre gênero nos currículos franceses, atuou como porta-voz do Vaticano e convocou os bispos católicos da África a resistir aos vários grupos de defesa de direitos de gays e lésbicas patrocinados pela União Europeia, pelas Nações Unidas e por outras organizações não governamentais. A linguagem que ele usou em seu discurso para se referir ao gênero era previsivelmente vibrante, repleta de contradições aparentemente arrebatadoras. Em sua opinião, quem supostamente promovia a "teoria de gênero", comparada por ele a um "vírus intelectual", defendia uma posição perigosa como o marxismo, mas também, paradoxalmente, uma posição que, se não fosse controlada, poderia conduzir ao capitalismo desenfreado. A monolítica "teoria do gênero" também poderia, ou iria, "desregular" o centro moral da humanidade e mergulhar o próprio conceito de ser humano em uma desordem desesperadora. Embora os grupos evangélicos que se opõem ao gênero normalmente não invoquem a ideia católica de complementaridade, eles concordam que a gama de direitos associados ao feminismo e aos movimentos LGBTQIA+ são antinaturais e perigosos para as crianças e a ordem moral, devendo, portanto, ser veementemente combatidos.

Anatrella não é o único ator religioso a tentar influenciar a política e alimentar o medo na África. Em 2009, o pastor evangélico Scott Lively, originário de Massachusetts, coroou anos de campanha contra os então chamados direitos LGBT com a convocação de uma "guerra" contra a igualdade. Ele chegou a Uganda pela primeira vez em 2002 e voltou em 2009 acompanhado de vários líderes religiosos para fazer um discurso incendiário que comparou gays a nazistas e pedófilos. A Human Rights Campaign relata que Lively responsabilizou os direitos de homossexuais pelos genocídios nazista e ruandês. Em

1995, ele publicou o revisionista *The Pink Swastika: Homosexuality in the Nazi Party* [A suástica cor-de-rosa: homossexualidade no Partido Nazista], no qual afirmou que o Partido Nazista estava cheio de homens gays e que a selvageria dos nazistas poderia ser diretamente relacionada à homossexualidade[40]. Em 2009, ele acrescentou floreios a essa relação espúria de causalidade ao afirmar que ser gay era, na verdade, pior do que ser nazista. Após seu encontro com líderes religiosos neopentecostais em Uganda, teve início o chamado local por punições severas contra gays e lésbicas, culminando em um projeto de lei aprovado em 2014 que tornava a intimidade sexual homoafetiva punível com penas que chegavam à prisão perpétua.

Lively evidentemente não poderia ter exercido tal influência se as igrejas neopentecostais não tivessem assumido um lugar central na vida dos ugandenses. Em meados da década de 1980, quando o financiamento do governo para saúde e educação foi retirado, as igrejas tornaram-se mais importantes. A ascensão dos poderes da igreja na vida cotidiana correspondia claramente a formas neoliberais de abandono social. As igrejas neopentecostais, também conhecidas como Born-Again [Renascidas] ou Balokole [Dos Salvos], pregavam tanto a prosperidade (e a ética empresarial) quanto os valores tradicionais africanos. O elemento controverso é que as verbas originalmente reservadas à educação e ao tratamento de HIV/aids foram redirecionadas em 2004 para "campanhas moralmente informadas" patrocinadas por organizações cristãs conservadoras[41]. A política formulada pelo presidente Museveni na época opunha-se aos preservativos, negava-se a oferecer à população jovem informações sobre a transmissão do HIV e propunha como política pública, de modo geral, a abstinência antes do casamento[42].

Desde então, a influência das organizações cristãs pró-família dos Estados Unidos permaneceu constante graças aos investimentos financeiros estadunidenses em infraestrutura religiosa na região. Em 2005, George W. Bush alocou nada menos que US$ 8 milhões para programas em Uganda baseados

---

[40] Kevin Abrams e Scott Lively, *The Pink Swastika: Homosexuality in the Nazi Party* (s. l., Founders Publishing Corporation, 1995).

[41] Martin Palecek e Tomas Tazlar, "The Limiting of the Impact of Proxy Culture Wars by Religious Sensitivity: The Fight of Neo-Pentecostal Churches Against LGBTQ Rights Organizations over Uganda's Future", *Religions*, v. 12, n. 9, 2021, p. 707.

[42] "Uganda: 'Abstinence-Only' Programs Hijack AIDS Success Story", *Human Rights Watch*, 30 mar. 2005; disponível on-line.

exclusivamente na abstinência. A ideia de que Uganda é a única responsável por tal legislação devido a suas concepções "retrógradas" sobre a sexualidade gay e lésbica é efetivamente refutada por documentos sobre a interligação das redes de apoio financeiro e influência religiosa dos Estados Unidos. Em 2004, a organização Sexual Minorities Uganda (SMUG) [Minorias Sexuais de Uganda], localizada em Kampala, foi formada como uma organização comprometida com a defesa dos direitos LGBTI e a oposição à influência contínua de Scott Lively. O Center for Constitutional Rights (CCR) [Centro de Direito Constitucional] da cidade de Nova York se associou à SMUG para acusar Lively de "crimes contra a humanidade de perseguição" em 2012 e tentou responsabilizá-lo por colaborar com a perseguição generalizada de pessoas LGBTQIA+ em Uganda. Em junho de 2017, o CCR e a SMUG obtiveram avanços na ação conjunta[43]. No entanto, em agosto de 2022, a SMUG foi dissolvida pelo governo de Uganda, acusada de não ter se registrado como ONG logo depois de ter esse direito negado pelo governo.

Poderíamos apresentar muitas teses sobre como essa legislação surgiu. Poderíamos dizer que as estratégias coloniais cristãs estão em ação, e isso estaria correto em parte. Também poderíamos afirmar que o nacionalismo desempenha um papel, e isso faz sentido, visto que, segundo Frank Mugisha, diretor-executivo da SMUG, a comunidade LGBTQIA+ é acusada de ser "antiugandense". As leis fortemente antigays adotadas em países como Uganda, como a lei anti-homossexualidade aprovada em abril de 2023, que reserva a pena de morte para atos de sodomia, só podem ser compreendidas quando se recorre às histórias econômicas e coloniais. O fato central para qualquer explicação é, no entanto, a transformação das igrejas nas principais instituições responsáveis pela oferta dos serviços sociais que os governos – cada vez mais neoliberais e cada vez menos abastecidos de recursos financeiros – deixaram de oferecer. A igreja atende às necessidades básicas e, ao fazê-lo, reorganiza a forma como a sexualidade e o gênero devem ser entendidos, impondo certos valores e criando certos espectros aterrorizantes. As questões de moralidade relativas à sexualidade e ao gênero nesse contexto estão associadas à oferta de serviços sociais básicos, incluindo assistência à saúde. Portanto, tornam-se questões de vida ou morte, não apenas em Uganda mas em um número cada vez maior de regiões do mundo.

---

[43] Center for Constitutional Rights, *Sexual Minorities Uganda v. Scott Lively*; disponível on-line no site oficial da organização.

Lively é apenas uma personalidade e estava longe de agir sozinho. Seus pontos de vista ecoavam as políticas da igreja evangélica ultraconservadora e seus laços contemporâneos com uma série de governos. Os esforços cooperativos, por assim dizer, dessas instituições ajudaram a estabelecer e incitar ataques como esses a membros das próprias comunidades. Afinal, em geral, nenhuma comunidade se volta contra si mesma sem ter sido incitada a fazê-lo, sem ter sido convencida de que no interior dela existe uma parcela que representa uma ameaça fatal para o todo. Ao colocar o problema dessa forma, quero dizer que os grupos-alvo são, de fato, parte da comunidade. Mas o problema é mais básico: a comunidade agora é definida de forma mais restrita, dependendo de exclusões e expulsões para proteger as fronteiras de sua autocompreensão. O inimigo interno é, agora, um elemento estranho que ameaça a comunidade por dentro. Incitar uma comunidade a atacar um segmento de sua população exige um estímulo efetivo, uma promessa que evoque o perigoso fantasma para depois pedir sua punição, expulsão ou aniquilação. Assim, o "estímulo" à patologização e criminalização de dissidentes sexuais não é mero falatório cultural, mas uma formação discursiva com poder de regular a vida e a morte, diferenciando cidadania de criminalidade. A força envolvente de uma poderosa fantasia de dano e destruição iminentes torna-se um dos mecanismos e meios pelos quais os ataques homofóbicos cotidianos se tornam política de Estado – e violência de Estado.

Depois que o tribunal constitucional de Uganda derrubou a lei anti-homossexualidade proposta em 2013, que incluía a pena de morte como uma possível punição para relações homossexuais, a questão continuou a ser debatida até que a lei fosse reformulada e aprovada em abril de 2023. Ainda em maio de 2021, o presidente Museveni assinou uma lei de "crimes sexuais" que incluía muitas das mesmas cláusulas, juntamente com punições severas para o trabalho sexual e atos sexuais de gays e lésbicas, definindo a homossexualidade como "contrária à ordem da natureza". Essa opinião é local ou importada por meio de redes evangélicas transnacionais? Certamente, poderíamos perceber aí uma continuidade da influência colonial. A sexualidade gay e lésbica foi proibida pela primeira vez em Uganda durante a colonização pela Grã-Bretanha, que terminou em 1962. A influência continuada da criminalização colonial da sexualidade lésbica e gay foi combatida pela SMUG, que, paradoxalmente, foi acusada pelo presidente de "social-imperialismo". A austera insistência de Mugisha no fato de que pessoas LGBTQIA+ sempre fizeram parte da vida de Uganda parece não ter importância, já que os efeitos homofóbicos do colonialismo são defendidos por quem afirma estar combatendo os efeitos do imperialismo, representado pelos esforços em defesa dos direitos humanos de lésbicas e gays. Um membro do parlamento de Uganda, Fox Odoi-Oywelowo, do Partido do Movimento de Resistência Nacional, apostou que a recentemente debatida lei de crimes sexuais seria anulada, pois os investimentos ocidentais seriam retirados de Uganda se ela fosse mantida[44]. Infelizmente, a lei anti-homossexualidade recentemente aprovada propôs punições ainda mais severas, estipulando que qualquer pessoa que se identifica como "lésbica, gay, transgênero, queer ou qualquer outra identidade sexual ou de gênero contrária às categorias binárias de masculino e feminino" pode ser sentenciada a dez anos de prisão. Legislação semelhante foi imposta no Quênia e na Tanzânia em 2023[45].

Dado que foi o dinheiro ocidental que galvanizou o movimento antigay em Uganda, entende-se como um país africano dependente de ajuda externa e financiamento religioso é manipulado pelos financiadores, permitindo que sua própria política fique ligada a igrejas e Estados ocidentais e ao Banco Mundial, que ameaçou retirar seu empréstimo de US$ 90 milhões se o país negasse os direitos de lésbicas e gays. Entende-se, assim, por que especialistas sustentam que os conflitos de gênero e sexualidade em Uganda são "guerras por procuração" lançadas por Estados ocidentais[46]. Ter o Banco Mundial a seu lado dificulta as coisas, pois os poderes coercitivos das agências de crédito invariavelmente fomentam a ira de quem está atolado em dívidas ou busca maneiras de sair da pobreza. Também obscurece o fato de que as mulheres, juntamente com gays, lésbicas e pessoas trans, sofrem desproporcionalmente com as economias da dívida, como Gago e Cavallero mostraram claramente[47].

A estruturação de Uganda como uma economia da dívida não apenas solapa sua autonomia como transforma questões sociais em exigências financeiras;

---

[44] Fox Odoi-Oywelowo, "No, Uganda Is Not Making It Illegal to Be Gay (Again)", *Al Jazeera*, 6 jun. 2021; disponível on-line. Infelizmente, essa previsão se revelou completamente errada, já que Uganda parece se dispor a perder recursos corporativos; ver Sam Kisika, "Companies Pull Out of Uganda, NGOs Suspend Services After Anti-LGBTQ+ Law Signed", *Los Angeles Blade*, Los Angeles, 13 jun. 2023; disponível on-line.

[45] Sam Kisika, "Uganda, Kenya, Tanzania Move to Further Curtail LGBTQ Rights", *Washington Blade*, 4 mar. 2023; disponível on-line.

[46] Ver Martin Palecek e Tomas Tozlar, "Limiting of the Impact of Proxy Culture Wars by Religious Sensitivity", cit.

[47] Lucí Cavallero e Verónica Gago, *Uma leitura feminista da dívida* (Porto Alegre, Criação Humana, 2022).

ou seja, torna a aceitação de políticas não discriminatórias uma precondição para um plano de renegociação da dívida. Em que ponto é possível diferenciar corretamente a objeção à sexualidade gay e lésbica ou à identidade transgênero e a objeção a ser subjugado por sistemas bancários internacionais? O Banco Mundial não é o mensageiro de que precisamos para comunicar a importância dos direitos LGBTQIA+, pois a mensagem acaba obscurecida pelo portador. O mesmo acontece com os países que solicitam a admissão na União Europeia e cujos mercados também devem demonstrar conformidade com as políticas antidiscriminatórias do bloco. A oposição ao "gênero" surgida nos países dependentes da União Europeia quase sempre indica uma situação financeira de dependência. A conformidade com políticas de não discriminação é uma forma de coerção imposta pelos credores, o que pode levar à percepção de que aceitar o "gênero" é uma forma inaceitável de coerção e até extorsão. Sem gênero, nada de admissão; sem gênero, nada de perdão da dívida. É com certeza difícil adotar uma política pública livremente, não importa quão razoável e correta, quando se é compelido a fazê-lo a partir de uma posição de servidão por dívida ou dependência financeira indesejada em relação aos agentes do poder financeiro. Qualquer defesa dos direitos de gênero deve incluir uma crítica à integração da transversalização de gênero em negociações políticas e às formas como o gênero tem sido usado como moeda de troca pelas instituições financeiras que afirmam ser suas defensoras. Quando o gênero é associado a poderes financeiros que impõem os direitos de gênero, ele deixa de pertencer a uma luta de esquerda para criticar e desmantelar os poderes financeiros e seus modos de exploração e extrativismo. A defesa do gênero tem de estar vinculada à crítica da coerção financeira para que o "gênero" não seja identificado como um dos instrumentos dessa coerção.

Conclui-se que a afirmação das liberdades reprodutivas e dos direitos de gays, lésbicas e pessoas transgênero deve decorrer de um entendimento coletivo da legitimidade dessa posição. E esses direitos e liberdades deveriam estar idealmente ligados a uma luta anticolonial e anti-imperialista, para a qual a independência em relação a dívidas é uma reivindicação política central. Uma das razões pelas quais o Banco Mundial e a UE não podem – nem devem – ser representantes da liberdade e igualdade de gênero é que os poderes coercitivos dessas instituições para produzir e manter a dívida, para estruturar o pagamento da dívida com altas taxas de juros, confundem exploração com liberdade. Para que tenham algum sentido político como luta emancipatória, os esforços por direitos sexuais e de gênero devem estar inseridos em uma luta contra a exploração, inclusive a servidão por dívida.

O circuito transnacional do movimento contra a ideologia de gênero não deve ser subestimado. Não está acontecendo apenas nesta ou naquela região, mas atualmente liga de forma ativa essas regiões, estabelecendo-se menos como um fenômeno localizado que como uma rede em expansão. A igreja evangélica nem sempre é a principal protagonista na África. Kapya Kaoma rastreia uma relação ambivalente entre as igrejas africanas e o Vaticano no que diz respeito aos direitos de gays e lésbicas. A Igreja católica romana africana se opõe à homossexualidade ao mesmo tempo que reconhece as relações homoafetivas ao longo dos séculos. A visão do Vaticano de que o casamento heterossexual e a sexualidade obedecem à doutrina da "complementaridade" apenas parcialmente ecoa certas perspectivas africanas sobre a procriação como o objetivo maior das relações sexuais[48]. Mesmo assim, as posições do Vaticano foram adotadas quase literalmente pelo Quênia em 2016 na Política Nacional de Promoção e Proteção da Família, como uma posição que erradica toda diferença sexual e afirma formas de identidade pessoal que não se baseiam na "diferença biológica entre homem e mulher". Na sequência, o documento aplaude a família heterossexual e sua dignidade, entendendo o "gênero" como um atentado à "ordem moral".

É significativo que a reunião em que essa política pública foi elaborada tenha ocorrido sob patrocínio do Congresso Mundial das Famílias, da arquidiocese de Nairóbi e da Aliança Evangélica. Como veremos, a objeção à imposição colonial de normas de gênero na região se opõe à crescente influência do Vaticano, que busca não se tornar a única autoridade cristã, mas integrar alianças entre várias denominações para alterar políticas estatais que deveriam ser independentes da autoridade religiosa. Um paradoxo é que, embora, de acordo com Kapya Kaoma e Petronella Chalwe[49], a maior parte das populações africanas tenha rejeitado o colonialismo, elas nem sempre rejeitaram o cristianismo. Como resultado, a persistente força colonizadora da Igreja, exemplificada por suas opiniões sobre a "família natural", nem sempre foi alvo de crítica no continente – mas, por parte dos estudos de gênero, certamente foi.

O Vaticano e as igrejas evangélicas ajudaram a criar formas de comunicação transnacional entre as regiões, mas não podiam prever a forma que a mensagem

---

[48] Kapya Kaoma, "Globalizing the Culture Wars: U.S. Conservatives, African Churches, and Homophobia", *Political Research Associates*, 1 dez. 2009; disponível on-line.

[49] Kapya Kaoma e Petronella Chalwe, "The Good Samaritan and Sexual Minorities in Africa: Christianity, the US Christian Right and the Dialogical Ethics of Ubuntu", *Journal of Theology for Southern Africa*, v. 155 (ed. especial "Sexuality in Africa"), jul. 2016, p. 176-95.

antigênero tomaria nas localidades às quais chegou. A influência de Lively, por exemplo, não se restringiu a Uganda. Entre 2006 e 2007, ele fez uma extensa turnê de oposição aos direitos de lésbicas e gays pela Rússia, alegando ter visitado ao menos cinquenta cidades apenas no país. Ele também reivindicou para si o crédito pela "lei da propaganda antigay" russa implementada por Putin em 2013, que, entre outras coisas, negava direitos de parentalidade a casais de gays e lésbicas em nome de salvar as crianças do perigo[50]. De fato, é difícil dizer os caminhos por onde vai a influência transnacional da ideologia: se os Estados Unidos exportaram a homofobia por meio de redes evangélicas; se a organização espanhola CitizenGo introduziu a ideologia antigênero por meio de seus canais; se o Vaticano exportou ideologia antigênero para a América Latina; qual papel as Igrejas ortodoxas grega e russa desempenharam na formação e no fomento de seus próprios movimentos; como a servidão por dívida obriga os países a escolher entre liberdade econômica e normas sociais impostas. As redes geram zonas de influência que nem sempre podem ter uma única causa e, como veremos, a posição antigênero assume várias formas que não são necessariamente consistentes entre si nem exigem consistência para serem eficazes. Dependendo das ansiedades que circulam em determinada região, o gênero pode ser apresentado como marxista ou capitalista, tirania ou libertarismo, fascismo ou totalitarismo, uma força colonizadora ou um migrante indesejado. Novamente: quanto mais contraditório o movimento, mais influente seu discurso se revela.

*

Embora este livro não possa ter um alcance inteiramente global, ele pode indicar os caminhos pelos quais as versões incendiárias do "gênero" trafegam, mostrando como o termo, a noção, agrega e acomoda ansiedades e medos contraditórios, e como chega a ser considerado mais firmemente uma "causa" de destruição, devendo, portanto, ser destruído. A tarefa, aqui, é apenas dar uma noção de seus contornos globais, seus argumentos básicos e formações fantasmáticas, e como esses elementos estão interligados. Não há uma direção histórica ou global única de influência. Sim, os grupos evangélicos dos Estados Unidos têm enorme influência no exterior, mas o mesmo acontece com o Vaticano, a ortodoxia russa,

---

[50] Human Rights Campaign Foundation, *Scott Lively is one of America's most notorious exporters of hate*, 25 mar. 2014. Relatório da HRC disponível on-line.

várias formações do cristianismo na Ásia oriental e na África e a versão de política familiar islâmica de Erdoğan. Seria um erro omitir o nacionalismo hindu da lista, dado que tantos programas sobre gênero e estudos sobre mulheres tiveram seus recursos cortados sob o regime nacionalista hindu de Narendra Modi[51]. Em todo o mundo, várias formas de nacionalismo buscam efetivamente expulsar o gênero da ideia de nação, sugerindo que a igualdade e a liberdade reinavam antes que essa "intrusão" fizesse parecer o contrário. Como nos diz o presidente sul-coreano, Yoon Suk-yeol, as mulheres nunca ficaram descontentes com sua subordinação; as queixas contemporâneas que elas fazem contra a violência, o assédio e a remuneração desigual também são influenciadas por ideias de "fora" e de "outro lugar", anulando, na opinião dele, um emergente movimento feminista coreano. Depois de sua eleição, como era previsível, ele tomou medidas para desmantelar o Ministério da Igualdade de Gênero do governo[52].

Em Taiwan, o movimento contra a "ideologia de gênero" emerge de uma formação religiosa composta tanto por elementos confucionistas quanto cristãos e ganhou força mesmo que pouquíssima gente ali se identifique como cristã. O efeito desse movimento nas políticas públicas é mais um momento em que percebemos como as visões religiosas se infiltram no governo trazendo consigo previsões catastróficas assustadoras. Pei-Ru Liao observa que, em Taiwan, a campanha antigênero parece se basear nas campanhas francesas, o que confirma a atividade do circuito transnacional. Ao mesmo tempo, o movimento trafega no que Pei-Ru Liao chama de ameaça de um "apocalipse confucionista"[53]. Embora a oposição aos direitos e liberdades de gays e lésbicas em Hong Kong[54], Taiwan e Coreia do Sul tenha sido iniciada por protestantes

---

[51] Embora o "gênero" não seja uma categoria diabólica na Índia, é claro que as oposições e hierarquias de gênero fazem parte do que alimenta o nacionalismo hindu e os seus ataques violentos aos muçulmanos. Ver Soumi Banerjee, "The New Age Politics of Gender in the Hindutva Movement and Faith-Based Identity Contestation", *openDemocracy*, 16 dez. 2019; disponível on-line.

[52] So Yun Alysha Park, "A Move Forward for the Korean Women's Movement", *Verso Books Blog*, 4 out. 2018; disponível on-line; Karen Yamanaka, "Women's Movement in South Korea: How to Break Structural Oppression", *Europe Solidaire Sans Frontières*, 16 maio 2022; disponível on-line.

[53] Pei-Ru Liao, "'Only Filial Piety Can Produce Heirs, Not Homosexuals!': An Exploration of the Glocalised Rhetoric of the Pro-Family Movement in Taiwan", *Culture and Religion*, v. 21, n. 2, 2020, p. 139-56.

[54] Wai Ching Angela Wong, "The Politics of Sexual Morality and Evangelical Activism in Hong Kong", *Inter-Asian Cultural Studies*, v. 14, n. 3, 2013, p. 340-60.

afiliados à direita, a oposição geral se origina de uma variedade de posições religiosas. Vale observar que apenas 5% a 6% das populações de Hong Kong e Taiwan são cristãs, embora na Coreia do Sul o percentual esteja perto de 30%. Como o confucionismo continua sendo a principal religião na Coreia do Sul, os cristãos de direita produziram uma interpretação que harmoniza os ensinamentos confucionistas com versões do cristianismo homofóbico[55]. O uso de uma versão do confucionismo que prioriza a ordem hierárquica como condição da saúde pessoal e política ajudou o movimento antigênero em Taiwan.

Se a sociedade é estruturada por hierarquia e polaridades, então a "sociedade" está sendo "destruída" por um grupo de elite de feministas e ativistas LGBTQIA+. Dizer que a sociedade está sendo destruída por um grupo de "elite" implica que esse grupo de elite não é realmente parte da sociedade, mas uma importação. Ou que os direitos pelos quais essas pessoas estão lutando não são direitos básicos atualmente ausentes, mas privilégios exercidos por uma elite que contaminaria a sociedade e estabeleceria uma polarização com a base da população. Segundo a autora, as campanhas midiáticas contra feministas e ativistas LGBTQIA+ mesclam imagens bíblicas do apocalipse com discursos sobre as virtudes confucionistas. Os "radicais" ameaçam essa formação religiosa amalgamada de "desordem" e inauguram "uma cultura da morte"[56]. O objetivo final desses grupos, insiste a propaganda, é destruir a família e a instituição do casamento. A configuração cultural dessa força de destruição não é a mesma apresentada no Leste da África ou no Alabama; ela se entrelaça com os medos locais, reconfigurando e invertendo as relações de desigualdade social, destilando, renomeando e mobilizando o medo da influência estrangeira e até de forças apocalípticas destrutivas.

A ideia de "emancipação sexual" é interpretada de uma maneira que lembra os argumentos veiculados pela direita evangélica na América Latina: a "emancipação sexual", que é ostensivamente ensinada nas escolas, é um ardil pelo qual os alunos são induzidos a cometer atos sexuais "perversos". Embora o termo inglês *gender* não esteja no centro dos debates nesses países asiáticos, Liao sustenta que ele aparece em um debate a um só tempo linguístico e teológico a respeito dos "termos *liang--xing* [兩性; dois sexos] e *xing-bie* [性別; gênero]". Liao explica que "o segundo se refere a um significado mais inclusivo de gênero que inclui identidades e atributos de gênero, orientações sexuais etc., enquanto o primeiro se refere à dicotomia entre masculino e feminino de maneira estreita e exclusiva". O primeiro desses termos

---

[55] Pei-Ru Liao, "'Only Filial Piety Can Produce Heirs, Not Homosexuals!'", cit., p. 151-2.
[56] Ibidem, p. 147.

mantém a hierarquia e a harmonia atribuídas ao confucionismo, contexto em que "*xing-bie*" é um intruso que ameaça destruir os preceitos do confucionismo que asseguram a ordem social e evitam o apocalipse. O problema não é que o "sexo" seja natural, mas que "a complementaridade dos sexos" (a doutrina do Vaticano que continuaremos a abordar a seguir) se funde à ideia de hierarquia de gênero do confucionismo. Esta última é interpretada com base em deveres familiares e formas de submissão obrigatória, incluindo a submissão (harmoniosa) da esposa ao marido. A defesa da identidade nacional taiwanesa funciona em conjunto com essa formação religiosa amalgamada na convocação de uma cruzada em defesa dos "valores familiares". Assim como em outras regiões, a ideologia antigênero ecoa o caráter global do movimento, e também seu financiamento por redes cristãs ocidentais (que são, elas mesmas, uma combinação de denominações católicas, ortodoxas e evangélicas). Ao mesmo tempo, essa versão da ideologia antigênero tem intersecções com a política local, a tradição confuciana, a resistência às imposições culturais tanto da China continental quanto do Ocidente, especialmente o individualismo, o capitalismo empresarial e o os referenciais de direitos humanos, concebidos como imposições culturais ocidentais.

*

Nos últimos anos, a oposição ao gênero aumentou e se espalhou por todo o Leste Europeu, mas é "a nação" que está sob ameaça de destruição. Em junho de 2021, o parlamento húngaro aprovou de forma esmagadora que sejam retiradas das escolas públicas todas as aulas relacionadas a "homossexualidade e mudança de gênero", associando direitos e educação LGBTQIA+ à pedofilia e à política cultural totalitária. Isso ocorreu após o descredenciamento de dois programas de mestrado em estudos de gênero (Universidade Centro-Europeia e Universidade Eötvös Loránd), em 2018. Especialistas que trabalham com migração e história do Holocausto também foram ameaçados. No final de maio de 2021, após alguns anos de intenso debate público, parlamentares da Dinamarca aprovaram uma resolução contra o "ativismo excessivo" em ambientes de pesquisa acadêmica, incluindo em sua lista de culpados os estudos de gênero, teoria racial, estudos pós-coloniais e estudos de imigração[57]. Em

---

[57] Ludwig Goldschmidt Pedersen, "The Academic Culture War Comes to Denmark", *Jacobin*, 12 jun. 2021; disponível on-line. David Mathews, "Danish Academics Fear for Freedom After MPs Condemn Activism", *Times Higher Education*, 11 jun. 2021; disponível on-line.

dezembro de 2020, a Suprema Corte da Romênia derrubou uma lei que proibiria o ensino da "teoria da identidade de gênero", mas a disputa continua por lá.

Em muitos países, o ataque à "ideologia de gênero" é tanto um ataque ao feminismo, em especial à liberdade reprodutiva, quanto aos direitos de pessoas trans, ao casamento homoafetivo e à educação sexual. Por exemplo, a saída da Turquia da Convenção de Istambul, em março de 2021, causou arrepios na UE, pois uma das principais objeções da Turquia era a inclusão de proteções para mulheres e crianças contra a violência, e esse "problema" foi atribuído à palavra estrangeira *gender*. A Convenção de Istambul, adotada em maio de 2011, é um tratado internacional para membros do Conselho da Europa e fornece um quadro jurídico baseado nos direitos humanos a fim de assegurar os direitos das mulheres contra a violência e promover a igualdade de gênero. O termo "gênero" aparece duas vezes: em "violência de gênero", denotando a violência contra mulheres, e em "igualdade de gênero", que se refere à igualdade social e a iniciativas educacionais, legislativas e culturais que apoiem essa igualdade. A convenção deu origem a importantes políticas sociais em toda a União Europeia, incluindo linhas diretas criadas para sobreviventes de violência doméstica e a introdução, em países como Islândia, Grécia, Croácia, Malta, Dinamarca e Eslovênia, de definições de estupro que tomam como referência a ideia de consentimento[58].

De acordo com a Anistia Internacional, a Turquia foi o primeiro país a assinar o tratado, em 2011, e o primeiro a se retirar dele, em 20 de março de 2021, alegando que a convenção ameaça "valores sociais e familiares" e "normaliza a homossexualidade". Os mesmos argumentos foram usados pela Polônia e pela Hungria para reverter as proteções legais a mulheres e pessoas lésbicas, gays e trans, e pela Bulgária para se recusar a assinar o tratado. Em 2019, na Polônia, o Partido Lei e Justiça conclamou à criação de "zonas livres de LGBT", principalmente nas regiões do sudeste do país. Em 2018, o tribunal constitucional da Bulgária proclamou a inconstitucionalidade da convenção por contestar o entendimento binário do sexo, sendo o "sexo" uma determinação feita no

---

[58] A convenção inclui medidas como treinamento de profissionais, campanhas de conscientização e programas terapêuticos. Enfatiza instrumentos para a proteção das mulheres, como dar à polícia o poder de retirar agressores da residência familiar e garantir o acesso a informações, abrigos, linhas telefônicas de atendimento e centros de referência. Além disso, criminaliza diversas formas de violência a fim de facilitar o julgamento de infratores. Por fim, a convenção incentiva a integração de todas as políticas por meio da ação conjunta de agências governamentais, ONGs e autoridades nacionais, regionais e locais.

nascimento. Em 2020, o parlamento húngaro argumentou que o reconhecimento da violência de gênero como motivo para concessão de asilo introduz um conceito que põe em risco "tradições e valores nacionais", sugerindo que a violência contra mulheres é uma prática tradicional valorizada que deve ser protegida da intervenção internacional. A Ucrânia só aprovou a Convenção de Istambul em junho de 2022, posicionando-se contra o ataque de Putin ao gênero e à "Gayropa" – termo que associa as políticas da União Europeia contra a discriminação baseada no gênero e na sexualidade com a influência cultural europeia de forma mais ampla.

Proliferando uma série de reivindicações alarmistas e contraditórias, a ideologia antigênero na Polônia não é diferente. O Instituto Ordo Iuris para a Cultura Legal – fundado em 2013 para buscar promover um "tratado de direitos da família" que substitua a Convenção de Istambul – se opôs à "ideologia LGBT" e foi essencial para tornar o aborto ilegal no país em 2021, mesmo se a gravidez não puder ser levada a termo. Em vez disso, as mulheres que consideram realizar um aborto deveriam ser, na opinião do instituto, relegadas às alas de saúde mental dos hospitais. O Ordo Iuris também foi responsável por criar uma lista de boicote a professores e pesquisadores da área de estudos de gênero na Polônia. No site, o instituto argumenta, por um lado, que uma agenda marxista está dissimulada nos movimentos feministas e LGBTQIA+. Por outro lado, diz que "há algum tempo um cartel de bilionários e ONGs financiadas por bilionários tem tentado reescrever o conceito de direitos humanos para promover uma agenda construtivista social radical"[59]. Aqui, como em outros lugares, as acusações de marxismo e de hipercapitalismo andam de mãos dadas sem contradição aparente. Não é que as pessoas estejam desatentas à contradição e precisem ser esclarecidas; não, a contradição é o que funciona, ao "emancipar" de fato as pessoas da tarefa de desenvolver uma posição racional – é um caminho para o fascismo. Quando as pessoas já vivem com medo e são informadas de que há ainda mais a temer e que a fonte de

---

[59] Ver Claudia Ciobanu, "Ordo Iuris: The Ultra-Conservative Organization Transforming Poland", *Reporting Democracy*, 22 jun. 2021; disponível on-line. Ciobanu escreve: "Um relatório publicado em 15 de maio pelo Fórum Parlamentar Europeu para os Direitos Sexuais e Reprodutivos, intitulado 'Tip of the Iceberg' [A ponta do iceberg], documenta o aumento constante do financiamento de grupos ultraconservadores ativos na Europa ao longo da última década. O autor do relatório, Neil Datta, identifica mais de US$ 700 milhões que foram canalizados para grupos antigênero na Europa entre 2009 e 2018, 11% dos quais provenientes de fontes estadunidenses, 26% de fontes russas e o restante da Europa".

seu medo pode ser nomeada, esse nome contém e neutraliza as contradições, passando a representar uma "causa" da suprema destruição em curso, que deve ser arrancada pela raiz e eliminada.

Para algumas pessoas, o que importa é a nação, mas a família é o centro da nação. Para outras, é a religião, mas o Estado é concebido como Estado religioso, que não pode se perpetuar se não contar com a família. Embora o "gênero" às vezes seja apontado como uma forma de liberdade individual excessiva – liberdade essa que, segundo o Vaticano, deve ser controlada –, a direita religiosa busca ampliar suas próprias liberdades, entendidas como liberdade religiosa que, como vimos, traz em si a liberdade de discriminar. A posição antigênero não é contra a liberdade: apenas busca restabelecê-la e ampliar suas reivindicações exclusivamente no interior do arcabouço religioso, de preferência com respaldo do Estado. Aparentemente, ninguém deve ser livre para negar o caráter "natural" e inevitável do casamento heterossexual, nem para mudar o sexo que lhe foi atribuído no nascimento, mas certamente pode se recusar a preparar um bolo para o casamento de um casal homoafetivo sob o argumento de que fazê-lo seria negar a própria liberdade religiosa[60]. Vida longa à liberdade!

Embora formulado nos Estados Unidos, esse argumento específico aparece em todo o Leste Europeu e se tornou a base para várias alegações de que ensinar "gênero" é uma forma de discriminação religiosa, um ataque às instituições religiosas e à liberdade religiosa. Justifica-se ser livre para discriminar, para instituir a desigualdade social e econômica, para negar direitos básicos, porque a "antidiscriminação" é aparentemente um ardil. Segundo o parecer do Vaticano em 2019: "O conceito genérico de 'não discriminação' muitas

---

[60] Adam Liptak, "In Narrow Decision, Supreme Court Sides with Baker Who Turned Away Gay Couple", *The New York Times*, 4 jun. 2018; disponível on-line. Cinco anos mais tarde, em junho de 2023, a Suprema Corte decidiu que o estado do Colorado não poderia aplicar uma lei antidiscriminação contra uma web designer que se recusou a criar um site para um casamento homoafetivo sob o argumento de que isso viola os direitos da profissional previstos na Primeira Emenda. Nesse caso, a liberdade religiosa de discriminar foi absorvida pelo direito à liberdade de expressão, e foi considerado que essa liberdade se sobrepunha à lei antidiscriminação. Esse resultado foi possível, em parte, porque se alegou que a web designer não deveria ser obrigada a transmitir uma mensagem que viola seus direitos individuais à liberdade de expressão. Assim, foi possível argumentar que o problema era a mensagem e não os clientes homossexuais. A ministra Sonia Sotomayor opôs-se, recordando ao tribunal que nenhuma empresa aberta ao público tem o direito de discriminar uma classe protegida. Ver Amy Howe, "Supreme Court Rules Website Designer Can Decline To Create Same-Sex Wedding Websites", *SCOTUSblog*, 30 jun. 2023; disponível on-line.

vezes esconde uma ideologia que nega a diferença, bem como a reciprocidade natural, que existe entre homens e mulheres". Se fizéssemos o mesmo tipo de afirmação sobre a discriminação religiosa, ela não seria bem aceita. Imaginemos que fosse assim: "A 'não discriminação' genérica muitas vezes esconde uma ideologia que *nega as muitas diferenças que existem* entre homens e mulheres e para *além desse binário*". Tal afirmação não se enquadraria no referencial do Vaticano, que conhece a natureza previamente e não se preocupa em explorar sua complexidade.

Seria mais fácil se pudéssemos deixar tais reivindicações de lado como posições de extrema direita, mas elas contêm contradições por um motivo: em alguns casos, são respostas equivocadas ou pré-políticas ao neoliberalismo, aos poderes das instituições financeiras globais, aos legados contínuos do poder colonial. Se esses poderes fossem nomeados corretamente, e não condensados na fantasia psicossocial do "gênero", as coisas talvez parecessem diferentes. As pesquisadoras Agnieszka Graff e Elżbieta Korolczuk argumentaram que o movimento é uma resposta nitidamente conservadora ao neoliberalismo, ou seja, um fortalecimento da Igreja e da família na esteira da devastação dos serviços sociais em uma economia cada vez mais privatizada[61]. Outros especialistas apontam, ainda, que a União Europeia e a Convenção de Istambul articularam padrões que se tornaram obrigatórios para potenciais membros e que representam "valores liberais". A capacidade de obter empréstimos, de se envolver em transações de mercado, dependia do cumprimento de tais normas, e chefes de Estado como Erdoğan e Orbán declararam que essa era uma imposição inaceitável de valores culturais estrangeiros. Aparentemente, não importava que um número significativo de pessoas de seus países concordasse com esses critérios, pois elas também poderiam ser consideradas ocidentalizadas ou contaminadas por valores estrangeiros ou pela "ideologia". A União Europeia explicou suas próprias práticas como parte de um processo de "europeização"[62], que incluía leis para prevenir e eliminar a discriminação contra as mulheres, protegê-las da violência doméstica e aceitar e promover os direitos das pessoas LGBTIA+. Qualquer país que quisesse fazer negócios com a União Europeia tinha de concordar em ser regido por tais leis, que nos últimos treze anos

---

[61] Agnieszka Graff e Elżbieta Korolczuk, *Anti-Gender Politics in the Populist Moment* (Nova York, Routledge, 2021).
[62] Ver Maryna Shevtsova, "Religion, Nation, State, and Anti-Gender Politics in Georgia and Ukraine", *Problems of Post-Communism*, v. 70, n. 2, 2022, p. 163-74.

foram cada vez mais associadas aos direitos humanos. Ao mesmo tempo, de acordo com Maryna Shevtsova, uma pesquisadora feminista da Eslovênia, as ex-repúblicas soviéticas reagiram contra as formas de secularismo que lhes foram impostas pelo regime soviético, e a Igreja cristã ortodoxa tornou-se uma parceira cada vez mais importante do poder estatal[63].

Na Geórgia e na Ucrânia, de acordo com Shevtsova, as Igrejas ortodoxas tiveram de decidir quão próximas ficariam da Igreja Ortodoxa Russa, em um momento em que buscavam a possibilidade de adesão à UE e à Organização do Tratado do Atlântico Norte (Otan). Assim, a "europeização dos direitos LGBTI tornou-se uma questão geopolítica". Enquanto anexava a Crimeia em 2014 e fortalecia sua presença no Donbass, na Ucrânia, a Rússia procurou contrastar mais fervorosamente os valores familiares cristãos ortodoxos com as normas europeias, concentrando-se na forma "natural" da família, na condição "natural" da heterossexualidade e na imutabilidade da designação sexual. "Gayropa" foi o termo que Putin usou para descrever um conjunto de leis antidiscriminação e antiviolência que foram interpretadas como a imposição de "ideologia de gênero". Em regiões que buscam maior autonomia em relação à Rússia, como a Geórgia e a Ucrânia, as igrejas ficaram em um beco sem saída depois de declararem independência no início dos anos 1990. Elas poderiam seguir o que Nikita Sleptcov chama de "heteronacionalismo conservador", prescrito pelo Patriarcado de Moscou, ou encontrar um terreno comum com as normas europeias sobre gênero e sexualidade. Gênero tornou-se um termo que, para algumas pessoas, carregava a ameaça de destruição da identidade nacional precisamente no momento em que as identidades nacionais estavam sendo afirmadas contra o antigo regime soviético. De fato, as Igrejas ortodoxas tornaram-se cada vez mais importantes nas últimas décadas, emergindo como "um símbolo de novas identidades nacionais"[64]. Por um lado, elas jamais poderiam se posicionar contra os valores tradicionais. Por outro, sua independência dependia, paradoxalmente, de vínculos com a Europa que exigiam vários graus de mudança em suas estruturas jurídicas (às vezes apenas simbólicas, sem a intenção de efetivá-las; outras vezes, apenas seletivas, a chamada "europeização seletiva" do Leste Europeu). Elas poderiam jurar conformidade à

---

[63] Ibidem, p. 166-7, p. 172.
[64] Nikita Sleptcov, "Political Homophobia as a State Strategy in Russia", *Journal of Global Initiatives: Policy, Pedagogy, Perspective*, v. 12, n. 1, 2017, p. 140-61.

não discriminação, por exemplo, mas deixar que o compromisso permaneça simbólico, apenas parcialmente cumprido ou deliberadamente não cumprido.

Embora este livro não possa oferecer uma história completa do movimento antigênero, é importante contarmos um pouco dessa história recente para percebermos como o agrupamento fantasmático vendido como "gênero" passou a habitar a argumentação e a retórica das políticas estatais e clericais oficiais, políticas que têm enormes consequências para a vida de mulheres e pessoas trans e queer em todo o mundo, além de quem vive sob regimes cada vez mais autoritários. Por isso, nos deteremos com atenção ainda maior nas visões do Vaticano, buscando compreender como o cenário fantasmático que condiciona o movimento contra a ideologia de gênero se infiltra em argumentos, enrijece regulações sociais e políticas e até se apresenta como demonstração de racionalidade e defesa dela.

2.
Pontos de vista do Vaticano

Vimos alguns exemplos da influência, que é ampla e contínua, dos evangélicos conservadores no movimento contra a ideologia de gênero, mas é possível afirmar que foi o Vaticano que iniciou o cenário contemporâneo. Como mencionei no capítulo anterior, em maio de 2004, um ano antes de ser nomeado papa, Joseph Ratzinger dirigia a Congregação para a Doutrina da Fé da Igreja Católica e escreveu uma carta amplamente divulgada a todos os bispos católicos. Nesse documento, ele distinguiu entre duas abordagens dominantes para "o tema da mulher". A primeira destacava a subordinação da mulher, mas a segunda negava as diferenças entre homens e mulheres, "considerando-as simples efeitos de um condicionamento histórico-cultural". Ele tentou explicar a diferença entre sexo e gênero de acordo com este relato errôneo da "pessoa humana": "a diferença corpórea, chamada sexo, é minimizada, ao passo que a dimensão estritamente cultural, chamada *gênero*, é sublinhada ao máximo e considerada primária". Embora Ratzinger entenda que essa distinção visa produzir maior igualdade e libertar as mulheres do determinismo biológico, ele adverte contra os perigos da ideia. Ela contém, a seu ver, "ideologias que promovem, por exemplo, o questionamento da família, por sua índole natural biparental, ou seja, composta de pai e de mãe, a equiparação da homossexualidade à heterossexualidade, um novo modelo de sexualidade polimórfica". Ratzinger especula que a teoria de gênero à qual se opõe é uma "tentativa da pessoa humana de libertar-se dos próprios condicionamentos biológicos". A seu ver, o "condicionamento biológico do humano" consiste em atributos biológicos que são definidos por sua imutabilidade. Se as pessoas forem livres "para modelar-se a seu gosto", afirmou ele, elas destruirão sua essência*.

---

* Ver Congregação para a Doutrina da Fé da Igreja Católica, *Carta aos bispos da Igreja Católica sobre a colaboração do homem e da mulher na Igreja e no mundo*, Vaticano, 31 mar. 2004; disponível on-line. (N. E.)

Para Ratzinger, o gênero, entendido como um exercício rebelde ou excessivo da liberdade, acaba sendo uma liberdade para destruir o que é essencial ao ser humano. A perspectiva a que ele se opõe afirma que o gênero é um efeito histórico ou cultural, e não uma lei natural, entendida como determinante do sexo binário. Mas se gênero for apenas um efeito da história, em que sentido pode representar uma liberdade pessoal excessiva? Como não nos é dada nenhuma referência dos textos nos quais ele baseia seu ponto de vista, não temos como julgar se ele representa ou não corretamente qualquer teoria que tenha em mente. No entanto, ao que parece, ele se opõe à visão de que o gênero é um efeito cultural precisamente porque o entende como sexo, que é divinamente ordenado e constituído – ou criado – exclusivamente por Deus. E a ideia de "autoconstituição" prenuncia um exercício potencialmente perigoso da liberdade humana que é, para o Vaticano, uma forma de roubar do divino seus poderes criadores. O papa Bento XVI disse isso em sua mensagem de Natal em 2008: "O que com frequência é expresso e entendido com a palavra '*gender*', resolve-se em definitiva [*sic*] na autoemancipação do homem da criação e do Criador"*.

Já em 1995, representantes do Vaticano na conferência sobre as mulheres realizada em Pequim acusaram a "agenda de gênero" de "um individualismo exagerado"[1]. O lugar apropriado para a "criação" no mundo humano é a reprodução sexual dentro do contexto do casamento heterossexual. Como Mary Anne Case aponta em seus escritos que abordam as opiniões do Vaticano sobre gênero, já em 1985 Ratzinger estava preocupado com que as diferenças entre os sexos corressem o risco de parecer intercambiáveis, caso o que ele chamava de feministas radicais conseguissem o que queriam: "Masculino? Feminino? São perguntas que agora são vistas por algumas pessoas como obsoletas, sem sentido, quando não racistas"[2]. Para Ratzinger, tão problemática quanto a versão de "feminismo radical" que ele tinha em mente na época era uma doutrina específica do humanismo que banalizava a diferença entre masculino e feminino, quando, a seu ver, o humano é *definido* por essa mesma polaridade.

---

*   Papa Bento XVI [Joseph Ratzinger], *Discurso do papa Bento XVI à Cúria romana por ocasião dos votos de feliz Natal*, Vaticano, 22 dez. 2008; disponível on-line. (N. E.)

[1]   Ver Mary Anne Case, "After Gender the Destruction of Man?", *Pace Law Review*, v. 31, n. 3, jun. 2021, p. 808. Ver também a história completa apresentada por Sara Garbagnoli, "Against the Heresy of Immanence: Vatican's 'Gender' as a New Rhetorical Device Against the Denaturalization of the Sexual Order", *Religion and Gender*, v. 6, n. 2, 2016, p. 189.

[2]   Joseph Cardinal Ratzinger e Vittorio Messori, *The Ratzinger Report* (São Francisco, Ignatius, 1985), p. 15, citado em Mary Anne Case, "After Gender", cit.

Sem essa distinção e correspondente complementaridade, "o humano" desmorona. Embora a opinião mais corrente nos círculos progressistas considere o papa Francisco mais progressista que Ratzinger, foi o papa atual, como vimos, que ampliou a retórica de seu antecessor, comparando o poder destrutivo do gênero ao "nazismo" (ecoando Lively) e à "guerra nuclear".

É significativo que a doutrina da "complementaridade" estipule não apenas que o ser humano é definido por homem e mulher, e que Deus criou essa divisão, mas também que o casamento deve ser restrito a heterossexuais. Na teologia, houve quem questionasse se essa doutrina da complementaridade sequer tem base histórica, e parte argumentou persuasivamente que a "complementaridade" surge na doutrina da Igreja apenas na segunda metade do século XX, como reação aos movimentos feminista, lésbico e gay[3].

Em 2014, o papa Francisco deixou claro que a "complementaridade" era essencial para a preservação da família e do casamento como vínculo distintivo e exclusivo entre homens e mulheres. Embora tenha rejeitado a ideia de um "modelo único e estático" para a heterossexualidade, elogiou o casamento heterossexual como uma "beleza". A família, entendida como uma prerrogativa heterossexual, é "o lugar principal onde começar a 'respirar' valores e ideais" e, no entanto, continuou o papa,

> esta revolução nos costumes e na moral agitou com frequência a "bandeira da liberdade", mas na realidade trouxe devastação espiritual e material a numerosos seres humanos, de maneira especial aos mais vulneráveis. É cada vez mais evi-

---

[3] Ver Mary Anne Case, "The Role of the Popes in the Invention of Complementarity and the Vatican's Anathematization of Gender", *Religion and Gender*, v. 6, n. 2, 2016, p. 155. "Para o Vaticano, a complementaridade implica que 'homem e mulher' têm 'igual dignidade como pessoas', mas que essa dignidade igual se baseia e se manifesta em diferenças essenciais e complementares, 'físicas, psicológicas e ontológicas' (Ratzinger, 2004). As diferenças que o Vaticano considera essenciais incluem a maior parte daquilo que a lei secular caracterizaria como estereótipos sexuais, um termo que muitos defensores da complementaridade abraçam em vez de repudiar (Kuby, 2008)". De acordo com Case, foi "ao longo do último meio século que o Vaticano começou a adotar a complementaridade sexual como fundamento da sua antropologia teológica e, depois, a mobilizar essa antropologia numa tentativa de influenciar o direito secular em contextos tão diversos como a Conferência das Nações Unidas sobre a Mulher, em Pequim, em 1995, e La manif pour tous [Manifestação para todo mundo], o movimento de protesto que levou milhares de cidadãos franceses a manifestarem-se contra a inclusão de casais homoafetivos numa lei que ampliava o '*mariage pour tous*' (casamento para todo mundo) na primavera [do hemisfério Norte] de 2013".

dente que o declínio da cultura do matrimônio está associado a um aumento de pobreza e a uma série de numerosos outros problemas sociais que atingem em medida desproporcional as mulheres, as crianças e os idosos. E são sempre eles quem mais sofrem nesta crise.*

Este é apenas um dos vários casos em que o papa invocou estrategicamente a retórica esquerdista para defender sua posição contra famílias monoparentais e mistas, famílias ou indivíduos que fazem uso de tecnologias reprodutivas, direito ao aborto, casamento lésbico e gay e parentesco queer. No mesmo discurso em 2014, ele se referiu à "crise da família" como tendo dado "origem a uma crise da ecologia humana". Em meio a esses comentários, ele reiterou que "a família permanece na base da convivência, como garantia contra a desintegração social" e que pessoas jovens devem ser protegidas da "mentalidade prejudicial do provisório", sugerindo que devem ser dissuadidas de se envolverem em relacionamentos sexuais de curta duração ou sexo casual. Suas observações foram concluídas com o desenvolvimento de sua própria noção "ecológica", retornando à lei natural e aliando-se a ideias anteriores sobre a "antropologia" subjacente ao catolicismo; ou seja, a ideia de que o humano é criado como homem e mulher, e que a autoconstituição é, portanto, um erro perigoso. Ele terminou com um aviso:

> Não podemos cair na armadilha de ser qualificados com conceitos ideológicos. A família é uma realidade antropológica e, consequentemente, social, cultural etc. Não a podemos qualificar com conceitos de natureza ideológica, que só são válidos num determinado momento da história, e depois caducam. Hoje em dia não se pode falar de *família conservadora*, nem de *família progressista*: a família é família! Não vos deixeis qualificar por este ou por outros conceitos de natureza ideológica. A família possui uma força em si mesma.[4]

O esforço para anular quaisquer qualificações de família serve ao propósito de manter a família com uma única forma aceitável. Qualquer esforço para

---

* Papa Francisco [Jorge Mario Bergoglio], *Discurso do papa Francisco aos participantes no Encontro Internacional sobre a Complementaridade entre Homem e Mulher promovido pela Congregação para a Doutrina da Fé*. Vaticano, 17 nov. 2014; disponível on-line. (N. E.)

[4] Papa Francisco, *Discurso do papa Francisco aos participantes no Encontro Internacional sobre a Complementaridade entre Homem e Mulher promovido pela Congregação para a Doutrina da Fé*, cit.

reconfigurá-la ou avançar para ideias de arranjos de parentesco não identificados como família é descartado como "ideológico". Mas a prática de *descartar possibilidades alternativas de parentesco quando elas já existem* é certamente uma jogada ideológica! De que outra maneira seria possível estabelecer uma única forma social como universal e necessária? O modo de defender essa posição é simplesmente afirmar a autoidentidade da família, um movimento tautológico que busca descartar toda variação cultural e histórica. "Família é família!" tenta afirmar o óbvio, mas é uma maneira de bloquear possibilidades alternativas já desenvolvidas no mundo.

Afirmar o que se considera óbvio é uma maneira de recusar significados em disputa. E, no caso da família, é um jeito de afirmar uma forma social como a única inteligível. Se a resposta queer ou feminista for afirmar que, na verdade, existem inúmeras maneiras de organizar o parentesco, essa simples descrição de uma complexidade existente, uma variação histórica, é chamada de "ideológica" para significar que é falsa, que decorre de uma convicção equivocada e que não corresponde a nenhuma realidade conhecida. E, mesmo assim, é da perspectiva da complexidade existente que se afirma: sim, o parentesco assume várias formas, as boas são aquelas que proporcionam relações de cuidado solidárias e as ruins, as que oprimem a vida e a esperança de quem mais merece o cuidado adequado.

Quem insiste que a forma família é organizada a partir do casamento monogâmico heterossexual sabe que essa não é a única forma, e suas denúncias e acusações de ideologia são apenas uma maneira de sustentar que certa forma social tem um caráter inevitável e justo. Para o Vaticano, como vimos, o casamento e a reprodução heterossexuais definem o humano, implicando que as pessoas que não aderem a essa forma social estão se desviando da ideia adequada de humano. Ao promover uma definição de humano fundada na polaridade heterossexual e na ideia da família heteronormativa, o Vaticano também está defendendo uma noção "ecológica" da realidade, enraizada em um relato doutrinário específico da natureza e de suas leis. Em junho de 2019, a Congregação para a Educação Católica do Vaticano lançou *"Homem e mulher Ele os criou": para uma via de diálogo sobre a questão do gender na educação*[5].

---

[5] Congregação para a Educação Católica, *"Homem e mulher Ele os criou": para uma via de diálogo sobre a questão do gender na educação*, Vaticano, 2019; disponível on-line. Ver, no mesmo documento, a seguinte passagem, em que se argumenta que o verdadeiro problema é *"a separação entre sexo e gender*. Esta separação tem como consequência a diferenciação

Rejeitando a ideia de que o gênero pode ser dissociado do sexo biológico, o documento proclamou que a identidade transgênero "aniquila o conceito de natureza"[6]. Em parte, a significatividade do documento está em ter sido enviado a mais de 6,2 mil escolas católicas nos Estados Unidos. É interessante que o documento faça uma distinção entre dois usos do termo "*gender*", o que, a princípio, parece sinalizar um movimento de abertura a novas ideias. Este é o parágrafo-chave em que a distinção é feita:

> Para empreender a via do diálogo sobre a questão do *gender* na educação é necessário ter presente a diferença entre a *ideologia do gender* e as diversas investigações sobre *gender* realizadas pelas ciências humanas.[7]

Embora as ideologias de gênero pretendam, como o papa Francisco indicou, "dar resposta a certas aspirações por vezes compreensíveis", elas também procuram "impor-se como pensamento único que dita até mesmo a educação das crianças" e, assim, impedem o diálogo. No entanto, "não faltam investigações sobre o *gender* que procuram aprofundar adequadamente o modo em que se vive, nas diversas culturas, a diferença sexual entre homem e mulher. É em relação a estas investigações que é possível abrir-se à escuta, à análise e à proposta"[8]. Por um lado, o Vaticano está interpretando e restabelecendo sua doutrina. Por outro, associa o parentesco queer e a reflexão sobre boas formas de criar uma criança em acordos de parentesco não tradicionais com a ditadura e a destruição da natureza. Num piscar de olhos, "*gender*" é associado

---

de diversas 'orientações sexuais' que já não se apresentam definidas pela diferença sexual entre masculino e feminino, mas podem assumir outras formas, determinadas somente pelo indivíduo radicalmente autônomo. Para além disso, o próprio conceito de *gender* depende da atitude subjetiva da pessoa, que pode escolher um gênero que não corresponde à sua sexualidade biológica e, portanto, com o modo como os outros o consideram (*transgender*). Em uma contraposição crescente entre natureza e cultura, as proposições da teoria do *gender* convergem no conceito de 'queer', que se refere a dimensões da sexualidade que são extremamente fluidas, flexíveis e, supostamente, nômades. Isso culmina na afirmação da completa emancipação do indivíduo em relação a qualquer definição sexual dada *a priori* e no desaparecimento de classificações vistas como excessivamente rígidas. Isso criaria uma nova gama de nuances que variam em grau e intensidade, tanto de acordo com a orientação sexual quanto com o *gender* com o qual a pessoa se identifica."

[6] Ibidem, p. 14. Tradução modificada.
[7] Ibidem, p. 5.
[8] Ibidem.

à ascensão de ditaduras (a maioria das quais deplora a vida gay e lésbica e a autodeterminação sexual) e à destruição climática. O resultado é que somente a doutrina da Igreja preservará tanto a democracia quanto a Terra. Não se apresenta qualquer argumento, mas um conjunto de medos divergentes é reunido (ditadura e destruição climática), e o gênero é entendido como sendo, se não a causa de ambos, um de seus poderosos instrumentos.

A posição que o Vaticano apresenta soa razoável. Afinal, o papa agora diz existir uma abordagem de gênero que ele considera aceitável. A distinção feita entre pontos de vista de gênero "dogmáticos" e "ditatoriais" mostra-se, no entanto, na melhor das hipóteses, instável. Para a Igreja, "dogmático" é bom porque está de acordo com o dogma cristão sobre como o ser humano deve ser definido. Essas posições intelectuais, que na opinião da Igreja pertencem legitimamente às ciências "humanas" (entendidas como expressões de definições do humano baseadas no catolicismo), são desmentidas pelo fato de que uma série de ditames está sendo elaborada e aplicada. O dogma que dita como o humano é definido, no entanto, se distingue das versões "ditatoriais" de gênero que desafiam a ideia de humano definida pelo sexo binário. Assim, o ditame do dogma é contrastado com a alegada ditadura das versões, e a linha entre ambos parece desaparecer. Além disso, o feminismo "ditatorial" é, em si, uma construção que absorve os receios sobre a ditadura e a tirania no termo "gênero", que é, na verdade, amplamente utilizado para *expandir* reivindicações de liberdade e igualdade. Se a cabeça gira, é porque deve girar. Se seguirmos os vínculos estabelecidos pela retórica, então o gênero é um poder ditatorial que vai doutrinar as crianças e, ao mesmo tempo, destruir a natureza. Embora a "natureza" que o Vaticano tenha em mente seja a lei natural que estabeleceu gêneros binários e complementares destinados a unir-se no matrimônio heterossexual, no qual a sexualidade é apropriadamente reprodutiva, a "natureza" de repente torna-se a Terra, e em vez de citar as indústrias e os governos envolvidos com petróleo, extrativismo ou exploração de combustíveis fósseis em geral, é o "gênero" que está aniquilando a natureza.

O Vaticano tem razão ao supor que dentro do feminismo são muitos os debates sobre sexo e gênero, e trataremos de alguns deles adiante, quando nos dedicarmos aos relatos científicos da determinação do sexo e à crítica ao dimorfismo sexual. Apesar de haver, é claro, feministas que insistem nas diferenças biológicas entre dois sexos – incluindo as feministas "críticas ao gênero" –, suas ideias de biologia e natureza tendem a ser diferentes daquelas do Vaticano. Nem mesmo aquelas feministas para quem a diferença sexual é uma referência crucial para nossa maneira de entender a linguagem, a história e a psique aderem ao caráter natural – isto é, dado por Deus – da diferença sexual, tampouco sustentam a mistura de suposições complementares e criacionismo que influencia a ideia do Vaticano sobre homens e mulheres[9]. Se Deus criou o homem e a mulher, e se o humano vem apenas nessas duas formas, e se Deus criou a reprodução sexual não assistida entre homens e mulheres como o único meio pelo qual os humanos podem ser trazidos ao mundo, então as "lições" a seguir são claras: os fiéis devem se opor ao aborto e à contracepção, ao sexo gay e lésbico, ao casamento gay e lésbico, à identidade transgênero e até à identidade intersexo. Tanto "transgênero" quanto "intersexo" são considerados "fictícios". Dessa forma, o Vaticano se posiciona contra tanto a pesquisa científica quanto a teoria de gênero no que diz respeito às categorias de sexo. Reduz o que pode ser considerado "verdade" ao que parece ser compatível com sua própria doutrina.

No mencionado documento de 2019, o Vaticano recusa termos como "intersexo" como fictícios, ao mesmo tempo que professa compaixão por quem sofre com tal condição. O Vaticano não tolera a anulação do binário no nível de hormônios, cromossomos ou características primárias ou secundárias; ele defende uma "diferença" entre os sexos decorrente da doutrina da complementaridade, que, por sua vez, serve de base para uma oposição política ao casamento e aos direitos parentais de gays e lésbicas, bem como aos direitos de pessoas intersexo e trans. De fato, a doutrina da complementaridade está ligada à concepção do Vaticano sobre a criação divina, que, por sua vez, é a base de sua oposição ao direito ao aborto. O Vaticano não fornece nenhuma prova de que as crianças estejam sendo "doutrinadas" por ditadores do gênero, mas o fantasma serve a um propósito, dado que o Vaticano considera sua própria doutrina perigosamente desafiada por uma teoria que só consegue ver como uma doutrina rival. A circulação do documento de 2019 em mais de 6 mil escolas católicas apenas nos Estados Unidos sugere que o dogma da Igreja deve ser incutido na juventude, que sua ideologia deve substituir a suposta ideologia da "teoria de gênero". Embora não seja uma abordagem "ditatorial" da educação, é um referencial único que se apresenta como a única verdade possível. Por um lado, ela se opõe à doutrinação percebida (ou projetada) nos

---

[9] Para noções alternativas de diferença sexual, ver os trabalhos de Juliet Mitchell, Jacqueline Rose, Elizabeth Weed e Rosi Braidotti, entre outras. Ver também Mary C. Rawlinson e James Sares (orgs.), *What Is Sexual Difference?: Thinking with Irigaray* (Nova York, Columbia University Press, 2023).

chamados ideólogos de gênero. Por outro lado, deseja que sua própria autoridade seja instilada na mente da juventude. Assim, o Vaticano pressupõe que alguma forma de autoridade vai entrar nessas mentes, enchendo-as de crenças, e quer ser o único autorizado a fazer isso.

Argumentar que as salas de aula são locais onde a verdade deve ser buscada abertamente significaria recusar-se a aceitar de antemão qualquer doutrina. Às vezes, ouvimos a acusação de "relativismo" em resposta ao apelo à investigação aberta de valores, mas, quando a única alternativa ao "relativismo" é o dogma, a imposição do dogma torna-se, em si, uma jogada ideológica. Põe fim ao pensamento e à discussão, procurando impedir que certas palavras e temas se tornem discutíveis. Se nos preocupamos com a verdade e pensamos que a investigação aberta é a melhor maneira de descobrir o que é verdadeiro, a tática de impedir a investigação aberta também interrompe a busca pelo que é verdadeiro. Para algumas pessoas parecerá óbvio, mas para outras vale a pena reafirmar: a estratégia do Vaticano para desmascarar sua doutrina rival como uma ideologia ditatorial é fazer circular *sua própria* doutrina como a única verdade autorizada. Sem inverter a alegação, podemos ver, no entanto, que o espectro da ditadura de gênero é combatido com um autoritarismo da Igreja, que se promove como um poder capaz de impedir que a ditadura capture as mentes das crianças.

Poderíamos tratar da doutrina do Vaticano como simplesmente errada e procurar demonstrar por que suas premissas não são válidas. Não devemos desistir de contestar posições das quais discordamos, mas essa abordagem não é forte o suficiente para derrotar o poder do fantasma de gênero circulado pelo Vaticano. Há quem argumente que o Vaticano considera a "ideologia de gênero" uma contestação da antropologia aristotélico-tomista, de uma ideia de "homem" que é universal, imutável e, com o tempo, revela a vontade divina[10]. Daniel P. Horan propõe que a Igreja católica desista da "pseudociência do século XIII" que influencia seus pontos de vista sobre gênero e reexamine o que a Congregação para a Educação Católica chama de antropologia cristã, ou seja, seu compromisso de considerar que o humano é composto de uma dualidade essencial e complementar, homem e mulher. Como vimos, o principal dogma católico contestado pelo "gênero", na visão do Vaticano, é a doutrina da complementaridade. O problema é que a versão perigosa da "teoria do gênero" não

---

[10] Daniel P. Horan, "The Truth about So-called 'Gender Ideology'", *National Catholic Reporter*, 24 jun. 2020; disponível on-line.

apenas nega a diferença natural (ou seja, dada por Deus) entre os sexos, mas também recusa a "reciprocidade natural existente entre homens e mulheres"[11]. O documento de 2019 deixa claro que essa versão equivocada da "teoria de gênero" é diferente daquela que sustenta a diferença natural (complementar) entre os sexos. Além disso, essa versão errada traz concepções de "identidade sexual e família sujeitas à mesma 'liquidez' e 'fluidez' que caracterizam outros aspectos da cultura pós-moderna, muitas vezes baseados em nada mais que um conceito confuso de liberdade no reino dos sentimentos e desejos"[12].

Para o Vaticano, portanto, é possível refletir sobre as formas diferentes de viver e interpretar – de acordo com vários contextos culturais – aquilo que ele entende como o masculino e o feminino. Esse tipo de investigação aprimora o que ele chama de "compreensão" das ciências humanas. Mas as categorias de masculino e feminino em si nunca podem ser consideradas variáveis, não porque as ciências biológicas tenham estabelecido firmemente essa diferença, mas porque a doutrina da Igreja exige complementaridade e hierarquia, os papéis distintos de mulheres e homens na família e na vida pública, a organização manifestamente heteronormativa da família e o caráter divinamente ordenado da reprodução heterossexual dentro do casamento como uma continuação dos poderes divinos de criação. Na recente distinção feita pelo Vaticano entre tipos bons e ruins de feminismo está implícita a ideia de que há quem tenha mobilizado o gênero de maneiras "ideológicas" ou falsas, enquanto outros permaneceram enraizados nas ciências humanas em que o "humano" segue definido pela complementaridade.

A posição do Vaticano foi ativamente amplificada por autores que, representando as posições da Igreja sobre gênero, lançaram uma série de publicações em diversos idiomas que circularam por vários conselhos de bispos e passaram a exercer uma enfática influência conservadora nas políticas públicas, especialmente as relativas aos direitos legais relacionados não apenas à orientação sexual e à identidade de gênero, mas também à política educacional, particularmente o ensino nas escolas primárias e secundárias. Dale O'Leary, que, em 1995, anunciou que "gênero" era ruim para as mulheres, foi particularmente influente no Vaticano, assim como Mary Ann Glendon, que, representando o Vaticano, discursou na IV Conferência Mundial das Nações Unidas sobre a Mulher em 1995, expondo sua oposição à decisão do caso Roe vs. Wade, que,

---

[11] Ibidem, p. 11.
[12] Idem.

em sua opinião, produziu um "holocausto do aborto"[13]. Outras figuras importantes incluem Marguerite Peeters e Michel Schooyans na Bélgica, Gabriele Kuby na Alemanha, Dariusz Oko na Polônia e o já mencionado padre católico lacaniano Tony Anatrella[14].

A influência da "crítica" do Vaticano ao gênero – retratando-o como destruidor do ser humano, da família, da nação e da ordem natural dada por Deus – não deve ser subestimada, mesmo em regiões onde houve ganhos claros das pautas progressistas compensatórias. A Argentina, país de origem do papa, é o país com as leis mais progressistas de liberdade de gênero, permitindo que qualquer pessoa mude de gênero se assim o desejar, sem precisar de autorização médica ou psicológica. Em reação à progressista Lei de Identidade de Gênero aprovada em 2012, o livro de Jorge Scala, *La ideología de género*, publicado dois anos antes, começou a circular mais amplamente entre as comunidades cristãs, tanto católicas quanto evangélicas, na Espanha, na Argentina e em outros países latino-americanos e, depois, em português, no Brasil*. Originalmente publicado pela editora Sekotia, que patrocina obras que desacreditam as mudanças climáticas e que fazem abordagens revisionistas da Espanha de Franco, o livro de Scala estabeleceu a pauta de uma campanha internacional: a "ideologia de gênero" tinha o poder de destruir tanto a família quanto a nação, e sua presença nas escolas era apenas doutrinação e uma ideologia totalitária em nossos tempos. Em 2005, no Peru, Scala já havia argumentado que a ideologia de gênero promove uma ideia de "autonomia absoluta", de que o gênero poderia ser "construído" sem quaisquer limites impostos pela biologia. No entanto, por "biologia" ele quer dizer "natureza" tal como definida pela Igreja católica. Ele se opõe à ideia de que o casamento heterossexual é uma opção sexual entre outras. Se a ideologia de gênero prevalecesse, o valor do casamento seria intercambiável com o de "concubinato, uniões homossexuais, poligamia ou pederastia".

Nesse exemplo, a contestação do caráter exclusivo do casamento heterossexual é associada ao abuso sexual de crianças. Somente a união heterossexual pode evitar que a sexualidade adulta se torne uma ameaça para as crianças. Portanto,

---

[13] Mary Ann Glendon, *Abortion and Divorce in Western Law: American Failures, European Challenges* (Cambridge, MA, Harvard University Press, 1989).
[14] Mary Anne Case, "Trans Formations in the Vatican's War on 'Gender Ideology'", *Signs: Journal of Women in Culture and Society*, v. 44, n. 3, 2019, p. 643-4.
* Jorge Scala, *Ideologia de gênero: o neototalitarismo e a morte da família* (trad. Luiz Carlos Lodi da Cruz, Katechesis/Artpress, São Paulo, 2011). (N. E.)

se o casamento heterossexual perder sua credibilidade como a única forma social possível da sexualidade, as opções que surgem são, aparentemente, aterrorizantes em um mesmo grau. O casamento homoafetivo torna-se o equivalente moral da pederastia. Esse colapso de qualquer distinção moral entre as duas coisas não é propiciado pelo movimento a favor do casamento homoafetivo; na verdade, é o tipo de relativismo moral que surge quando o casamento heterossexual não é a única opção. As comportas se abrem, uma fantasia psicossocial com várias camadas é fortalecida. A mesma lógica dá origem à visão de que a ideologia de gênero promove a pedofilia, ou até mesmo é pedofilia. Na visão de Scala, gênero é uma ideologia como outras ideologias políticas do século XX que causaram destruição global. Chamado de ideologia e comparado a outras ideologias consideradas destrutivas, o gênero se torna uma ideologia destrutiva. É a lógica associativa em funcionamento, mas nada que se aproxime de um argumento demonstrável. Como Gabriele Kuby na Alemanha, Scala defende que a ideologia de gênero só pode alcançar seu fim se imposta de forma totalitária. Aqui, a "ideologia" parece ser ao mesmo tempo um ponto de vista político, um movimento social e o ressurgimento de antigos totalitarismos em uma nova forma. As três áreas em que ocorre essa captura totalitária da mente são, na opinião de Scala, os meios de comunicação de massa, a educação formal e as novas normas jurídicas. Para ele, a situação é urgente, e é preciso que haja uma onda fervorosa de oposição, pois, se o gênero não for destruído, o totalitarismo vencerá – e quem mais sofrerá são as crianças. Produz-se um frenesi por meio de associações que compõem um fantasma a ser destruído, pois traz consigo o poder do totalitarismo e se tornará "total" se uma batalha não for travada.

Percebe-se como uma fantasia poderosa é construída de maneiras furtivas e, em seguida, escancaradas, mas a sequência que Scala estabelece tende a desfazer seu próprio argumento. Se o casamento heterossexual é a única forma que a sexualidade deve assumir, conclui-se que todas as demais formas são não normativas ou "aberrantes". O casamento lésbico e gay torna-se o equivalente à pederastia ou à pedofilia e, moralmente considerados, ambos estão igualmente distantes da norma do casamento heterossexual. Pouco importa que o movimento lésbico e gay se oponha ao abuso sexual de crianças e que, na verdade, seja a Igreja católica quem corre o risco de quebrar depois de ter que pagar reparações a todas as crianças das quais abusou durante décadas[15].

---

[15] Ver as estatísticas atuais e os relatos da SNAP – Survivors Network of those Abused by Priests, disponíveis on-line no site oficial da rede.

Acossada pelo seu próprio abuso de crianças, a Igreja exterioriza a origem do abuso infantil, atribuindo-o a minorias sexuais e de gênero que, na maior parte, pensaram cuidadosamente sobre questões de consentimento, defenderam atos consensuais de adultos dentro da lei e lutaram por liberdades sociais nas ruas. A Igreja, portanto, ignora o fato de que perdeu toda a legitimidade para articular essa objeção. E comete um erro moral de proporções grosseiras ao projetar e exteriorizar o espectro de sua própria história abusiva sobre as minorias sexuais e de gênero como forma de responsabilizar os outros por seus próprios crimes.

Observemos como o argumento da Igreja contra o relativismo introduz uma dimensão fantasmática, dependendo de imagens aterrorizantes para defender sua tese, ou melhor, para produzir seu efeito. A lógica sucumbe imediatamente à retórica inflamada. Se existe uma única forma moral de sexualidade, que é a vida conjugal heterossexual, e se algumas pessoas afirmam que existem alternativas igualmente possíveis e válidas, essas pessoas são relativistas. E relativistas se recusam a fazer distinções morais, ou melhor, não podem fazê-las, já que aparentemente não fazem distinções morais fortes e, portanto, não podem condenar males. Ao que parece, para relativistas, vale tudo: pedofilia, abuso sexual infantil, doutrinação de jovens. Não importa que as organizações de lésbicas, gays e bissexuais geralmente abominem o abuso sexual e o abuso infantil, tendo seus integrantes frequentemente sofrido seus efeitos; nem que o consentimento sexual seja fundamental para a ética queer; ou que a pornografia infantil seja uma forma terrível de exploração. Ninguém, seja da que idade for, deve ser submetido a uma doutrina contra sua vontade. Mas nenhum desses princípios éticos evidentes são concebíveis para Scala, que insiste que gays e lésbicas, em razão de sua sexualidade, não têm posição moral nem capacidade de julgamento moral. Por defenderem que há mais de uma maneira de organizar a sexualidade, as parcerias e o parentesco, algumas pessoas são consideradas culpadas de relativismo amoral (ou "pós-modernismo"), de falência moral ou mesmo de representarem e fomentarem o niilismo.

No entanto, se os movimentos feministas e LGBTQIA+, bem como os movimentos contra o racismo e o colonialismo, compartilham a convicção de que por séculos a violência e a exploração não foram reconhecidas nem reparadas, contando com a total cumplicidade do Estado e das autoridades religiosas, esses movimentos certamente mantêm fortes compromissos normativos e fazem fortes julgamentos morais o tempo todo. Isso deveria ser óbvio para quem presta atenção a esses movimentos, mas não é. Entre as normas que esses movimentos compartilham estão: o direito de habitar um mundo habitável; o de amar, viver e respirar; o de ter acesso a cuidados de saúde, abrigo e alimentação; o de estar livre de ameaças de violência, encarceramento e desapropriação, para citar apenas alguns. Algumas "distinções morais" são contestadas como injustas, é claro, como a alegação de que o casamento heterossexual é melhor que outras formas de intimidade sexual ou parentesco, ou a de que a miscigenação ameaça a base da nação. E sim, quem pertence a tais movimentos distingue as formas de organização da vida sexual que são dignas de afirmação daquelas que claramente merecem condenação por serem coercivas, violentas ou prejudiciais. A capacidade de fazer tais distinções, que todos devemos fazer, de forma alguma exige que aceitemos que haveria apenas uma forma sexual válida, chamada casamento heterossexual. No entanto, Scala pensa que, se não há um compromisso com uma ordem moral ancorada na superioridade, no valor exclusivo e na inteligibilidade do casamento e da reprodução heteronormativos, não é possível fazer nenhum julgamento moral, e o que se segue é niilismo. Será esse aparente argumento verdadeiro ou, na realidade, uma espécie de sequência onírica que ele difundiu para evocar um perigo potencial que ele teme e acredita que mais gente também deveria temer? Na visão dele, agora compartilhada por muitas pessoas, com a ruína do casamento e da parentalidade heteronormativos como formas sociais exclusivas, abriu-se uma caixa de Pandora: formas sexuais caóticas e perigosas emergem e põem as crianças sob sua ameaça. Embora as "famílias tradicionais" sempre tenham sido espaços em que ocorrem abuso infantil e incesto, essa contraprova não é forte o suficiente para derrotar o fantasma. Passamos da discussão da moralidade para a alucinação. E vimos como argumentos conduzidos em nome da moralidade culminam em um chamado para a eliminação de direitos básicos de minorias sexuais e de gênero. Na verdade, encontramos a dimensão alucinatória do sadismo moral.

A afirmação de que várias formas de gênero e sexualidade são válidas não traz nada que leve à conclusão de que não se pode mais fazer julgamentos sobre formas nocivas de sexualidade. Algumas formas não são prejudiciais e outras claramente são. Geralmente dizemos que existem vários tipos de atos, bons e maus, maneiras de sermos bons ou de não sermos bons, e geralmente somos compelidos a fornecer critérios para mostrar como distinguimos entre ambas. Existem diferentes maneiras de amar e de prejudicar, mas colocar restrições nas formas de amar de outras pessoas, se elas não fazem mal, é um mal em si. Sem dúvida discordaremos sobre o que significa "fazer mal", mas, então, tenhamos essa discussão abertamente, em vez de decidir de antemão, por imposição. Não há discussão porque o dogma exclui a discussão. Dogma, ou ideologia, talvez. Qual é realmente a diferença entre ambos? Se a argumentação moral razoável for rejeitada em favor de um tipo de medo moralmente justo, como devemos proceder? Temos de expor o fantasma e o mecanismo pelo qual ele se reproduz para revelar as maneiras pelas quais os oponentes do feminismo e dos direitos e liberdades LGBTQIA+ exteriorizam o mal que fazem a fim de continuarem fazendo o mal impunemente.

Pessoas que passaram muitos anos relatando abuso infantil cometido pela Igreja ainda invocam a Igreja quando afirmam que a "ideologia de gênero" é prejudicial às crianças. Se tratarmos isso como um cenário fantasmático, podemos perguntar: onde está de fato a pedofilia nesse cenário? Nesse impasse entre a Igreja e feminismo e os direitos LGBTQIA+, onde o abuso sexual infantil realmente ocorreu? Somente na França, nos últimos setenta anos, cerca de 330 mil pessoas sofreram abuso sexual por parte de padres antes de atingirem a maioridade. Por que isso não aparece na alegação de que a ideologia de gênero leva à pedofilia? Talvez porque a alegação apague toda a responsabilidade da Igreja pelo mal causado às crianças ao projetá-lo em outro lugar? Com as reclamações ferozes contra o "gênero", pretenderiam eles desviar a atenção de alegações já feitas contra a Igreja e amplamente documentadas?

O padre francês mencionado anteriormente, Tony Anatrella, foi acusado em 2021 de vários casos de abuso e agressão sexual por se oferecer para "curar" homossexuais fazendo sexo com eles[16]. As queixas feitas contra ele em várias paróquias e a vários bispos ficaram sem resposta, e somente agora, depois de décadas de supostos abusos, ele está sendo levado a julgamento no sistema judicial da Igreja[17]. A longa lista de acusações de abuso sexual infantil feitas contra padres da Igreja católica revela com clareza brutal como as proscrições contra a sexualidade aberta e consensual de gays e lésbicas ou o casamento homoafetivo são patrocinadas por instituições religiosas envolvidas em formas de coerção sexual que prejudicam predominantemente crianças e céleres em negar o enorme mal que causaram. Pode-se especular que a caricatura perniciosa de que gays e lésbicas, incluindo seus pais solidários ou seus pais queer, supostamente "fazem mal" a crianças é uma

---

[16] Rhuaridh Marr, "Anti-gay Catholic Priest Accused of Having Sex with Men to 'Heal' Their Homosexuality", *Metro Weekly*, 8 jul. 2021; disponível on-line.
[17] Elisabeth Auvillain, "French Priest, Former Vatican Adviser, to Face Church Trial on Abuse Claims", *National Catholic Reporter*, 1 jul. 2021; disponível on-line.

projeção e uma negação da brutal exploração sexual de crianças conduzida pela Igreja católica. Se indagarmos sobre o mal que vem sendo causado às crianças nesse cenário de proibições crescentes contra pessoas LGBTQIA+, veremos que ele está no mal cometido por quem afirma estar impedindo o mal. Ao transformar as pessoas queer em bodes expiatórios, a Igreja projeta e nega o mal que ela causou às crianças, bem como a reparação que ainda deve ser feita, continuando a causar ainda mais males aos jovens queer em todo o mundo.

Podemos perceber como a projeção e a inversão estruturam o cenário de alegação e cumplicidade. As leis e políticas baseadas na ideia de que as crianças serão prejudicadas se expostas a relatos afirmativos da vida de gays e lésbicas visam causar o mal. A moralização contra o mal nesses casos permite a continuidade desse mal, especialmente para jovens que estão tentando encontrar seu caminho em relação ao gênero e à sexualidade. A lei de "propaganda antigay" aprovada há quase uma década na Rússia incluía a proibição de mostrar para ou circular entre menores de idade qualquer relato afirmativo de relações sexuais "não tradicionais" (entendidos como "propaganda"), incluindo a parentalidade lésbica e gay. Dentre os resultados estão uma censura generalizada a filmes, propagandas e publicações escritas; o fechamento de organizações ativistas; e o êxodo de muitas pessoas da comunidade queer. Uma legislação semelhante foi aprovada na Hungria em 2021 e, no momento em que este livro foi escrito, um projeto de lei foi apresentado na vizinha Romênia por apoiadores de Orbán que proibiria qualquer discussão nas escolas sobre "propaganda gay", em nome da prevenção do abuso infantil e da promoção dos direitos das crianças[18]. Essa proposta inclui limitar qualquer tipo de educação sexual nas escolas, especialmente as explicações sobre a homossexualidade ou a redesignação sexual. Esta última é considerada uma "mentira" propagada pelo "ataque da ideologia de gênero" de origem ocidental contra a família tradicional[19]. As recentes iniciativas estadunidenses para "salvar" as crianças da exposição ao gênero como um espectro ou à sexualidade gay e lésbica (e também à bissexualidade), que vêm ocorrendo em Wyoming e na Flórida, por exemplo, baseiam-se em um discurso que tem circulado há algum tempo em congressos e redes tanto da

---

[18] Alison Mutler, "First Russia, Then Hungary, Now Romania Is Considering a 'Gay Propaganda' Law", *Radio Free Europe*, 26 jun. 2022; disponível on-line.

[19] Madelin Necsutu, "Romanian Hungarians Advocate Laws to Stop 'Gender Ideology Assault'", *Balkan Insight*, 16 fev. 2022; disponível on-line.

Igreja católica quanto das evangélicas, e são financeiramente apoiadas por uma série de indivíduos endinheirados e organizações conservadoras, muitas das quais são protegidas da exigência de transparência pela legislação tributária dos Estados Unidos[20].

Se um programa educacional incentiva uma visão complexa da sexualidade humana, e até mesmo ensina que as vidas de gays e lésbicas merecem respeito e dignidade, que tais vidas existem para serem reconhecidas e afirmadas, isso não significa que as crianças estejam sendo ensinadas a serem gays. Significa apenas que elas têm acesso a uma maneira de pensar sobre formas de viver a vida sexual e, sim, são encorajados a tentar descobrir o próprio desejo. Ser capaz de pensar sobre a vida gay e lésbica é, no mínimo, saber e reconhecer que outras pessoas na sociedade estão vivendo vidas corretamente descritas por esses termos. Isso pode muito bem trazer dignidade a essas vidas, o que não é o mesmo que se tornar gay ou lésbica nem que aprender que o certo é seguir uma única trajetória sexual. Pensemos em todas as vidas que consideramos dignas mesmo que não vivamos da mesma maneira. Se não fôssemos capazes de tal distinção, as únicas vidas dignas seriam aquelas que espelham a nossa – uma declaração de narcisismo, supremacia e arrogância cultural que recusa o encontro ético com a diferença.

Se uma pessoa cresce como heterossexual considerando sua própria sexualidade a única possível, as vidas gays e lésbicas se tornam impensáveis, aberrantes, até mesmo monstruosas. O medo desse monstro, no entanto, torna-se parte integrante da própria vida psíquica dessa pessoa – o impensável que assombra o pensável[21]. Vive-se a única sexualidade possível existente, o que significa que as demais formas são proscritas do pensamento para a região onde os sonhos e pesadelos tomam forma. Excluir o mero pensamento sobre o parentesco queer, as vidas sexuais e as formas de intimidade gays e lésbicas, a vida trans, por exemplo, significa que tudo isso deve ser expulso ou negado de alguma forma, retornando apenas através de ordenações fantasmáticas que tanto organizam quanto ameaçam as convicções conscientes. Afinal, o "impensável" tem de permanecer impensável, e isso exige um certo trabalho psíquico contínuo. Quando ele emerge, quando é pensado, tem de se tornar impensável novamente,

---

[20] Edward Graham, "Who Is Behind the Attacks on Educators and Public Schools?", *NEA Today*, 14 dez. 2021; disponível on-line.

[21] Ver Paul B. Preciado, *Eu sou o monstro que vos fala: relatório para uma academia de psicanalistas* (trad. Carla Rodrigues, Rio de Janeiro, Zahar, 2022).

o que requer um mecanismo que o impeça de se tornar pensável demais. Quem tenta tornar a vida queer impensável, na verdade, já pensou nela, e é por isso que seus esforços são invariavelmente tensos e repetitivos.

Quem se opõe à educação sexual com tais objetivos, no entanto, supõe, com um fervor que desvela uma forma de terror sexual, que, se você pode pensar em um modo de vida como sendo possível ou valioso, você foi, ou será, recrutado para esse modo de vida. Se a vida gay e lésbica, ou BDSM, for pensável, você traduzirá esse pensamento em ato – praticará esse ato, se tornará essa identidade! A única maneira de não fazer isso é mantê-la no reino do impensável[22]. Toda essa economia psíquica é organizada por tal forma deliberada de analfabetismo. A visão mais extrema desse tipo é a de que as crianças que aprendem a palavra "gay" se tornarão gays, como se a palavra em si magicamente desse origem à sexualidade e à prática sexual. Quanto poder atribuído a uma palavra! A própria exposição à palavra equivale a aliciamento e doutrinação, como se um arroubo irrefreável do inconsciente tomasse conta de uma vida, roubando-lhe o discernimento e a orientação. O caráter "viral" do gênero afirmado por muitos de seus opositores atesta essa fantasia de seu poder contagioso; se a palavra tocar em você, ela entrará em suas células e começará a se replicar até que você seja totalmente refeito à imagem dela.

Um deslizamento fantasmático – o que Lacan chama de *glissement* – ocorre em meio aos tipos de argumentos considerados até aqui. Seriam mesmo argumentos? Ou é preciso ver o modo como a sintaxe do fantasma ordena e desvia a sequência de um argumento? De acordo com esse ponto de vista, afirmar a existência da sexualidade gay e lésbica é tornar-se gay ou lésbica. Saber sobre tais assuntos é tornar-se inevitavelmente infectado e transformado por esse conhecimento. Dizer que há mais de uma forma de viver a sexualidade é dizer que toda forma de conduta sexual é permitida, inclusive as mais nocivas, aquelas, por exemplo, cometidas pela própria Igreja católica. Nenhuma dessas conclusões decorre de suas premissas; no entanto, o "deslizamento" entre a premissa e a conclusão faz parecer que o resultado do casamento gay e lésbico,

---

[22] Como diz Lacan: "O que mais uma vez constatamos aí é que, apesar de existir um texto, apesar do significante se inscrever entre outros significantes, o que resta após o apagamento é o lugar onde se apagou, e é também esse lugar que sustenta a transmissão. A transmissão é algo de essencial nisso, já que é graças a ela que o que acontece na passagem ganha consistência de voz". Ver Jacques Lacan, *O seminário, livro 5: as formações do inconsciente (1957-1958)* (trad. Vera Ribeiro, rev. Marcus André Vieira, Rio de Janeiro, Zahar, 1999), p. 355.

a sexualidade fora das relações conjugais heterossexuais e a educação em sexualidade humana levam ao mais nefasto tipo de abuso infantil.

Quer-se acreditar que "não é preciso dizer" que jovens queer e jovens feministas são mais severamente prejudicados pela privação de seus direitos legais e a difamação pública. Aparentemente, no entanto, não é desnecessário dizê-lo. Dizer o óbvio precisa do complemento de uma ordem diferente de crítica quando um sentido rival ao do óbvio busca ganhar poder e apagar o traço de seu oposto. As leis que buscam privar jovens queer, trans e feministas (é possível ser os três, é claro) de uma educação, as leis que buscam banir da educação qualquer compreensão crítica sobre raça e racismo, privam jovens, especialmente feministas, queer e trans, de compreender seu mundo. Esses controles impostos legalmente sobre o pensamento em si são maléficos: intensificam a marginalização e minam a possibilidade de buscar uma vida vivível. O mal causado por essas leis se assenta na presunção de que elas estão evitando o mal. Este é um álibi moral, uma inversão, do tipo que permite que o sadismo moral floresça. O mal é causado por meio do cultivo da imaginação de onde há o mal e quem o está causando. Esse cenário fantasmático efetua um deslocamento do mal realmente provocado, fazendo com que este continue e seja justificado, pois, se sua fonte foi efetivamente externalizada, a destruição dessa forma exteriorizada mantém viva a ação destrutiva – e a intensifica. Ensinar sobre gênero é considerado abuso infantil, defender o direito ao aborto é equiparado à defesa do assassinato, garantir o direito à redesignação de gênero é um ataque à Igreja, à nação e à família – todas essas alegações dependem de noções exaltadas de abuso, agressão e assassinato que podem ser deslocadas e condensadas em imagens, palavras e fantasmas investidos de enorme poder. A lei pode se tornar abusiva ao localizar o abuso naquilo a que ela se opõe; a lei pode agredir vidas imaginando que as vidas por ela afetadas estão agredindo a família; a lei pode até matar, ou deixar morrer, quando decide que certas vidas são tão corrosivas ou destrutivas que é justificável expô-las à violência letal, sem proteção.

3.
Ataques contemporâneos ao gênero nos Estados Unidos
Censura e retirada de direitos

Durante vários anos, encontrei o movimento contra a ideologia de gênero apenas fora dos Estados Unidos. Parecia ser uma objeção a um termo em inglês que não tinha lugar em qualquer outra língua, um termo que era não só difícil de traduzir mas também culpado por quebrar as regras gramaticais das línguas nas quais entrava – uma figura para aquilo que não pode nem deve ser assimilado. Por vezes, foi tratado como uma imposição cultural, até mesmo imperialista, e atraiu uma série de ansiedades – incluindo preocupações legítimas – sobre a influência cultural e econômica dos Estados Unidos ou, em alguns lugares, a influência da Europa Ocidental. Pensei, ingenuamente, que não havia lugar para o movimento contra a ideologia de gênero nos Estados Unidos porque o termo "gênero" tinha um uso mais ou menos normalizado na anglosfera[1]. Claro, houve debates na academia entre quem preferia falar em "diferenciação sexual" e quem pensava em "gênero". E houve controvérsias públicas a respeito do gênero: pessoas trans usando o banheiro que preferissem, conquistando direitos legais de reconhecimento, ganhando um atendimento de saúde acessível e apropriado, e participando de esportes sob uma ou outra rubrica de gênero. Mas algo mudou nos últimos anos. Em 2020, a Human Rights Campaign

---

[1] Mary Anne Case atribui isso ao American College of Pediatricians [Colégio Americano de Pediatria], destacando no site da instituição o alerta de que "a ideologia de gênero prejudica crianças". Ela observa que "ideologia de gênero" se tornou uma expressão popular no Values Voter Summit de 2018, cujo principal orador foi Mike Pence. Assinala, ainda, a parcial responsabilidade do pontificado do papa Francisco, "cuja popularidade atraiu a atenção e cuja aparente abertura a pessoas gays e trans claramente tornou mais palatável sua condenação dos direitos dessas pessoas". Mary Anne Case, "Trans Formations in the Vatican's War on 'Gender Ideology'", *Signs: Journal of Women in Culture and Society*, v. 44, n. 3, 2019, p. 657.

[Campanha pelos Direitos Humanos] informou que as legislaturas estaduais dos Estados Unidos apresentaram 79 projetos de lei que atingiam pessoas trans. Esse número agora se multiplicou. Só nos primeiros seis meses de 2023, foram mais de quatrocentos projetos atingindo pessoas LGBTQIA+, mas principalmente pessoas trans, em especial jovens – e os termos "gênero" e "ideologia de gênero" podem ser encontrados na maioria deles[2].

Nos Estados Unidos, houve nas últimas décadas muitos debates envolvendo gênero, mas o termo em si não era exatamente considerado problemático. Afinal, ele tinha uma função cotidiana e não parecia, para a maioria das pessoas, representar uma ideologia perigosa. A palavra começou a se tornar um problema ressoante no interior do movimento internacional contra a ideologia de gênero quando os grupos evangélicos passaram a intervir no contexto dos debates sobre a identidade transgênero. Foi então que, em 2019, a Conferência dos Bispos Católicos dos Estados Unidos (USCCB, na sigla em inglês) reuniu os pronunciamentos papais sobre gênero e publicou um guia de ensino alertando contra os perigos do ensino de sexo e gênero nas escolas[3]. Os debates subsequentes centraram-se na possibilidade ou não de pessoas trans usarem banheiros que correspondessem a seu gênero, conforme designado por elas próprias. A questão emergiu novamente no debate sobre se as mulheres trans tinham o direito de competir em esportes femininos e, em caso afirmativo, em que condições. O tema reapareceu no embate sobre crianças trans deverem ou não receber assistência à saúde e recursos comunitários para quaisquer transições que estivessem fazendo[4].

A privação de atendimento de saúde e a censura na educação são formas assustadoras de destituição de direitos praticadas por um número crescente de localidades e estados estadunidenses. Por um lado, as crianças recebem demasiada liberdade para aprender, para decidir o próprio destino. Por outro, elas aparentemente são submetidas à doutrinação, e sua liberdade de pensar deveria ser-lhes restituída por vias legislativas. A escalada de propostas legislativas da direita procura impor o que pode e o que não pode ser ensinado, o que significa

---

[2] Ver o comunicado à imprensa "Human Rights Campaign Working to Defeat 340 Anti-LGBTQ+ Bills at State Level Already, 150 of Which Target Transgender People—Highest Number on Record", Human Rights Campaign, 15 fev. 2022; disponível on-line.

[3] USCCB, "Gender theory" / "Gender ideology"—Select Teaching Resources, 7 ago. 2019; disponível on-line.

[4] Robert Shine, "New USCCB Document Seeks to Stop Transgender Healthcare at Catholic Institutions", New Ways Ministry, 22 mar. 2023; disponível on-line.

uma presença cada vez maior de uma forma de polícia do pensamento apoiada pelo Estado em oposição à "ideologia de gênero", concebida como uma forma de conversão forçada. Se parece difícil distinguir entre uma suposta ideologia caracterizada como doutrinadora e uma forma de restringir o que estudantes podem ler (e sobre o que podem pensar) ou o tipo de atendimento de saúde que podem receber, de que lado encontramos a doutrinação? O problema é as crianças serem livres demais para pensar e imaginar? O pressuposto é de que, se as crianças lerem sobre algo, elas *se tornarão* esse algo? Que estranhos poderes são atribuídos à leitura e aos livros? A censura oculta, portanto, sua crença no desmedido poder transitivo das palavras que teme: elas são aparentemente instigantes e transformadoras demais para que se possa deixá-las perto de uma criança. As palavras em si são apresentadas tacitamente como recrutadoras e molestadoras, motivo pelo qual devem ser removidas da sala de aula a fim de cercear seu efeito aparentemente gigantesco e destrutivo. Os medos são alimentados para que se torne aceitável demitir pessoas de seus cargos; restringir o que pode ser dito, mostrado, ouvido e ensinado; e estigmatizar, como pessoas perigosas, docentes, profissionais da administração e artistas que ousem levantar questões. Tais ações podem não configurar um fascismo completo, mas constituem elementos claros do fascismo que, se permanecerem livres de oposição, não trarão bons presságios para o futuro.

Lembremo-nos de que se tem imaginado que certas palavras são tão poderosas que só a censura traria alguma esperança de privá-las de seu poder. É, sem dúvida, uma situação desesperadora para quem vive com medo de textos, discursos, imagens e performances – incluindo performances drag. E, no entanto, as práticas de censura atribuem às palavras, aos textos e às performances mais poder do que elas jamais poderiam ter por si sós. Aprender palavras como "gay", "lésbica", "trans" e até mesmo "gênero" deveria, idealmente, levantar questões inofensivas para pessoas jovens: o que significam? Será que dão uma oportunidade de contar algumas histórias, apresentar algumas informações e livrar estudantes de preconceitos infundados? Essa abertura da mente às possibilidades vividas que abundam na vida contemporânea é uma forma de conhecer o mundo em que se vive. Não é preciso viver de determinada maneira para saber que é assim que outras pessoas vivem, e adquirir conhecimento sobre certo modo de vida não significa que seja obrigatório segui-lo. Tudo isso deveria estar suficientemente claro, mas as formas básicas de clareza estão desaparecendo rapidamente à medida que surgem oportunidades de inflamar paixões a serviço da consolidação de poderes autoritários.

Da mesma forma, o atendimento de saúde deveria idealmente ser um serviço para aliviar uma forma de sofrimento. Sua privação abandona as pessoas ao próprio sofrimento, sem que possam recorrer a uma remediação. Evidentemente, há debates sérios sobre que tipo de atendimento de saúde é prudente para jovens e em qual idade. Mas, para realizar esse debate, temos de estar dentro da esfera da legalidade. Se a simples consideração dos cuidados de afirmação de gênero for proibida, ninguém poderá decidir qual o melhor modelo para uma criança específica em determinada idade. Precisamos manter esses debates abertos para garantir que o atendimento de saúde esteja em prol do bem-estar e do pleno desenvolvimento da criança.

As regras do jogo são, cada vez mais, censura e abandono, assim como estigma e vergonha. O esforço para impedir as crianças de verem performances drag no Tennessee, devido à sua natureza "lasciva"[5], ou de evitar que elas leiam livros com temas ou personagens gays e lésbicas não é uma empreitada furtiva. Ela é difundida pela mídia, espalhando medo, indignação e ódio. As "proibições" são acontecimentos públicos, que repetem e reproduzem o conteúdo proibido de maneira floreada, funcionando assim como censura e como retórica pública incendiária. Conduzidos por políticos como Ron DeSantis*, na Flórida, os esforços para destruir os currículos escolares, demitir de escolas e universidades docentes que abordam a vida de gays e lésbicas e negar a jovens trans assistência de saúde para a afirmação de gênero tornam-se formas de mobilizar paixões odiosas e recrutar mais público para uma formação política de direita baseada no ódio justo e na "preocupação com as crianças". O objetivo de proibições como essas não é apenas arregimentar a base, mas produzir uma forma de apoio popular impulsionada por uma paixão pelo poder autoritário. À luz do cenário fantasmático em ação em manifestações públicas desse tipo, seria razoável perguntar: será que docentes e profissionais de saúde estão "recrutando" jovens para as ideologias "*woke*"** e de gênero, ou será que a profusão de proibições e esforços legislativos contra

---

[5] Bella DuBalle, "I'm a Drag Queen in Tennessee. The State's Anti-drag Law Is Silly, Nasty and Wrong", *The Guardian*, 15 mai. 2023; disponível on-line.

* Ron DeSantis, governador da Flórida eleito pelo Partido Republicano em 2018. (N. T.)

** O termo "*woke*" passou a ser usado no contexto político dos Estados Unidos como uma referência pejorativa a pessoas e grupos que apoiam políticas de combate às desigualdades raciais e sociais, de fortalecimento dos direitos da população LGBTQIAP+ e de amplo direito ao aborto, entre outras medidas consideradas progressistas. (N. T.)

o feminismo, os estudos raciais e os temas LGBTQIA+ constitui um instrumento de recrutamento para a direita?

Em fevereiro de 2023, a Flórida proibiu o atendimento de saúde para afirmação de gênero de menores de idade, e muitos estados seguiram seu exemplo[6]. No mês seguinte, o legislativo da Flórida propôs projetos de lei exigindo que os pronomes usados nas escolas e os nomes sociais correspondessem aos gêneros e nomes atribuídos no nascimento, afirmando que "sexo é uma característica biológica imutável" e proibindo a inclusão de quaisquer materiais sobre gênero e orientação sexual antes do oitavo ano*. Livros sobre o tema "homossexualidade" estão sendo proibidos nas escolas por quem teme que tal "perversão" desafiará a doutrina religiosa, será normalizada ou recrutará crianças por meio desses livros. É claro que livros feministas, livros sobre raça, livros sobre a história da escravidão e até livros sobre o Holocausto (*Maus*, de [Art] Spiegelman) têm sido alvos de campanhas de censura em um cenário político cada vez mais anti-intelectual e autoritário nos Estados Unidos.

As ameaças, os projetos de lei, as denúncias públicas atacam a educação em todos os níveis. Na Flórida, a lei do ensino superior proposta em 2023 deu ao governo estadual o poder de determinar o fechamento de programas ou departamentos nas áreas de teoria crítica da raça, estudos de gênero e interseccionalidade nas faculdades e universidades com financiamento estatal. Aprovado e promovido pelo governador Ron DeSantis – cujas ambições eleitorais, se bem-sucedidas, poderão levar suas políticas a serem introduzidas em nível federal –, o projeto de lei expande sua decisão anterior de encher o conselho de administração da New College de colegas conservadores para derrotar a "ideologia *woke*" da instituição. Um projeto de lei apresentado em Wyoming em 2022 já requisitava o fim do financiamento para estudos de gênero e de mulheres na

---

[6] O Williams Institute da Universidade da Califórnia em Los Angeles (UCLA) relata que, em março de 2023, trinta estados nos Estados Unidos haviam restringido o acesso a cuidados de afirmação de gênero, impondo penalidades a profissionais de assistência à saúde que transgredissem a lei. Ver Elana Redfield, Kerith J. Conron, Will Tentindo e Erica Browning, "Prohibiting Gender-Affirming Medical Care for Youth" [relatório], mar. 2023, Williams Institute, UCLA, School of Law; disponível on-line. Cinco estados consideram crime oferecer determinadas formas de cuidados afirmativos a menores de idade e dezenove haviam aprovado, até o primeiro semestre de 2023, proibições a esses cuidados; ver Annette Choi e Will Mullery, "19 States Have Laws Restricting Gender-Affirming Care, Some with the Possibility of a Felony Charge", *CNN*, 6 jun. 2023; disponível on-line.

* O último ano do ensino fundamental, correspondente ao nono ano no Brasil. (N. T.)

Universidade de Wyoming, alegando que o programa carece de mérito acadêmico, é tendencioso e "ideologicamente" orientado. Nesse caso, aparentemente estudantes estão sendo ensinados a adotar um ponto de vista político ou os pais temem que crianças impressionáveis simplesmente aceitem como verdade tudo o que docentes norteados pela justiça social possam lhes dizer. Um projeto de lei anterior, apresentado à legislatura estadual em Oklahoma em dezembro de 2021, afirma que expor estudantes a temas como raça, gênero e sexualidade é o mesmo que os doutrinar. A linguagem que circulou uma década antes na América Latina regressa agora aos Estados Unidos por meio de um movimento conservador que se baseia nos medos bem-organizados da igreja evangélica.

A ideia de que ser exposto a uma ideia é suficiente para ser doutrinado por ela pressupõe uma passagem rápida e imperceptível do pensamento à convicção, suplantando qualquer julgamento ou avaliação. A mente jovem é tacitamente apresentada nestes casos como totalmente porosa ou impotentemente receptiva a um poder penetrante, como se ser exposto a uma palavra ou a um pensamento fosse ser penetrado contra a própria vontade. Dessa forma, as alegações de doutrinação e pedofilia fundem-se em um potente fantasma de mal às crianças. É claro que poderíamos responder com paciência e mostrar que não é assim que a educação funciona. Aprendemos sobre uma ideia, consideramos o que ela significa e, depois, somos solicitados a apresentar nossas próprias ideias sobre ela estar correta e sobre a melhor forma de interpretá-la. Isso se chama pensar em sala de aula. Passar pela privação do conhecimento e da oportunidade de pensar por conta própria em sala de aula é um dano significativo, e é disso que jovens sofrem quando lhes é negado o direito de saber sobre si e seu mundo.

Aqueles que fazem alegações de doutrinação não apenas se recusam a ver o que realmente acontece nos ambientes educacionais. Na verdade, eles sabem que desenvolver um julgamento autônomo é um objetivo da educação e teme esse potencial, essa liberdade de pensar, mais que a doutrinação. Aquelas pessoas que defendem a censura, que fazem alegações de ideologia utilizando a rubrica "*woke*", estão interessadas em manter o controle doutrinário na educação, muito frequentemente se aliando aos direitos parentais sobre a educação pública. A alegação de doutrinação carrega uma forma fugidia de confissão. Querem anular o pensamento crítico em nome da doutrina e, mediante uma projeção inadvertidamente confessional, presumem que seus adversários querem o mesmo. De acordo com os pais, escolas e legislaturas que tentam impedir que certas ideias sequer sejam pensadas, as únicas ideias que devem ser aceitas como verdadeiras, de forma acrítica, são as que eles apoiam. Em contrapartida, imaginam que o discurso aberto sobre ideias – conduzido em ambientes educacionais – segue a mesma lógica. Se as ideias são consideradas fenômenos contagiosos e as mentes jovens, vistas como perdida e perigosamente porosas, pensar a respeito de uma ideia é aceitá-la em sua totalidade – ser dominado por ela, ou perfurado por ela, ou vencido por seu poder.

A entrada da ideia na mente, processo com estruturas tanto de crença quanto de ação, é aparentemente imaginada como um movimento desimpedido. Portanto, a censura *não* é considerada um mal às pessoas que são privadas de educação, especialmente educação sexual, e sim o remédio para o mal, a forma como o mal pode ser interrompido. O mal causado pela censura é justificado pelo mal imaginário que ela procura impedir. Isso significa que, se quisermos que a educação permaneça livre do tipo de controle ideológico representado pela censura, teremos de nos educar sobre os modos de funcionamento da censura e o medo que ela procura alimentar, a fim de desmantelarmos o fantasma que ela cria, e até mesmo reverter o mal que está fazendo agora.

O cenário educacional é imaginado como incessante doutrinação, um cenário que sugere que mesmo discussões "abertas" são apenas maneiras de o controle do pensamento realizar seu trabalho. "Discussão", para esses censores, constitui apologia, naturalização e até promoção de reivindicações políticas associadas aos conceitos em questão. Quando não se permite nenhuma menção ao gênero ou à orientação sexual nas escolas primárias, o objetivo não é apenas impedir a aceitação da diversidade de gênero e de sexualidade, mas tornar esses pensamentos indizíveis, ilegíveis e impensáveis. Portanto, dizer que essa diversidade existe já é, de acordo com tal lógica, causar um mal. Contudo, isso só pode ser verdade se as palavras em debate tiverem o poder de efetuar uma conversão total e absoluta. Irônica e estrategicamente, sempre que um censor enumera os termos que não deveriam ser ditos nem pensados, na verdade reintroduz esses termos na linguagem e no pensamento, inflama uma fantasia pública e arregimenta pessoas para sua causa. Como, então, uma legislatura pode proibir um termo que ela própria está impedida de pronunciar? O censor sufoca com o próprio discurso, cuspindo as palavras condenadas, e, ainda assim, essa raiva abafada se torna lei. A raiva é comunicada através da publicidade da proibição, defendendo, por assim dizer, que a forma moral de sentir é o ódio e que só os poderes autoritários mais altos podem concretizar o projeto do sadismo moral.

Basta considerar a linguagem de alguns desses projetos legislativos para compreender como o terror e a ansiedade se condensam em péssimos argumentos e fantasmas assustadores. Ao mesmo tempo, eles se tornam formas de alimentar paixões fascistas que resultam na retirada de direitos básicos e na destruição de vidas e meios de subsistência. Em dezembro de 2021, Rob Standridge, senador estadual de Oklahoma, apresentou um projeto de lei que dá a seguinte justificativa para o corte de recursos e a censura:

> Nós, nos Estados Unidos, somos abençoados porque todo cidadão tem acesso à educação pública gratuita e, em seguida, tem a liberdade de prosseguir no ensino superior, se assim o desejar. O objetivo do nosso sistema de educação básica é ensinar a estudantes matemática, história, ciências e outras áreas essenciais de aprendizado – todas elas são expandidas na faculdade conforme os estudantes vão atrás de suas áreas de interesse. [...] Nosso sistema educacional não é o lugar para ensinar lições morais que deveriam ser deixadas para os pais e as famílias. Infelizmente, porém, cada vez mais escolas estão tentando doutrinar estudantes, expondo-os a currículos e cursos sobre identidade racial, sexual e de gênero. Meus projetos garantirão que esse tipo de lição fique em casa e fora da sala de aula.

O Projeto de Lei do Senado n. 114, de autoria de Standridge,

> proíbe que diretorias de ensino, escolas públicas conveniadas e bibliotecas de escolas públicas possuam ou promovam livros que abordem o estudo do sexo, de preferências e atividades sexuais, da perversão sexual, de classificações baseadas em sexo, identidade sexual, identidade de gênero, ou livros que contenham conteúdo de natureza sexual que um pai ou responsável legal sensato gostaria de conhecer ou aprovar antes que sua criança fosse exposta a ele.

Embora o projeto de lei procure claramente aumentar o controle parental sobre o que é ensinado na sala de aula, ele também distingue o que os pais ou tutores "sensatos" aprovariam e, por implicação, designa outro conjunto de pais e tutores como irracionais, até mesmo perigosos. Assim como a legislação exige que pais em busca de atendimento de saúde para jovens trans sejam denunciados ao serviço social, esse projeto de lei divide o mundo parental entre quem protege as crianças de maneira apropriada e quem as coloca em risco ou até mesmo abusa delas, ao permitir que leiam materiais abominados pelos censores ou ao proporcionar-lhes uma atenção à saúde que apoie seu pleno desenvolvimento. A associação da educação sexual ao abuso infantil infunde enorme ansiedade e medo moral no debate público, fazendo crescer o fantasma do "gênero" ou do "sexo". Igualmente, a criança "exposta" à literatura que discute vidas ou famílias lésbicas e gays, sexualidade ou *bullying* de crianças gênero-queer é ameaçada por essa literatura e por qualquer discussão sobre ela. Da mesma forma que ensinar jovens sobre vidas LGBTQIA+ ou providenciar atendimento de saúde para crianças trans são considerados "abusos", a "exposição" à literatura sobre tais temas é como a exposição à pornografia ou a exibicionistas no parquinho, outro exemplo do deslizamento fantasmático que alimenta o medo e o ódio como paixões políticas centrais. As distinções tendem a se apagar à medida que se impõe um pânico sexual completo. Um cenário sexual forma o pano de fundo da leitura, do pensamento e da fala, como se o próprio corpo fosse penetrado e habitado pelas ideias que uma criança aprende. Crianças pequenas e inocentes estão sendo penetradas, contra a própria vontade, por ideias sobre sexualidade, ideias que se metamorfoseiam em abusadores. O problema, então, não é que as crianças leiam sobre sexualidade gay e se tornem gays. Na realidade, os críticos da educação sexual já estão presos a um cenário fantasmagórico em que as crianças são violadas e dominadas por aquilo que leem. Aqui, mais uma vez, as alegações de doutrinação e pedofilia tendem a confundir-se, com base na crença e no medo de que absorver uma ideia é estar sujeito a uma penetração indesejada. A fantasia é aguda e a pornografia que a destila, por assim dizer, está sendo fabricada pelos próprios críticos, em favor de seus próprios esforços de recrutamento.

A educação sexual geralmente inclui discussões sobre ética sexual, condições de consentimento, o aprendizado sobre quando e por que dizer "sim" ou "não". Geralmente também inclui uma compreensão da sexualidade humana que, em condições ideais, ajuda as pessoas jovens a compreenderem o que está acontecendo com seus corpos e permite que elas considerem formas de desejo e prazer que não são prejudiciais e de que nunca devem se envergonhar. Ao considerar o que significa ter a existência generificada e quais são as outras possibilidades de ter a existência generificada, os currículos de educação sexual encorajam idealmente tanto o julgamento informado e a tomada de decisões éticas quanto um sentido de autonomia corporal. A perspectiva de penetração indesejada é assustadora para qualquer pessoa, e a penetração, se acontecer, deveria estar sujeita à condição de ser desejada e consensual. Foi o feminismo quem se opôs mais claramente à violação e à agressão, e foram os movimentos LGBTQIA+ que se opuseram ao *bullying* e à violência. E mesmo assim, nessa transfiguração fantasmática, o corpo é penetrado por essas "ideologias" como se as pessoas que mais nos ensinaram sobre consentimento e autonomia sexuais fossem as que violassem ambos os princípios com seus ensinamentos.

*

Em 22 de fevereiro de 2022, o governador Greg Abbott emitiu uma instrução ao Departamento de Família e Serviços de Proteção do Texas qualificando os cuidados de confirmação de gênero de jovens como uma forma de "abuso" e orientando as autoridades estaduais a investigarem os pais para proteger os filhos de maiores danos. Ele exigiu que os profissionais de saúde denunciassem os pais que buscassem assistência médica para crianças em processo de transição. Ainda não está claro qual será o estatuto jurídico dessa diretiva, uma vez que o legislativo estadual se recusou a aprovar o Projeto de Lei do Senado n. 1.646 (SB 1.646) poucos meses antes que ele pudesse definir a assistência médica para a transição de gênero como uma forma de abuso infantil*. Todavia, no momento da escrita deste livro, mais de cem projetos de lei sobre assistência médica foram apresentados em pelo menos trinta estados.

Em 2022, os Estados Unidos registraram um aumento nos esforços legislativos para proibir a referência ao gênero e à sexualidade nas escolas. A derrubada catastrófica da decisão sobre o caso Roe vs. Wade, em junho de 2022, impulsionou esses movimentos e, até certo ponto, baseia-se em um vocabulário semelhante. Os oponentes da educação sexual que menciona "gênero" ou faz referência a termos como "gays e lésbicas" baseiam-se em caricaturas da educação sexual como formas de abuso infantil, de sedução infantil ou de um esforço para converter crianças à homossexualidade e, em alguns casos, à transexualidade. Os "Direitos dos Pais na Educação", que foram sancionados pelo governador da Flórida, Ron DeSantis, em março de 2022 e entraram em vigor em 1º de julho daquele ano, declaram que o ensino em sala de aula "sobre orientação sexual ou identidade de gênero não pode ocorrer do jardim de infância até o 3º ano do ensino fundamental". Ao defender sua iniciativa, DeSantis culpou a "ideologia de gênero *woke*" pela introdução de tais tópicos no ensino primário. Em abril de 2022, mais de uma dúzia de legislaturas estaduais haviam apresentado legislações similares, rotuladas por seus críticos de projetos de lei "Don't Say Gay" [Não diga "gay"]. Logo após a sanção da lei, professores de educação sexual e de gênero em todo o país começaram a receber ameaças de morte e alguns perderam seus cargos. E houve quem ainda os chamasse de "*groomers*" – isto é, de pessoas que preparam os estudantes para

---

* Depois de rediscutir o tema em abril de 2023, o corpo legislativo do Texas optou por aprovar a restrição de acesso de crianças transgênero a bloqueadores de puberdade e terapia hormonal de transição de gênero. A lei aprovada foi sancionada pelo governador Greg Abbott em junho e entrou em vigor em setembro de 2023. (N. T.)

relações sexuais com adultos – ou de "pedófilos" declarados[7]. E em muitas partes do país, as escolas que oferecem aconselhamento a estudantes que desejam transicionar de gênero são denunciadas por causar danos aos jovens. A reação a essa prática e à diretiva do governador Abbott para a investigação de pais que facilitaram cuidados de saúde de afirmação de gênero para seus filhos tem sido forte por parte de organizações LGBTQIA+, incluindo um processo de oitenta páginas contra Abbott, por parte da Lambda Legal e da ACLU [União Estadunidense pelas Liberdades Civis], que se mostrou apenas parcialmente bem-sucedido na mitigação dos efeitos dessa política. O processo conseguiu interromper a ação contra uma família com uma criança trans, mas não logrou estender esse entendimento a todos os casos desse tipo.

Em que sentido, se é que existe algum, oferecer atendimento de saúde a crianças é *abusivo*? "Abuso" é uma palavra forte, e Abbott explora os intensos sentimentos de raiva e horror que alimentam a rejeição moral do abuso infantil ao afirmar que as pautas progressistas são "abusivas", incluindo atendimento de saúde para jovens trans e gênero-queer, bem como a literatura infantil que retrata uma visão afirmativa da vida gay, lésbica, bissexual ou trans. Um argumento corretamente apresentado pelo Trevor Project[8] é o de que negar às crianças o acesso a materiais que lhes permitam compreender o espectro de gênero, ou como o *bullying* homofóbico ocorre no pátio de recreio ou mesmo na sala de aula, produz isolamento e estigmatização para pessoas queer e crianças trans, uma condição historicamente associada à depressão e ao suicídio. Isso as priva do conhecimento e das habilidades necessárias para navegar neste mundo. Nessa situação, censurar a discussão sobre sexualidade, gênero e os inúmeros modos de viver funciona como uma forma de destruição, estrangulando a vida e a voz de crianças que precisam saber que podem viver e estar bem, que podem falar e ser ouvidas.

---

[7] A Human Rights Campaign revela uma explosão de acusações on-line depois da aprovação do projeto de lei "Don't Say Gay" na Flórida; ver Henry Berg-Brousseau, "New Report: Anti-LGBTQ+ Grooming Narrative Surged More Than 400% on Social Media Following Florida's 'Don't Say Gay or Trans' Law, as Social Platforms Enabled Extremist Politicians and their Allies to Peddle Inflammatory, Discriminatory Rhetoric", HRC, 10 ago. 2022; disponível on-line. Ver também Hannah Nathanson e Moriah Balingit, "Teachers Who Mention Sexuality Are 'Grooming' Kids, Conservatives Say", *The Washington Post*, Washington, 5 abr. 2022.

[8] The Trevor Project e Active Minds, "Higher Education Institutions (HEIs) and Crisis Services: Public Availability and Disclosure of Mental Health Resources at HEIs"; disponível on-line.

No Alabama, dezenas de organizações médicas, incluindo a Associação Estadunidense de Psiquiatria e a Associação Médica Estadunidense, opuseram-se a uma lei (SB 184), em vigor desde 8 de maio de 2022, que criminaliza os cuidados de afirmação de gênero para crianças e adolescentes transgêneros, e prevê um pena de até dez anos de prisão para médicos que oferecem esse tipo de assistência. A lei procura unir o sexo biológico e a personalidade, dando a entender que a personalidade é uma questão de biologia e é estabelecida no momento da concepção. O argumento tem como alvo, ao mesmo tempo, os direitos de pessoas trans e o direito ao aborto. As associações médicas que se opõem a essa lei detalham as consequências prejudiciais daquilo que o mundo médico chama de "disforia de gênero", incluindo as elevadas taxas de suicídio entre jovens sem tratamento. A lei do Alabama prevê erroneamente que o sexo atribuído a jovens trans no nascimento será afirmado por essas pessoas no devido tempo, mas as associações médicas declaram, em uma petição *amicus curiae* conjunta, que essa previsão é puramente especulativa e desprovida de qualquer base em evidências médicas – as quais, aliás, provam o contrário. Na realidade, as organizações médicas que se opõem a essa lei deixam claro que o tratamento, incluindo bloqueadores hormonais, pode salvar vidas e que "seria antiético recusar atendimento com potencial de salvar a vida de pacientes com qualquer outra condição médica grave"[9].

Tal como quando o aborto é negado a uma mulher sob a afirmação de que a vida do feto tem precedência, podemos ver que a vida de jovens trans pode, e será, sacrificada por leis que lhes recusam assistência médica. A atribuição de personalidade ao feto prejudica a liberdade, se não a própria vida, da pessoa obrigada a levá-lo a termo. O atendimento de saúde é negada a toda a classe de pessoas gestantes com base nessa atribuição. No caso de jovens trans, o sexo original de uma pessoa invalida qualquer percepção de sexo ou gênero que ela mais tarde venha a ter com relação a quem ela é; a redesignação sexual e o atendimento de saúde lhe são igualmente negados pelas mesmas razões. Feministas, pessoas trans e gênero-queer têm todos os motivos para analisar o que se passa com as leis punitivas – que penalizam quem prestaria atendimento vital de saúde –, pois os argumentos que as baseiam estão sendo usados de forma interligada contra todas essas pessoas.

---

[9] Associação Estadunidense de Psiquiatria (APA), "Amicus Briefs", disponível em: <https://www.psychiatry.org/psychiatrists/search-directories-databases/library-and-archive/amicus-briefs>.

Ao restringir o atendimento de saúde, o Estado ampliou seu poder e campo de ação, restringindo a autonomia corporal e as liberdades básicas em nome da proteção do feto, no caso do aborto, ou de uma imaginária pessoa jovem vulnerável ao mal, no caso da redesignação sexual. Ao mesmo tempo, introduz-se um claro princípio de desigualdade, uma vez que a negação de atendimento de saúde a ambos os grupos sem dúvida também os subordina aos poderes estatais. São grupos que não podem escolher, não devem ser autorizados a escolher, cuja liberdade é legitimamente revogada pelo Estado, o que significa não apenas que as pessoas são divididas entre quem pode e quem não pode exercer a liberdade, mas que o Estado deveria ter poderes reforçados para tomar essa decisão demográfica. Além do mais, agora é na vida do corpo que o Estado entra, sem o livre consentimento das pessoas e com o propósito de restringir exatamente esses poderes de consentimento que lhes pertencem. À luz do cenário fantasmático que viemos elaborando, não é razoável questionar de quem são as fronteiras corporais que estão sendo violadas e controladas, e que crueldade hipócrita autoriza essa expansão dos poderes do Estado para decidir quais corpos viverão em liberdade e quais não?

Em um mundo homofóbico e transfóbico, crianças queer, gays, lésbicas e trans privadas de uma educação sobre sexo, gênero e sexualidade que reconheça e afirme suas vidas são abandonadas a uma educação heteronormativa e, além do mais, compulsória nesse aspecto. Tanto os meninos como as meninas precisam compreender que os papéis de gênero que lhes foram atribuídos não necessariamente serão os que tomarão para si ou se revelarão sustentáveis em suas vidas. Isso pode levar a uma redesignação sexual, mas também pode ser uma forma de redefinir o que significa ser menino ou menina, ou de encontrar vocabulários que vão além do binário. Poderíamos virar a mesa e argumentar que a criminalização da educação sexual é, em si, uma privação significativa, o verdadeiro *locus* e instrumento do abuso. Mas talvez o termo "abuso" seja agora mal utilizado demais para ser introduzido sem reservas[10]. Repetindo, a alegação de abuso explora o horror moral diante do abuso infantil quando esse horror deveria permanecer exatamente no lugar a que pertence, ou seja, como referência a crianças que são espancadas, mutiladas, abandonadas ou privadas dos meios de vida por adultos e instituições responsáveis por essas lesões e perdas. Um mal terrível é feito às crianças a quem são negados educação

---

[10] Sarah Schulman, *Conflict Is Not Abuse: Overstating Harm, Community Responsibility and the Duty of Repair* (Vancouver, Arsenal Pulp, 2016).

e cuidados. Esse tipo de privação causa danos psíquicos, produzindo uma situação na qual a vida se torna, em si, uma forma de dano do qual elas devem escapar. Se uma criança queer ou trans tenta viver, se uma menina designada como mulher ao nascer tenta mudar as expectativas de gênero que recaem sobre ela, se um menino designado como mulher ao nascer está procurando afirmar a vida dele, sem que exista uma linguagem ou uma comunidade pelas quais essas vidas podem ser afirmadas, essas pessoas se tornam os refugos expelidos da comunidade humana, e sua sexualidade e seu gênero se tornam o indizível. A heteronormatividade torna-se obrigatória, respaldada por leis ou doutrinas, formando o horizonte do pensável, os limites do imaginável – e do vivível. E assim, a tarefa passa a ser afirmar a vida com os outros de maneiras que valorizem e apoiem todas aquelas pessoas que tentam respirar, amar e se locomover sem medo da violência. Aliás, o que há de "pró-vida" nesse cenário todo? Nenhum Estado que nega atendimento de saúde e reconhecimento a crianças trans está afirmando as vidas delas.

*

O ataque à ideologia de gênero utiliza argumentos que afetam uma ampla variedade de pessoas e assume formas de desfiguração e censura que imitam o ataque à chamada teoria crítica da raça. Essa fórmula também funciona como uma abreviatura fantasmaticamente investida de um poder destrutivo que só pode ser enfrentado pela expansão imediata dos poderes do Estado. Nos Estados Unidos e no Reino Unido, a oposição à teoria crítica da raça concentra-se frequentemente na expressão "racismo sistêmico". Se o racismo nos Estados Unidos é sistêmico, ou se a história do império no Reino Unido é também uma história de racismo, e se este se perpetua em ambos os contextos nas políticas de imigração que oferecem tratamento preferencial a pessoas brancas e regularmente rejeitam pessoas de grupos étnico-raciais minorizados*, logo o racismo, embora decerto tenha mudado de forma, esteve presente desde o princípio e não acabou. Alega-se que a teoria crítica da raça afirma que os Estados Unidos são, desde a origem, uma sociedade racista, remontando tanto ao genocídio de povos indígenas quanto à instituição da escravidão. Também isso é descrito

---

* No original, *people of color*. No contexto das relações étnico-raciais nos Estados Unidos, a expressão destaca a diversidade de grupos étnico-raciais de origens africanas, asiáticas, latinas e indígenas. (N. T.)

como "doutrinação". A implicação incendiária que parece decorrer disso é de que os Estados Unidos "são" racistas, e esse "são" é considerado uma afirmação totalizante: os Estados Unidos (ou o Reino Unido) são racistas, nada mais que racistas, em todos os aspectos e ao longo de toda sua história e seu presente. Há diferentes maneiras de pensar sobre essa afirmação, uma das quais é a seguinte: os Estados Unidos nunca estiveram livres do racismo, e deveríamos lutar pelo dia em que o país finalmente estará livre dele. Essa afirmação é tão correta quanto sensata. Podemos olhar para as taxas de morbidade e mortalidade nos Estados Unidos para documentar com bastante clareza que pessoas negras e marrons têm menos acesso a atendimento decente de saúde que as brancas; que têm sido alvo de violência policial com mais frequência; e que têm sido encarceradas em proporções mais elevadas[11]. Essa afirmação com certeza está bem documentada[12].

A proibição da "teoria crítica da raça" muitas vezes distorce a lei antidiscriminação para justificar a censura, argumentando que pessoas brancas não devem ser acusadas de racismo por serem brancas nem devem ser responsabilizadas por crimes cometidos por pessoas brancas de gerações anteriores. Mas o ataque à teoria crítica da raça considera o termo "crítica" equivalente à destruição, e "raça" como uma agressão em grande escala à nação, como se fosse um risco para a segurança nacional. Evidentemente, a pergunta que devemos fazer é: de quem é a nação que está sendo agredida e quem foram as pessoas agredidas durante a escravidão e, hoje, nas ruas, no metrô, na prisão? Será que essa mesma destruição estaria sendo renomeada, se não renovada, com a guinada reacionária que confere a uma teoria jurídica tamanho poder destrutivo? Com um poder formidável, a expressão "teoria crítica da raça" é considerada uma agressão e, nos Estados Unidos, no momento em que este livro foi escrito, estava banida do currículo de ao menos sete estados, e em processo de proibição em dezesseis[13]. Não é nenhuma surpresa que parte da mesma militância de direita estadunidense que se mobilizou contra a teoria crítica da raça também tenha como alvo o ensino de "gênero" e "teoria queer" nas escolas.

---

[11] Khalil Gibran Mohammed, *The Condemnation of Blackness: Race, Crime, and the Making of Modern Urban America* (Cambridge, MA, Harvard University Press, 2019).

[12] Maureen R. Benjamins, Abigail Silva, Nazia S. Saiyed e Fernando G. De Maio, "Comparison of All-Cause Mortality Rates and Inequities Between Black and White Populations Across the 30 Most Populous US Cities", *JAMA Network*, v. 4, nº 1, 2021; disponível on-line.

[13] Sarah Schwartz, "Map: Where Critical Race Theory Is Under Attack", *Education Week*, 11 jun. 2021; disponível on-line.

O grupo sem fins lucrativos Do No Harm [Não faça mal], que se opõe aos cuidados de saúde afirmativos para jovens trans, financiou lobistas em vários estados, incluindo Kansas, Missouri, Tennessee e Flórida, para ajudar a aprovar projetos de lei que restringem o acesso a atendimento de saúde. O grupo busca "proteger as crianças da ideologia de gênero extrema", apoiando esforços para restringir os cuidados de saúde afirmativos para jovens trans. No início, porém, o Do No Harm se opunha à "teoria crítica da raça" na contratação e no ensino em escolas de medicina. O site do grupo apresenta um conjunto de *links* metonímicos que elencam como perigos vários movimentos sociais e teorias acadêmicas: "O mesmo movimento radical por trás da 'Teoria Crítica da Raça' na sala de aula e do 'Defund the Police'* está vindo atrás da assistência à saúde, mas quase ninguém sabe disso".

Parte da oposição procura equivalências fantasmáticas ainda maiores, tentando despertar paixões populares tanto contra o ensino da sexualidade como contra os estudos raciais. Christopher Rufo, associado ao Manhattan Institute for Policy Research [Instituto Manhattan de Pesquisa em Políticas Públicas], instigou diversas campanhas que acusavam escolas primárias de ensinarem BDSM** – uma alegação desvairada que reflete mais uma fantasia frenética que qualquer pedagogia de fato[14]. A tendência de Rufo para alimentar as paixões antiacadêmicas dos movimentos de direita baseia-se em reduções radicais desses dois conjuntos de argumentos em favor de fantasmas incendiários. A oposição de Rufo à teoria crítica da raça é incapaz de situar essa teoria no interior dos estudos negros e do feminismo negro, e aparentemente é incapaz de distinguir os paradigmas bastante diferentes de Angela Davis e Kimberlé Crenshaw, por exemplo, uma vez que ele considera que qualquer coisa relacionada aos estudos raciais significa teoria crítica da raça. Nenhum dos apoiadores de Rufo tem interesse na distinção entre o pensamento feminista negro relacionado

---

* Movimento estadunidense que defende a redução dos recursos públicos destinados às polícias e o redirecionamento deles para serviços públicos nas áreas de habitação, saúde, apoio comunitário e educação. (N. T.)

** A sigla BDSM se refere a um conjunto de práticas consensuais envolvendo *bondage*, disciplina, dominação e submissão, sadomasoquismo e outros tipos de dinâmicas interpessoais relacionadas, geralmente eróticas. (N. E.)

[14] Rufo foi nomeado para o conselho de administração da New College na Flórida pelo governador Ron DeSantis com o objetivo de reverter a "ideologia *woke*" que aparentemente dominava a instituição. Em 2023, houve a demissão de docentes de seus cargos na faculdade por lecionarem temas "*woke*", e o currículo foi retalhado.

ao marxismo e uma perspectiva crítica sobre como a igualdade pode ser mais plenamente reivindicada dentro e fora de um tribunal. Seja qual for o conteúdo efetivo da educação sexual ou da teoria crítica da raça, ele não vem ao caso, uma vez que cada posição é redutível a uma acusação comum: "Seu país é racista" ou "Você deveria virar gay ou mudar de gênero!". O que se imagina é um tipo de pedagogia interessada apenas em fazer as pessoas brancas se sentirem mal ou em dizer aos jovens para serem gays ou trans. Imagina-se uma pedagogia de condenação ou aprovação moral, não percebendo, portanto, os objetivos mais gerais dos estudos de raça e gênero. Afinal, uma coisa é condenar todas as formas de racismo, o que é certamente correto, e outra é compreender como funciona o racismo, quais são suas várias formas e quais têm sido as respostas e resistências a ele ao longo do tempo. Sabemos, por exemplo, o que entendemos por raça? Como surgiu essa categoria e com que propósito? Algo semelhante se passa com o gênero, que é apenas um ponto de referência teórico nos estudos feministas e queer, e há uma variedade de explicações sobre o que significa, tanto histórica como teoricamente. Em outras palavras, trata-se de projetos de conhecimento com questões abertas, pois campos acadêmicos como esses se baseiam em problemáticas e não em dogmas, uma das razões pelas quais a defesa da liberdade acadêmica continua a ser tão importante[15].

Se perguntarmos o que é "crítica" na teoria crítica da raça ou mesmo nas formas de estudos de gênero ligadas à teoria crítica, a resposta requer certa paciência. Crítica não é nem denúncia nem oposição absoluta: é uma investigação sobre as condições de possibilidade de determinados conceitos que foram dados como verdadeiros sem justificativa ou que foram dotados de significados que os estabelecem como sobredeterminados. A ideia da crítica é desenvolver o raciocínio para que uma análise mais histórica e estrutural do lugar do gênero e da raça na sociedade possa ser compreendida, incluindo as formas inevitáveis e complexas pelas quais as duas categorias se interligam. E, no entanto, na animosidade contra a teoria crítica da raça, imagina-se que a metodologia contenha todos os escritos sobre raça que deploram o racismo ou que procuram compreender como a raça e o racismo foram produzidos histórica e economicamente[16]. Esse trabalho é entendido como nada mais que um ataque

---

[15] Ver Joan W. Scott, *Knowledge, Power, and Academic Freedom* (Nova York, Columbia University Press, 2019).
[16] Susan Ellingwood, "What Is Critical Race Theory, and Why Is Everyone Talking About It?", *Columbia University News*, 1 jul. 2021; disponível on-line.

às pessoas brancas, embora o foco esteja, sem dúvida, nas formas pelas quais a supremacia branca se reproduziu em quase todas as vicissitudes da vida social e econômica ao longo dos séculos. Uma teoria, uma metodologia dedicada a alcançar a igualdade racial, é transfigurada em uma máquina de ataque a ser destruída, caso a população branca – ou suas pretensões de supremacia – queira se proteger de contestações. Será que o problema é que pessoas brancas estão sendo levadas a se sentirem mal por sua branquitude, sofrendo de autoestima esvaziada, ou será que as pessoas brancas estão sendo convidadas a juntar-se ao esforço para confrontar e desmantelar a supremacia branca? É a perda dessa supremacia dada de barato que a resistência branca à teoria crítica da raça se recusa a aceitar. Ainda que ela precise fazer esse trabalho de luto, e – assim esperamos – em breve.

Será que a teoria crítica da raça, ou aquilo que teoria crítica da raça passou a significar, ameaça as crianças? Ou será que é a suposição cotidiana da supremacia branca que está sendo destruída por uma série de obras na área de estudos raciais – obras que procuram iluminar o longo e doloroso caminho rumo a uma sólida igualdade racial nos Estados Unidos? Se ser uma pessoa branca é ser supremacista, então a crítica à supremacia branca será considerada uma oposição a todas as pessoas brancas. Em vez de abordar as questões levantadas – inclusive o porquê de a supremacia racial ser aceita por tanto tempo ou as formas que ela ainda assume –, a fim de pensar mais claramente sobre como deveria ser uma igualdade radical, a reação de quem se coloca contra a teoria crítica da raça é abraçar a branquitude como uma identidade ferida[17]. Dessa forma, a resistência ao que é chamado "teoria crítica da raça" se constitui como uma recusa em perder, abandonar e demolir essa supremacia e em encontrar a ideia renovadora de coexistência fundada na igualdade radical. A "ideologia *woke*" contém agora tanto a "teoria crítica da raça" quanto a "ideologia de gênero", e o ataque ao "*woke*" é animado por uma fantasia psicossocial de que a perda das ordens sociais patriarcais, heteronormativas e de supremacistas brancas é insuportável, equivalente à morte social e, às vezes, ao risco físico. Fantasmas aparentemente perigosos, agora reunidos sob a rubrica "*woke*", são considerados agentes de dano e destruição, e gênero, raça e sexualidade, reunidos e entendidos como versões diferentes desse perigo ostensivo. Uma vez instalados no cenário fantasmático como atores perigosos, eles devem ser detidos

---

[17] Wendy Brown, "Wounded Attachments", em *States of Injury: Power and Freedom in Late Modernity* (Princeton, Princeton University Press, 1995), p. 52-76.

por todos os meios necessários, inclusive os violentos. Essa retórica anti-*woke* ataca a educação e o atendimento de saúde, sendo moralmente fomentada por sua oposição à "doutrinação" para, em seguida, impor uma doutrina que priva jovens de conhecimento e cuidados médicos. E reproduz a supremacia branca apropriando-se da lei antidiscriminação e do estatuto de vítima em favor da população branca e com seus próprios objetivos destrutivos. Quem está agredindo quem nesse cenário, nessa inversão? Como a "moralidade" é colocada a serviço dos propósitos do sadismo político, calando e subordinando quem busca ter voz, igualdade e liberdade? Se o "amor" foi reduzido à heterossexualidade compulsória e o ódio propagou distorções criadas para justificar ataques incendiários ao pensamento crítico, aos movimentos sociais por liberdade e justiça, aos estudos de gênero e raça, e à liberdade acadêmica, quem mais sofre são todas aquelas pessoas que, por buscar viver e respirar liberdade e igualdade, são transfiguradas em forças demoníacas e perigosas. Não são apenas os princípios da liberdade e da igualdade que estão sob ataque, mas todas as pessoas que deles necessitam para viver[18].

---

[18] Candace Bond-Theriault, "The Right Targets Queer Theory", *The Nation*, 19 abr. 2022; disponível on-line.

4.
Trump, sexo e a Suprema Corte

Pode parecer que, até agora, a análise ainda não abordou uma questão-chave que perpassa grande parte da ansiedade pública sobre o "gênero", a saber: se o sexo deve ou não ser entendido como imutável. Afinal, o problema com o gênero não está em que ele impõe um artifício a uma realidade material, substituindo algo duradouramente verdadeiro por uma falsidade? Na verdade, o termo "gênero" não nega a materialidade do corpo, apenas questiona como ela é enquadrada, por quais meios é apresentada e como essa apresentação afeta o que entendemos a seu respeito. O interessante é que estabelecer o sexo como imutável exige certo esforço. Alguma vez já se soube que o sexo era imutável sem ter sido estabelecido como tal? Quem estabelece isso, mediante que série histórica de protocolos e com que finalidade? Deveria ser bastante fácil estabelecer a realidade do sexo, e, para muitas pessoas, ele pertence ao reino do óbvio. Mas, como já deve estar claro, as pessoas nem sempre compartilham de um mesmo entendimento do óbvio. Se quisermos estabelecer um entendimento único, teríamos de excluir versões conflitantes e, sem dúvida, negar um conjunto mutável e disputado de critérios oferecidos pela própria história da ciência.

Nas últimas semanas da sua presidência, Donald Trump procurou envolver o Departamento de Saúde e Serviço Social dos Estados Unidos na definição de "sexo" como uma característica imutável de uma pessoa, a saber, masculino ou feminino, com base na genitália e atribuído no nascimento. Seu objetivo não era estabelecer a "realidade" superior e contrária a uma construção artificial. Não, ele tinha como objetivo estreitar o escopo da discriminação sexual de acordo com a lei, para que as pessoas trans não pudessem alegar, sob o título VII*,

---

* Seção da Lei dos Direitos Civis de 1964 que condena a discriminação no emprego por motivos de raça, cor, religião, sexo, origem nacional, deficiência ou idade. (N. E.)

estarem sendo discriminadas com base no sexo como condição adquirida. Se o sexo só for atribuído no nascimento ou determinado pelos órgãos genitais que uma pessoa tem (ou teve), as pessoas trans não poderiam argumentar com facilidade que qualquer discriminação que tenham sofrido como trans decorreu do sexo. O próprio Trump foi mais longe quando procurou afirmar que o gênero deveria ser entendido exclusivamente como "sexo" e que o recurso a um estatuto biológico fixo era mais que suficiente para determinar o "sexo" nos termos da lei[1].

Em 12 de junho de 2020, uma sexta-feira, o Departamento de Saúde e Serviço Social anunciou que a partir de então se basearia em uma ideia estrita de "sexo" na avaliação de todos os casos de discriminação, eliminando a possibilidade de que pessoas trans, intersexo, lésbicas e homens gays apresentassem ações que fizessem uso da legislação existente contra a discriminação com base no sexo. O interessante é que o governo dos Estados Unidos impôs dois critérios: genitais e falar a real. Um dos aspectos interessantes de "falar a real" é que dispensa explicações. Presume-se que todo mundo saiba do que trata. E, no entanto, se isso fosse verdade, não haveria razão para associá-la à lei e para classificar outras formas de fala como ofuscantes ou obscurantistas, como muitos críticos do gênero têm feito. Nessa política proposta, não ficava claro se o recurso aos órgãos genitais teria precedência sobre essa fala sem rodeios ou se falar a real é a forma de estabelecer os órgãos genitais, mas supunha-se que os dois critérios funcionavam em conjunto de alguma maneira não especificada. Caso se aceite que não existe contradição entre os dois critérios, a suposição é de que "o significado claro da palavra 'sexo' como masculino ou feminino" corresponde à ideia de "sexo" conforme determinado pelos genitais. Por meio desse comando lexical, o governo procurou excluir a noção de que o sexo, quando interpretado como um estatuto jurídico ou como uma realidade social, pudesse mudar com o tempo, ou que um termo como gênero pudesse ser uma maneira de marcar a diferença entre um sexo atribuído e uma noção duradoura de identidade de gênero.

O decreto governamental foi oportuno, mas errou o alvo. Tentava-se afetar os debates da Suprema Corte sobre a resolução do caso Bostock vs.

---

[1] O memorando foi citado em artigo de Kerensa Cadenas, "The Trump Administration Wants to Define Gender as Biological Sex at Birth", *Vanity Fair*, 21 out. 2018; disponível on-line. "O sexo é baseado em traços biológicos imutáveis identificáveis no momento do nascimento ou antes dele", diz o memorando. "O sexo registrado na certidão de nascimento de uma pessoa, como originalmente expedida, deve constituir a prova definitiva do sexo de uma pessoa, exceto se refutado por evidência genética confiável."

Clayton County, que determinaria se a Lei dos Direitos Civis de 1964 protegeria pessoas gays, lésbicas e trans da discriminação com base no sexo. Embora Trump estivesse, sem dúvida, confiante na fidelidade de seus recentes nomeados para a Corte, nem todos agiram como ele esperava. No final, o governo Trump divergiu quanto aos méritos do seu plano e abandonou a política proposta. Todo o esforço para redefinir o gênero como sexo e garantir o significado de sexo a partir do recurso aos órgãos genitais e ao "falar a real" deveria evitar que classes inteiras de pessoas procurassem proteção contra a homofobia ou a transfobia. Só não ficou claro se o governo considerava que tais demandantes deveriam permanecer desprotegidos da discriminação ou simplesmente encontrar outros meios, jurídicos ou não, para defender suas reivindicações. Estaria o governo sinalizando a quem pratica a discriminação a liberdade para fazê-lo e que aquilo que outras pessoas denominam discriminação dessa espécie é, na verdade, um exemplo legítimo de liberdade de expressão? O que ficou evidente, no entanto, foi que a contestação trumpiana às demandas judiciais progressistas por parte da comunidade LGBTQIA+ tentava se apoderar das definições. O que é sexo? O que é gênero? A estratégia era clara: não pode haver discriminação com base no sexo caso o sexo seja definido de uma forma que não abarque as condições trans, queer, lésbica, gay e intersexo.

A liberdade de discriminar estava supostamente assegurada pela alegação oficial de que o gênero nada mais é que sexo. Se a alegação tivesse sido bem-sucedida, o gênero seria desnecessário e a discriminação contra quem se afastasse da atribuição sexual original seria entendida como uma liberdade. O governo Trump autorizou os intolerantes ao confirmar que práticas homofóbicas e transfóbicas poderiam proliferar sem intervenção da lei e que os alvos de tais práticas não só deveriam permanecer desprotegidos contra quem agisse contra eles, muitas vezes de forma violenta, como passariam a ser abandonados à discriminação pelo governo. Pessoas LGBTQIA+ não deveriam ser vistas como detentoras de proteção igualitária perante a lei porque, veja bem, elas não são iguais e não estavam se identificando em termos que seriam aceitos por quem "fala a real". Palavras ou terminologias novas são desnecessárias, basta falar a real. E, no entanto, é a política estatal que decide o que seria esse falar a real. Ainda assim, podemos perguntar: trata-se do discurso estatal ou do discurso direto? O que está sob ataque – o discurso teórico ou os novos termos para identidade e expressão de gênero? O problema está no fato de que novas formas de falar, incluindo novas formas de autodefinição de gênero, estão sendo usadas com mais frequência e entrando na linguagem comum, desafiando até a gramática, como vemos com a circulação cada vez mais ampla do pronome plural "*they*"*? Se tais práticas linguísticas se tornam cada vez mais aceitas, elas alteram os termos da linguagem "direta" – e podem até, em alguns círculos, vir a ser aceitas como falar a real. O que se considera direto difere regional e historicamente, portanto nada disso deveria ser, de fato, surpreendente.

   O que está em discussão aqui é menos a própria constituição psicossocial de Trump – um tema de contínua especulação leiga – que aquilo que atrai sua base em um ano eleitoral. Se ele pretendia incitar os conservadores cristãos, imitar a linguagem do Vaticano foi provavelmente uma tática inteligente. Trump tentou apelar às ansiedades e aos medos de quem quer que o sexo suplante o gênero, de quem quer um mundo em que a primeira atribuição de sexo seja a única, partindo do princípio de que ela se baseia em uma diferença genital perceptível. Mas atrair essas ansiedades significa despertar outras que podem estar adormecidas e produzir novas ansiedades relativas a novos vernáculos que definem o caráter presumivelmente binário e imutável do sexo entendido como determinado biologicamente. Trump se esforçou para incitar esses medos ao produzir uma oportunidade, ou um cenário, para reuni-los e intensificá-los. Para se manter aferrada ao mundo que conhece, ou para viver em uma fantasia criada de forma colaborativa, a direita precisa restituir o gênero ao sexo e erradicar qualquer possível diferença entre ambos. Para Trump, tratou-se menos de uma questão teórica sobre a distinção sexo/gênero que de um movimento retórico destinado a garantir uma ordem mundial sexual que fortalece o patriarcado e a heteronormatividade e é presumivelmente organizada pelas normas brancas. Ele pareceu estar do lado da "ciência", embora a manobra certamente visasse incitar sua base cristã. Convenientemente, a direita evangélica vê o sexo como parte de uma ordem natural (uma versão da ciência) que foi criada por Deus com um propósito (teologia), por isso ninguém precisa realmente escolher

---

* O pronome "*they*" é definido pela gramática normativa do inglês como de terceira pessoa do plural e comumente traduzido para o português como "eles" ou "elas". Por não carregar em si uma especificação de gênero, ao contrário dos pronomes normativos da terceira pessoa do singular "*he*" (ele) e "*she*" (ela), "*they*" tem sido cada vez mais incorporado à linguagem informal e formal como um pronome não binário, aplicável tanto no singular como no plural. Na variante brasileira da língua portuguesa, linguistas têm discutido propostas de uso de novos pronomes de gênero não binários, entre elas as formas "*ile/iles*" ou "*elu/elus*". Esses pronomes têm sido incorporados pela comunidade LGBTQIAP+ na linguagem cotidiana e em algumas comunicações publicitárias, editoriais e midiáticas. Porém, essa solução linguística ainda encontra resistências. (N. T.)

entre sexo e gênero. A política proposta por Trump também pretendia privar as pessoas do direito de buscar a redesignação sexual, mesmo quando todas as indicações apontassem para ela como a única opção humana. Pretendia-se minar vários tipos de autodefinição de gênero em nome de uma "imutabilidade" que se inspirava livremente em modelos religiosos, biológicos e linguísticos conflitantes, sem se preocupar em conciliá-los. A base eleitoral de Trump sequer o responsabilizou por sua inconsistência, uma vez que não importam os meios usados para chegar à negação de direitos, contanto que ela aconteça.

Para desgosto de Trump, o caso Bostock vs. Clayton seguiu em outra direção lexical na Suprema Corte, sustentando-se em um modelo diferente de linguagem que confirmou a possibilidade de autodefinição em questões de sexo. O ministro Neil Gorsuch e o presidente John Roberts, longe de ser os membros mais progressistas do tribunal, rejeitaram a visão do governo no caso. Um argumento apresentado por Gorsuch foi que a perda do emprego quando uma pessoa declara ou expressa atração por alguém do mesmo sexo é certamente discriminatória, uma vez que o emprego provavelmente não seria perdido se a atração fosse por alguém do sexo oposto. Na verdade, os argumentos no caso Bostock vs. Clayton que garantiram às pessoas trans, lésbicas e gays o direito de entrar com uma causa sob a rubrica legal de discriminação sexual deixaram claro que era menos importante garantir o significado de "sexo" que determinar como o "sexo" se torna um fator de tratamento discriminatório no ambiente de trabalho[2].

No discurso comum, mesmo na linguagem direta, podemos pensar na discriminação sexual como uma forma de discriminação baseada no sexo de uma pessoa. Alguém determina qual é o sexo da outra pessoa e depois a discrimina com base nessa determinação. Mas não é esse o caso. Afinal, a discriminação baseada no sexo significa que alguém se refere a esse sexo ao tomar uma decisão e que o sexo desempenha um papel nessa decisão. Esse alguém pode perfeitamente estar fazendo suposições sobre o sexo sem saber o que é sexo e, nas condutas discriminatórias, são geralmente os entendimentos prejudiciais que prevalecem. Se um empregador, por exemplo, trata uma pessoa de modo a fazer suposições sobre o sexo dela e decide que ela deve receber menos que outras ou ser excluída de determinados cargos, é menos relevante que as suposições feitas sobre o sexo estejam erradas do que o fato de que suposições ou preconceitos desempenharam

---

[2] Para uma revisão completa e incisiva desse veredito e seu lugar na jurisprudência, favor consultar Ido Katri, "Transitions in Sex Reclassification Law", *UCLA Law Review*, v. 70, n. 1, mar. 2022; disponível on-line.

um papel no tratamento desigual. As ações do empregador tornam o sexo um elemento-chave de uma decisão relacionada à contratação que tem como consequência um tratamento desigual. Não importa se as suposições sobre o sexo de alguém estão certas ou erradas: uma vez que a maioria das ações discriminatórias desse tipo fazem falsas presunções sobre sexo, a forma como alguém atribui determinado sexo a uma pessoa irá aparecer, bem como os limites dessas ações e as propensões que elas revelam. Nesse caso, o "sexo" entra em jogo menos como um fato estabelecido que como um componente-chave do tratamento discriminatório. A tarefa é descobrir como esse tratamento está retratando o sexo, como o "sexo" emerge no processo de uma decisão que reproduz a desigualdade. Não precisamos de uma definição comum de sexo para estabelecer a discriminação sexual. Precisamos apenas saber como o sexo vem sendo invocado e retratado em certos tipos de ações discriminatórias – como entendimentos preconceituosos levam a uma conduta discriminatória.

É significativo que as suposições sobre o sexo feitas em atos de discriminação sexual sejam geralmente falsas. Tendem a ser estereótipos e falsidades que impedem uma consideração apropriada da contratação de uma pessoa ou do tratamento dado a ela. O problema não é apenas que estereótipos são usados em tais decisões, mas também que as referências ao sexo, por mais verdadeiras ou falsas que sejam, não têm um lugar justificável em tais decisões. A resolução da Suprema Corte baseia-se em um histórico da jurisprudência sobre discriminação sexual que se concentra menos na ontologia do sexo que na forma como as suposições sobre o sexo funcionam em decisões que perpetuam a desigualdade[3]. Na verdade, a Corte nos pede que deixemos nosso discurso comum sobre o sexo ser desafiado e reorientado pela questão da discriminação sexual, contestando implicitamente o argumento da "linguagem direta" apresentado pela política do Departamento de Saúde e Serviço Social de Trump:

> Os empregadores afirmam que a discriminação com base na homossexualidade ou na condição de pessoa transgênero não é mencionada como discriminação sexual nas conversas comuns. Se um amigo (e não um juiz) lhes perguntasse por que foram demitidos, mesmo os pleiteantes de hoje provavelmente responderiam que foi por serem gays ou transexuais, e não por causa do sexo.

---

[3] Ver, sobre o caso Oncale vs. Sundowner Offshore na Suprema Corte em 1987, Katherine M. Franke, "What's Wrong with Sexual Harassment", *Stanford Law Review*, v. 49, abr. 1997, p. 691-772; disponível on-line.

E novamente:

Dado que a discriminação com base na homossexualidade ou na condição de transgênero exige que um empregador tenha intencionalmente tratado trabalhadores específicos de forma diferente em razão de seu sexo assumido, um empregador que penalize intencionalmente um empregado por ser homossexual ou transgênero também viola o Título VII [...] um empregador que discrimina por estes motivos pretende inevitavelmente basear-se no sexo ao tomar decisões.[4]

Na verdade, o ato de discriminação sequer depende de que o empregador saiba o sexo da pessoa que emprega, basta provar que ele tomou decisões pessoais a partir de "regras baseadas no sexo", ou seja, precondições sobre o que os sexos deveriam estar fazendo ou são capazes de fazer. Dizer que essas regras são "baseadas" no sexo não significa que sejam resultantes do sexo, e sim de ideias – preconceitos ou convenções – sobre como o sexo deve aparentar ser, o que se imagina que o sexo indica em relação à capacidade de realizar um trabalho, quais valores são atribuídos ao trabalho quando ele é realizado por uma mulher ou por um homem. As regras baseadas no sexo não fundamentam nem justificam a alegação de discriminação: elas são, aliás, o problema que a lei de discriminação sexual tenta resolver. As regras baseadas no sexo não deveriam ter qualquer influência nas decisões de contratação ou promoção. Tais regras estão repletas de expectativas normativas sobre aparência, autodefinição e capacidade que não deveriam desempenhar nenhum papel em decisões de contratação e no tratamento no local de trabalho. A resolução da Suprema Corte é muito clara nesse ponto: "Ao estabelecer intencionalmente uma regra que faz com que a contratação gire em torno do sexo, o empregador viola a lei, independentemente do que ele possa saber ou não a respeito de cada pessoa que se candidata"[5]. Em outras palavras, a forma como definimos nosso próprio sexo está longe de entrar em discussão caso o problema em pauta seja que o "sexo" opera de uma maneira regular ou "regulada" em que as regras são injustas e, de fato, formalizam o preconceito.

*

---

[4] Suprema Corte dos Estados Unidos, *Bostock vs. Clayton County*, 590 U. S. ____ (2020), p. 16, 2.

[5] Bostock vs. Clayton County, cit., p. 18.

Algumas feministas que refutam o gênero e preconizam o regresso ao sexo não só concordam com os argumentos de Trump e do Vaticano como se equivocam quanto ao modo como a discriminação sexual opera. Pelas razões já descritas, não precisamos estabelecer uma definição única e permanente de sexo para estabelecer a discriminação sexual. Na verdade, na medida em que a referência ao sexo está envolta em normas e convenções sobre o que o sexo deveria ser, que limites estão implícitos nele e que aparência deve acompanhá-lo, o sexo já está em processo de ser definido como gênero. Se o sexo está enquadrado nas normas culturais, ele já é gênero. Isso não significa que seja falso ou artificial, apenas que está sendo mobilizado a serviço de um ou outro poder. A afirmação de que o sexo é imutável invoca uma estrutura religiosa e linguística para pensá-lo. Onde quer que exista tal enquadramento, o gênero está em ação. Dizer que nesse caso existe uma construção cultural do sexo não significa que a cultura produza sexo do nada. Mas significa que a questão do sexo está enquadrada de determinada maneira e com um propósito político. Mesmo a afirmação de que sexo é sexo, ou família é família, precisa demonstrar por que tais tautologias fazem sentido, por que outras formas não são possíveis. Caso contrário, soa como dogma. Na verdade, essa afirmação soa como uma batida de bumbo em uma guerra cultural cuja intensidade deriva dos medos sexuais e da ansiedade quanto à estabilidade do sexo. Ou talvez o inverso seja mais provável: o avivamento de medos básicos sobre a estabilidade do sexo provoca, incita e recruta pessoas que subitamente sentem medo de que seu sexo possa mudar ou ser retirado, ou que tudo o que elas associam à estabilidade da sua própria atribuição de sexo pode ser questionado. O esforço frenético por restabelecer a ordem sexual mediante decretos legais responde, assim, à convocação do Estado pela proibição da mudança de sexo. O Estado ganha poderes extras para restabelecer a ordem sexual. Mas foi o Estado de Trump, agora repetido por DeSantis, que produziu a terrível perspectiva de o sexo ser subitamente eliminado ou tornado radicalmente contingente a fim de reforçar seus próprios poderes de encerrar o "gênero" em referenciais patriarcais e heteronormativos. As pessoas trans, na opinião de Trump, não poderiam sofrer discriminação sexual porque não são discriminadas com base no sexo atribuído no nascimento.

Surpreendentemente, a Suprema Corte bagunçou a pauta de Trump e decidiu que pessoas trans, bem como lésbicas e gays, eram, de fato, discriminadas com base no sexo. Na Parte B do parecer da Corte no caso Bostock, a linguagem é enfática e inequívoca em relação à justificativa de utilizar a rubrica "discriminação sexual" para as queixas de discriminação apresentadas por pessoas trans, lésbicas e gays:

> A homossexualidade ou a condição de transgênero de um indivíduo não são relevantes para as decisões de emprego. Isso porque é impossível discriminar uma pessoa por ser homossexual ou transgênero sem discriminá-la com base no sexo. Consideremos, por exemplo, um empregador que tenha dois funcionários, ambos atraídos por homens. Os dois indivíduos são, na opinião do empregador, materialmente idênticos em todos os aspectos, exceto pelo fato de um ser homem e o outro, mulher. Se o empregador demitir o empregado do sexo masculino sem nenhuma outra razão além do fato de ele se sentir atraído por homens, o empregador o discriminará por características ou ações que tolera na colega dele.[6]

Pode-se argumentar, é certo, que a discriminação sexual é diferente da discriminação com base na orientação sexual (a linguagem que a lei tende a usar), mas essa resolução estava voltada para a questão de ampliar ou não as proteções já concedidas pelo Título VII, que proíbe a discriminação sexual. Para isso, o texto pede que façamos um exercício hipotético. Se somos empregadores que consideram aceitável que um homem se sinta atraído por uma mulher, mas não que uma mulher se sinta atraída por outra, e procuramos manter nossa força de trabalho heterossexual, nós claramente pinçamos uma característica da mulher – a saber, seu desejo sexual – como condição desqualificante para contratá-la ou promovê-la, o que constitui um claro ato de discriminação. Se o sexo dela fosse diferente, não a teríamos discriminado, pois ela presumivelmente seria, dentro da lógica limitada dessa resolução legal, um homem. Portanto, é "com base no sexo" que ela sofre discriminação. Algumas pessoas gays e lésbicas podem querer saber quais características anatômicas são esperadas em um encontro sexual, e isso faz sentido. Mas a anatomia por si só não determina o sexo de alguém, como pode testemunhar qualquer pessoa envolvida em determinar a participação de atletas intersexo e trans nos esportes. Além disso, não é só por ter determinadas características anatômicas em vez de outras que alguém será objeto do desejo sexual de uma pessoa gay ou lésbica, embora alguns homofóbicos imaginem que tais partes, por si sós, são suficientes para o desejo.

Um cenário fantasmático intensamente amedrontador opera em vários argumentos públicos desse tipo. Por exemplo, uma das razões pelas quais

---

[6] Ibidem, p. 9.

algumas forças militares proíbem soldados homossexuais é a ideia de que homens homossexuais serão uma ameaça aos homens heterossexuais nos vestiários, perturbando uma coesão do grupo que depende da repressão do desejo gay[7]. Argumentos semelhantes são apresentados sobre pessoas trans nas Forças Armadas[8]. Seus argumentos encontram paralelo no medo articulado por figuras como J. K. Rowling de que uma mulher trans irá, por definição, ameaçar as mulheres designadas como mulheres no nascimento. De quem é o medo codificado e inflamado por tais políticas? Em ambos os casos, o problema não é "o sexo" da pessoa temida, mas o terrível cenário fantasmático em que esse sexo é interpretado, ou melhor, a forma assustadora como o sexo é *construído* no cenário. Essa interpretação baseada no medo injustificado não deveria ter lugar em decisões empregatícias nem na formulação de políticas e, quando tem, é uma forma de discriminação. Pouquíssimas pessoas que discriminam com base no sexo veem ou conhecem a anatomia, a composição hormonal ou genética do indivíduo que discriminam. Elas podem ter ideias a esse respeito, e quando essas ideias participam de suas decisões sobre como tratar esse indivíduo de forma discriminatória, o sexo certamente é relevante. Mas qual versão do sexo? Contrariando as expectativas comuns e a linguagem direta, "sem rodeios", o sexo de uma pessoa nem sempre pode ser discernido a partir da aparência superficial. As aparências superficiais, o que alguns chamam de apresentação de gênero, têm uma história: são percebidas no interior de referenciais que antecipam ativamente a estrutura e a forma daquilo que vemos. Elas também perturbam e desafiam aqueles referenciais epistêmicos de parte dos movimentos feministas e LGBTQIA+ que são alvo dos movimentos antigênero. Certas incomensurabilidades não podem ser nem "resolvidas" nem negadas quando se trata da questão do sexo: o que revelamos de nós e o modo como nos compreendemos podem perfeitamente ser duas coisas muito diferentes, que podem diferir do modo como nos veem – e o modo como nos veem pode mudar dependendo do contexto cultural, incluindo ambientes médicos, salas de aula, ruas e bares.

Nessa parte da decisão, contudo, a linguagem da Corte deixa explícito que o sexo de um indivíduo pode mudar e que a discriminação que faz referência

---

7   Ver meu livro *Discurso de ódio: uma política do performativo* (trad. Roberta Fabbri Viscardi, São Paulo, Editora Unesp, 2021).

8   Ver a extensa pesquisa do Palm Center e suas formulações de políticas sobre essa questão em: <https://palmcenterlegacy.org/>.

a essa mudança é, em si, uma discriminação sexual. A Corte também afirma efetivamente que o sexo não pode ser definido exclusivamente nos termos do sexo atribuído no nascimento, que o sexo é um processo marcado por possíveis mudanças. Na passagem a seguir, fica claro que o sexo atribuído ou identificado no nascimento não é a totalidade do sexo, uma vez que uma pessoa pode alterar essa identificação:

> Tomemos como exemplo um empregador que demite uma pessoa transexual que foi identificada como homem ao nascer, mas que agora se identifica como mulher. Se o empregador mantém uma funcionária idêntica que foi identificada como mulher no nascimento, o empregador penaliza intencionalmente uma pessoa identificada como homem no nascimento por características ou ações que tolera em uma funcionária identificada como mulher ao nascer. Mais uma vez, o sexo individual da pessoa contratada desempenha um papel inequívoco e inadmissível na decisão de demissão.[9]

A Corte deixa claro nesta passagem que, para as pessoas transexuais, pode haver dois momentos de identificação, o primeiro relacionado ao modo como o sexo de alguém é identificado no nascimento, e o segundo ao modo como o sexo é assumido como autoidentificação ao longo do tempo. É significativo que os dois momentos sejam considerados parte do "sexo" e, poderíamos dizer, igualmente parte do "sexo". Em outras palavras, o sexo não é determinado de modo definitivo ou irreversível no nascimento. A resolução da maioria apresenta a ideia assim:

> Ao discriminar pessoas transgênero, o empregador inevitavelmente discrimina pessoas com um sexo identificado no nascimento e outro hoje. De qualquer forma que se veja, o empregador recusa-se intencionalmente a contratar pessoas que se candidataram, em parte devido ao sexo do indivíduo afetado, mesmo que jamais descubra o sexo de nenhuma das pessoas candidatas.[10]

Aqui, a Corte assume que o sexo atribuído no nascimento, a "identificação" do sexo de uma criança feita por autoridades médicas ou legais, nem sempre é o mesmo sexo com o qual uma pessoa passa a identificar-se ativamente com

---

[9] Bostock vs. Clayton County, cit., p. 10.
[10] Ibidem, p. 19.

o tempo. Para além de e contra uma ideia pontual e atemporal de "sexo", a corte nos pede para considerar a categoria no curso de uma trajetória de vida. O "sexo" parece ter uma vida temporal durante a qual pode mudar. Há a identificação do sexo no início da vida, necessariamente por outros. E há, depois, uma autoidentificação que se forma e que pode manter, contestar ou reverter essa identificação original. Quando procuramos determinar o que é o sexo, temos de enquadrar a questão no tempo e a partir de ao menos duas perspectivas diferentes: como um corpo é identificado por meio de categorias disponíveis no momento do nascimento e como a pessoa que foi sujeita a essa atribuição passa a identificar-se dentro dessas categorias (ou, eu acrescentaria, fora delas, muito possivelmente por meio de novas nomenclaturas, contestando a linguagem direta).

Por um lado, a Corte parece certa de que não precisamos determinar de uma vez por todas o sexo da pessoa que sofre discriminação, nem mesmo compreender as identidades sociais em que ela vive conscientemente. Precisamos levar em consideração apenas o papel evidente e questionável do "sexo" em decisões de contratação e demissão. Por outro lado, a Corte apresenta uma teoria secundária sobre o sexo, uma precondição para toda sondagem posterior: qualquer consideração sobre o sexo deve perguntar primeiro como uma pessoa é identificada (e talvez por quem) no nascimento, e como essa pessoa passa a se identificar ao longo do tempo. Abre-se uma lacuna entre ser identificado inicialmente de determinada maneira e vir a identificar-se de outra maneira com o tempo. Essa lacuna é uma característica constitutiva do tornar-se de um gênero.

Essa trajetória temporal de uma vida é verdadeira não apenas para as pessoas trans, mas talvez para o que poderíamos chamar de *formação de gênero* em termos mais gerais[11]. Pois não há garantia de que a categoria inscrita nas formas jurídicas no nascimento permaneça aquela que será preservada ao longo do tempo, ou que as expectativas contidas nessa interpelação serão aquelas a se concretizarem. Essa lacuna que pode se abrir entre ambas significa que não há garantia de que a primeira atribuição permanecerá contínua ao longo do tempo – trata-se de uma questão para toda vida generificada. A atribuição de sexo é menos um ato pontual que uma história social que pode ou não se reproduzir de maneira autoidêntica ao longo do tempo. E quando alguém é

---

[11] Ver Rachel Selopi, "Bostock's Inclusive Queer Frame", *Virginia Law Review Online*, v. 107, jan. 2021, p. 67-83.

tratado de forma discriminatória porque o sexo atribuído no nascimento não corresponde ao sexo com que se identifica no presente, isso também é discriminação sexual. A lacuna entre as duas atribuições não é respeitada, não é reconhecida como uma lacuna que marca a formação de gênero como tal. Ao menos é assim que eu a veria. A Corte é menos ambiciosa, mas de fato discorda de relatos biológicos redutores do sexo, como o proposto por Trump, deixando claro que o sexo não pode ser determinado exclusivamente pela genitália nem pela linguagem direta, "sem rodeios".

A Suprema Corte não subscreve um quadro teórico que relacione "homossexualidade" e "transgênero" com "discriminação sexual", mas salienta que a discriminação dos dois primeiros só pode acontecer por meio da referência ao sexo[12]. A resolução não questiona como a linguagem comum procede em tais questões, mas como a linguagem jurídica deveria funcionar. A Corte argumentou que

> ao discriminar pessoas transgênero, o empregador inevitavelmente discrimina pessoas com um sexo identificado no nascimento e outro hoje. De qualquer forma que se veja, o empregador recusa-se intencionalmente a contratar pessoas que se candidataram, em parte devido ao sexo do indivíduo afetado, mesmo que jamais descubra o sexo de nenhuma das pessoas candidatas.[13]

O esforço de Trump para definir o sexo com base na biologia e na anatomia foi também rejeitado pela equipe da *Nature*, cujo editorial publicado em 30 de outubro de 2018 deixou claro que a definição proposta por Trump carecia de qualquer base científica[14]. A revista chamou a definição proposta por Trump de

> uma ideia terrível que deveria ser eliminada. Ela não tem fundamento científico e anularia décadas de progresso na compreensão do sexo – uma classificação baseada em características corporais internas e externas – e do gênero, uma construção social relacionada com diferenças biológicas, mas também enraizada na cultura,

---

[12] A discriminação com base no sexo pode incluir referência ao sexo que se presume ser o de uma pessoa, em função de sua aparência ou estatuto jurídico, ou ao sexo que a pessoa afirma através de uma mudança de condição. Em nenhum dos casos o sexo é garantido por referências biológicas, embora pressupostos preconceituosos sobre as capacidades das mulheres, baseados em pressupostos biológicos falhos, certamente valham como discriminação sexual.
[13] Bostock vs. Clayton County, cit., p. 19.
[14] "Anatomy Does Not Define Gender", *Nature*, v. 563, 1 nov. 2018, p. 5.

nas normas sociais e no comportamento individual. Pior ainda, solaparia os esforços para reduzir a discriminação contra as pessoas transgênero e aquelas que não se enquadram nas categorias binárias de homem ou mulher.

*

Faz sentido se questionar por que os juízes Roberts e Gorsuch favoreceram a ampliação das proteções contra a discriminação sexual a gays, lésbicas e pessoas trans, dado que votaram para privar mulheres e demais pessoas gestantes do direito ao aborto quando a Corte revogou a decisão Roe vs. Wade*. O primeiro caso diz respeito à igualdade de tratamento, mas o último, aos direitos de privacidade e ao interesse do Estado em restringir as liberdades reprodutivas anteriormente protegidas. A decisão da Corte no caso Dobbs vs. Jackson deixa claro que o Estado tem mais direitos sobre a gravidez que uma mulher ou, aliás, qualquer outra pessoa que queira ter acesso a um aborto para interromper uma gravidez. A imagem de uma liberdade excessiva que deve ser restringida, já alvo do movimento antigênero, também aparece aqui, ecoando a convicção católica e evangélica de que o direito ao aborto, assim como os direitos trans e o direito de pessoas gays e lésbicas ao casamento, são todos formas de liberdade falsas, ilegítimas ou excessivas, cuja restrição pelo Estado e por sua autoridade implicitamente patriarcal é justificada. Evidentemente, a linguagem da resolução apenas sugere a influência da crítica religiosa à "ideologia de gênero", mas os vestígios estão claramente presentes, especialmente no voto de concordância com ressalvas de Clarence Thomas.

Thomas advertiu que a anulação de Roe vs. Wade era apenas a primeira de outras sentenças que viriam, e que as principais resoluções da Suprema Corte baseadas na doutrina da privacidade introduzida pelo caso Griswold vs. Connecticut (1965) estariam a partir de então vulneráveis à revogação: tais sentenças garantiam o casamento homoafetivo, os direitos de acesso à contracepção e ao aconselhamento médico sobre ela, e a erradicação da punição

---

* Roe vs. Wade foi um caso julgado pela Suprema Corte dos Estados Unidos e concluído em janeiro de 1973, quando os ministros decidiram, por 7 votos a 2, que as leis antiaborto do país violavam o direito constitucional à privacidade, ao impedir a mulher de interromper sua gravidez. Essa decisão garantiu o direito ao aborto nos Estados Unidos, obrigando à revogação ou reformulação de diversas leis estaduais. Em junho de 2022, porém, a Corte julgou o caso Dobbs vs. Jackson, determinando que a Constituição dos Estados Unidos não confere o direito ao aborto, anulando, assim, a decisão de Roe vs. Wade. (N. T.)

criminal para quem se envolvesse no que a lei chamava de "sodomia"[15]. Um lema que passou a circular nas redes sociais e recentemente foi repetido pelo governador da Califórnia, Gavin Newsom, alerta contra o plano de Thomas: "Eles estão atrás de você!". Temeroso de que a resolução no caso Dobbs fosse apenas a primeira das que se esperaria de uma Corte de direita, o Congresso dos Estados Unidos aprovou rapidamente um projeto de lei que protege o casamento homoafetivo, embora esse direito continuasse protegido naquele momento. A maioria considerou que a sentença da Corte no caso Dobbs vs. Jackson expande e reforça "o interesse do Estado" no feto, anulando quaisquer direitos que uma pessoa gestante tenha à sua própria liberdade e integridade corporal. O poder do Estado sobre as mulheres, sua sexualidade, sua liberdade e seu direito a atendimento de saúde tornou-se agora francamente assustador e grotesco. Quando o ministro Thomas recomendou que era preciso "reconsiderar todos os precedentes do devido processo legal substantivo desta Corte, incluindo os casos Griswold, Lawrence e Obergefell", ele estava alegando que certas liberdades – o direito a oferecer e receber aconselhamento sobre opções reprodutivas (Griswold), o direito a atos de sodomia (Lawrence) ou o direito a casamentos homoafetivos (Obergefell) – podem ser legitimamente restringidas ou retiradas pelo poder estatal.

Os direitos do devido processo legal substantivo são estabelecidos pela 5ª e pela 14ª Emendas à Constituição dos Estados Unidos e referem-se a liberdades que não devem ser infringidas por nenhuma autoridade estatal. Geralmente são considerados de natureza privada ou pessoal, ou pertencentes à liberdade dos indivíduos. Embora a sodomia, o aborto e o controle da natalidade não sejam mencionados na Constituição, eles foram considerados atividades protegidas pelos tribunais que aplicaram esses princípios em tais casos precisamente porque são pessoais e privados e dizem respeito à liberdade individual. Por isso, quando o ministro Samuel Alito alega que não consegue encontrar o termo "aborto" na Constituição ou o ministro Thomas afirma que nenhum desses direitos relacionados pode ser nela encontrado, eles recusam a aplicação de direitos abstratos a questões sociais concretas que a Constituição não previu nem poderia prever em suas formas atuais. Por um lado, os conservadores tornaram-se ativistas, procurando frustrar ou promover certas plataformas políticas. Por

---

[15] Essa discussão do caso Dobbs foi publicada com alterações no blog da Verso em junho de 2022. Ver Judith Butler, "What Clarence Thomas Said", *Verso Blog*, 27 jun. 2022; disponível on-line.

outro, perseveram em sua pauta por meio de uma literalidade espantosa que, no caso de Bostock, funcionou relativamente bem para os direitos de pessoas trans, gays e lésbicas, mas no de Dobbs devastou a liberdade reprodutiva.

Um motivo para não descartar a ameaça expressa na opinião concorrente de Thomas como a voz única de um caso atípico é que já faz algum tempo que a Corte tem enviado sinais ambíguos sobre suas intenções. Ativistas de movimentos pelos direitos reprodutivos sabem dessa ameaça há anos, e Thomas agora simplesmente carrega a tocha que lhe foi passada por evangélicos conservadores.

O caso Planned Parenthood vs. Casey (1992) afirmou o princípio básico de Roe vs. Wade de que as mulheres tinham o direito de exercer sua própria escolha, sem intervenção estatal, sobre a questão do aborto e sustentou que os estados não podem proibir o aborto antes do momento em que um feto poderia sobreviver fora do útero – cerca de 23 semanas de gestação. Nessa decisão de 1992, a corte afirmou os princípios básicos do caso Roe, mas lançou dúvidas sobre seu estatuto jurídico. Ali, a Corte expressou claramente que não estava pronta para tomar uma "decisão tão impopular" – revogar Roe –, embora lançasse dúvidas sobre a principal conclusão de Roe, a de que o aborto é justificado pelo recurso à Cláusula do Devido Processo Legal. Os juízes não reconheceram a "liberdade" das mulheres – Alito acrescenta agora essas aspas sarcásticas – de interromper a gravidez como uma liberdade a ser protegida dos poderes do Estado, e afirmaram o interesse legítimo do Estado na vida do feto. A Corte se recusou a agir, trinta anos atrás, de acordo com suas conclusões naquele caso, mas o comentário dos juízes com certeza anteviu o que os conservadores agora chamam de a decisão mais "corajosa" do caso Dobbs: revogar Roe.

Se Thomas conseguir o que quer, e se ele falar abertamente sobre uma pauta conservadora que outros ainda não reivindicaram como sua, vários movimentos sociais verão a anulação, em nível federal, de alguns dos seus direitos mais arduamente conquistados e indispensáveis. Os direitos de igualdade, liberdade e justiça permanecem direitos abstratos até que sejam implementados em circunstâncias históricas concretas, forçados a responder e a determinar novas realidades sociais ao longo do tempo. Quando perguntamos se o direito de ser livre inclui o direito de se casar livremente com alguém do mesmo gênero, dizemos que sim e, ao fazê-lo, alargamos e expandimos nossa ideia de liberdade. Ou, ao rever a história da emancipação de pessoas escravizadas, especialistas geralmente concordam que as ideias de liberdade formuladas antes da emancipação estavam restritas aos brancos proprietários de terras e escravizadores – com base na desigualdade racial generalizada – e, por isso, tinham de ser repensadas. Felizmente, nossas ideias de liberdade mudaram ao longo do tempo, e cabe aos tribunais reconsiderar e reformular a liberdade em resposta a desafios históricos legítimos que expuseram as desigualdades e os apagamentos incorporados em concepções anteriores de liberdade[16]. No caso Obergefell, a Corte afirma que os direitos fundamentais não surgem exclusivamente de "fontes antigas isoladas", mas devem ser vistos à luz da evolução das normas sociais. A história faz, invariavelmente, parte dos processos de tomada de decisão. A resolução crucial que estabeleceu o direito ao casamento homoafetivo alertou contra a fundamentação da lei em práticas tradicionais tais que proibiriam as parcerias não tradicionais de reivindicar direitos iguais. Aqui, como em outros momentos, os conservadores questionaram se as novas liberdades deveriam realmente valer como "liberdade". E estamos vendo como a Corte, o instrumento judicial mais poderoso dos Estados Unidos, está agora defendendo os interesses do Estado em decisões reprodutivas acima de qualquer reivindicação que mulheres e demais pessoas gestantes possam ter.

Alito coloca "liberdade" entre aspas, o que implica que qualquer reivindicação de liberdade que apoie o direito ao aborto é uma falsa liberdade. Trata-se de uma liberdade errônea, uma falsa noção de liberdade, esta que as mulheres invocam, que todas as pessoas gestantes invocam, sem que tenham o direito de fazê-lo. Elas têm de ser impedidas de exercer essa forma excessiva e perigosa de liberdade, e é precisamente isso que cabe à Corte. Vimos como a liberdade foi ridicularizada e condenada pelo Vaticano em relação às formas de gênero que ultrapassam o binário, como a liberdade acadêmica tem sido rejeitada como dogma (quando tem sido, na realidade, rejeitada dogmaticamente como tal) e como a liberdade de determinar sua própria nova atribuição de sexo é considerada errônea e excessiva. A liberdade de determinar um futuro reprodutivo é explícita e parcialmente negada pela revogação do caso Roe vs. Wade. Em momentos como esses, é importante perceber quantas lutas pela liberdade estão sendo depreciadas e destruídas por aqueles que pretendem aumentar os poderes do Estado, ajudados e encorajados pela alegação de que as liberdades coletivas que procuram efetivar a democracia de forma mais radical são um perigo para a sociedade, cujo direito ou "liberdade" deve ser restringida por medidas cada vez mais autoritárias. Por que a liberdade é tão assustadora?

---

[16] Ver Orlando Patterson, "Freedom, Slavery, and the Modern Construction of Rights", em Hans Joas e Klaus Wiegant (orgs.), *The Cultural Values of Europe* (Liverpool, Liverpool University Press, 2008), p. 115-51.

Será mesmo essa a questão? Ou seria então: como se fez com que a liberdade parecesse tão assustadora a ponto de as pessoas se sentirem desejosas por um governo autoritário?

*

Podemos considerar cada uma dessas questões como separadas, e há boas razões para fazê-lo. Os debates sobre aborto e atribuição de sexo são diferentes, assim como o da discriminação sexual e o do controle estatal sobre a educação. Os argumentos contra o aborto, no entanto, podem ser usados contra uma série de decisões que partem do princípio de que novos direitos emergem de novas condições sociais relativas à sexualidade, ao gênero, à união íntima e à liberdade reprodutiva. A questão não é que a direita perseguirá o aborto primeiro, o casamento homoafetivo em segundo lugar e a contracepção em terceiro. Não, o referencial jurídico que está surgindo ataca a própria ideia de novas formações históricas de liberdade (e igualdade) e procura restringir a liberdade em favor da restauração da ordem patriarcal, com o apoio da lei federal, mas também em favor das finanças corporativas e da religião. A difamação, como abusadoras ou assassinas, de mulheres que procuram o aborto ecoa o ataque à educação sexual em estados como Flórida, Texas e Oklahoma, onde docentes que considerem gênero e sexualidade temas de sala de aula agora são acusados de abuso, ou os pais que buscam cuidados de saúde para suas crianças trans estão sujeitos a ser denunciados às autoridades governamentais por prejudicarem as crianças. Em cada um desses casos, "o interesse do Estado" é ampliado pela erradicação das liberdades fundamentais, aquelas que pertencem a mulheres, pessoas trans, pessoas queer, profissionais da educação e da pesquisa, responsáveis pela formulação de políticas públicas e parlamentares que trabalham por maiores liberdades sociais e igualdade. A expansão e a priorização do interesse do Estado nesses casos são outra forma de descrever o autoritarismo emergente e baseiam-se na representação das lutas pela liberdade como espaços de perigo, mais especificamente, como ameaças de fazer mal às crianças.

Se pensarmos que o ataque ao gênero é objeto de preocupação de um único movimento, não conseguimos compreender que as "regras baseadas no sexo" ainda são formas de normatividade de gênero. Sim, a Suprema Corte estava certa ao compreender que a discriminação com base no sexo pode perfeitamente dizer respeito às mulheres designadas mulheres no nascimento, aos homens que são feminizados no trabalho e sofrem com isso (caso Oncale vs. Sundowner) e às pessoas trans que mudaram de sexo e, como consequência, sofreram discriminação. Mas expandir o que é legalmente considerado discriminação sexual não é o mesmo que expandir o que é considerado liberdade. A luta para obter o reconhecimento das liberdades coletivas – incluindo aquelas que garantem justiça reprodutiva e racial, igualdade e liberdade de gênero – está sendo ativamente desmantelada por Estados que assumem um maior controle policial e securitário sobre os movimentos da população, sejam eles a passagem de migrantes ou aglomerações populares nas ruas. Ao mesmo tempo que a Suprema Corte zomba da "liberdade" para as mulheres, ela também expande a liberdade de expressão das empresas, como demonstrou Wendy Brown[17]. Uma vez que compreendemos essas tendências e percebemos como as lutas coletivas são transfiguradas, rebaixadas e negadas, não faz sentido separar as lutas de pessoas trans e queer da luta do feminismo e dos direitos das mulheres à igualdade social e econômica, e dos direitos de todas as pessoas gestantes de confiar nos serviços governamentais e permanecer livres de restrições estatais paternalistas às suas liberdades. Uma aliança contra um poder cada vez mais autoritário é ao mesmo tempo uma crítica a seu paternalismo, que despoja mulheres de sua liberdade e pessoas trans de seus poderes de autodefinição e direitos a recursos educativos e cuidados de saúde, além de privar de apoio psicológico e médico todas as pessoas que sofrem com a imposição de normas de gênero indesejadas e coercivas.

E, no entanto, essas liberdades fundamentais não podem ser retiradas sem a demonização do próprio exercício da liberdade, ridicularizando o novo uso da linguagem para facilitar a liberdade e expressão de gênero ou a busca de cuidados de saúde que permitam às pessoas viver e respirar sem medo, tanto nas ruas como nas instituições das quais dependem, sejam estas educacionais, religiosas ou médicas. Não adianta nos dispersarmos por nossos próprios cantos identitários, agarrando-nos a uma pauta em detrimento de outras. Este é um momento para nos aliarmos em eixos bastante diferentes daqueles que a direita preparou para nós. Isso significa que as feministas se unem às pessoas trans, que ativistas do casamento homoafetivo se unem a quem luta por bares e espaços comunitários queer e trans, que a saúde reprodutiva está em todas as pautas para todos os tipos de mulheres, homens e pessoas não binárias, assim como

---

[17] Wendy Brown, *Nas ruínas do neoliberalismo: a ascensão da política antidemocrática no Ocidente* (trad. Mario Antunes Marino e Eduardo Altheman Santos, São Paulo, Politeia, 2019).

as proteções contra a violência sexual e de gênero. E nada disso funcionará se não conseguirmos perceber como as pessoas mais afetadas por essas novas formas de privação de direitos são as pessoas empobrecidas e não brancas nos estados "não livres", isto é, onde o aborto foi criminalizado.

Os poderes autoritários do presente dependem da intensificação das paixões, alimentando o medo e redirecionando-o como ódio, moralizando o sadismo e imaginando suas formas próprias de destruição como promessas de redenção. Se a direita desperta paixões, incluindo formas moralistas de ódio, para consolidar e externar as ameaças representadas pelo gênero e pela raça, onde encontramos as paixões que movem a esquerda? Muitas vezes expressamos nosso horror quando as maiorias eleitorais levam pessoas autoritárias ao poder, quando o fascismo se torna uma posição aceitável e nazistas encontram assentos em parlamentos dos países europeus. O autoritário que comanda uma maioria eleitoral alimentando o medo de uma "invasão" cultural ou do "terrorismo" pode ser eleito precisamente porque defende o poder brutal e o nacionalismo inflexível. Sabemos desmontar os argumentos e expor a retórica, mas a que paixões apelamos e como abordamos os medos descobertos e provocados pela direita? Quais são, enfim, as paixões que podem reunir os movimentos atingidos de forma mais eficaz que aquela que se volta contra nós? Se não conseguirmos nos unir e promover visões mais convincentes do mundo em que queremos viver, estaremos certamente perdidos. Para isso, precisamos saber por que estamos lutando, e não apenas contra o que estamos lutando. E se incorrermos em formas de guerra destruidora quando a solidariedade é mais necessária, não conseguiremos aproveitar a oportunidade para formar novas solidariedades e enfrentar os desafios das estruturas autoritárias e das paixões fascistas. A solidariedade exige conviver com antagonismos que nem sempre podem ser resolvidos; conviver, em outras palavras, com o insolúvel, permanecer na luta contra essas formas de poder – capitalista, racista, patriarcal, transfóbica – que negariam nossas vidas e liberdades fundamentais, que de uma só vez nos privariam da linguagem, do desejo e da capacidade de respirarmos e nos locomovermos. Mesmo que não possamos deixar nossas diferenças de lado, devemos carregá-las, discutindo-as ao mesmo tempo que forjamos uma solidariedade para o futuro, pois, com certeza, uma das tarefas mais urgentes é a de discernir e intensificar os poderes de coalizão para garantir formas de liberdade e igualdade indispensáveis para qualquer democracia futura digna desse nome. Não faz sentido imitar a transfobia da direita em nome do feminismo, alimentando ainda mais o fantasma, pois o que é necessário agora é uma aliança que reconheça e fortaleça as interdependências que nos são imprescindíveis para viver. Contra a paixão pelo autoritarismo, poderíamos talvez apresentar outro desejo, aquele que quer liberdade e igualdade de modo suficientemente apaixonado para que possa permanecer na luta.

5.
Feministas radicais transexcludentes e as matérias de sexo britânicas

Quão crítico é o feminismo que critica o gênero?

Seria errado presumir que o movimento contra a ideologia de gênero assumiu uma forma única, tal como aparenta em diferentes regiões e países. Embora algumas redes religiosas e digitais conectem regiões diferentes, a constituição e o propósito dos movimentos antigênero se diferenciam conforme sejam gerados pela Igreja católica, pela Igreja Ortodoxa Russa, pelo sistema político evangélico dos Estados Unidos ou pelas igrejas pentecostais da África. Há também objeções ao "gênero" no interior de Estados muçulmanos, do judaísmo ortodoxo e de contextos seculares. No Reino Unido, a emergência de feministas que se opõem ao "gênero" – quase uma contradição em termos – dificultou todos os esforços para compreender o movimento antigênero como um movimento religioso conservador, embora a propensão de certas feministas a permanecerem aliadas às forças de direita nessa questão pareça indiscutível. O debate entre as feministas que se autodenominam "críticas ao gênero" e as que insistem que as alianças feministas devem incluir pessoas trans e gênero queer tornou-se uma questão de intenso conflito público, intimidação, campanhas de censura e alegações de ambientes de trabalho hostis. O futuro de alguns departamentos acadêmicos foi colocado em dúvida na medida em que se passou a exigir que as administrações ouçam grupos de autodenominadas feministas que se opõem à "ideologia de gênero" no currículo e outros que defendem seus próprios métodos, pedagogia e investigação contra um inimigo que deveria obviamente ser um aliado.

Por mais doloroso que seja descobrir feministas que, tanto na universidade como nos meios de comunicação, citam e validam voluntariamente as caricaturas dos estudos de gênero feitas pela direita, vale a pena considerar o porquê de ser esse o lugar em que elas encontram suas alianças, apesar de certas diferenças óbvias. A diferença entre os dois campos parece girar em torno de questões sobre quem pode ser considerado mulher ou homem, mas também sobre o que tais campos chamam de "matéria" do sexo, termo que sempre traz à tona a matéria do corpo e as discussões que o corpo apresenta. Embora as militantes antigênero entre as feministas não sejam, em geral, materialistas no sentido marxista, elas batem na mesa à maneira positivista, insistindo que quem defende a ideia de "gênero" nega a realidade material do sexo.

Assim, estão em discussão duas questões cruciais sobre o feminismo. A primeira: a política feminista é uma política de aliança? Afinal, poucas feministas concentram-se apenas no gênero, uma vez que a categoria já está de antemão enredada em relações de raça, classe, posição geopolítica, idade, capacidade, religião e história. Todas essas matérias se encontram no local do gênero, afetando a materialidade do corpo e até mesmo sua inteligibilidade. Quem aceita a política feminista como uma política de aliança não só defende as mulheres como também se opõe a todas as formas de opressão que se cruzam, afirmando que as mulheres negras e marrons vivem na intersecção de opressões que se agravam mutuamente, que as mulheres sofrem frequentemente de discriminação econômica e pobreza, que suas situações devem ser enquadradas conforme as desigualdades hemisféricas, à deterioração ou ausência de condições de trabalho e de atendimento de saúde e à exposição a diferentes modalidades de violência e dispensabilidade.

Essas feministas, que proposital ou inadvertidamente tentam minar o "gênero", atacam as alianças das quais o feminismo participa, incluindo uma política de esquerda mais ampla que prioriza o enfrentamento da opressão de gênero, da exploração do trabalho das mulheres e a justiça sexual. As histórias extraordinárias do feminismo socialista e do feminismo negro no Reino Unido são apagadas pelas feministas antigênero a fim de enfocar uma única questão: por que o sexo importa. Infelizmente, para as militantes antigênero, a própria formulação – que deveria enviar uma mensagem unívoca, "o sexo é uma realidade material" – está inevitavelmente ligada a outra questão: por que essa insistência no sexo importa tanto agora? Por razões políticas, elas tentam separar o sexo da matéria política do sexo, por isso, não é de admirar que surja a questão: a que função política serve tal insistência neste momento?

Para compreender por que motivo os debates se tornaram tão inflamados no Reino Unido, é preciso compreender a forma como o gênero, e os estudos de gênero, são caricaturados, e por que os esforços acadêmicos para expor a falsidade dessa caricatura têm sido tantas vezes deixados de lado. Paradoxalmente, a oposição ao gênero como uma construção social baseia-se em uma construção de gênero que pode ser demonstrada não só como falsa mas também como hostil e inflamatória.

Enquanto outras regiões do mundo estão produzindo coalizões fortes, como a Ni Una Menos, na Argentina, que inclui grupos trans, feministas e LGBTQIA+ que se opõem ao racismo, ao extrativismo e às estruturas capitalistas de dívida, terror financeiro[1] e desigualdade econômica, a situação no Reino Unido é um exemplo de divisão e oposição radicais, de esforços para fechar programas de estudos de gênero e associar acadêmicas do campo dos estudos de gênero a cenários de abuso. As razões para essa divisão são muitas, mas o próprio governo tem alguma responsabilidade, pois pediu ao público que debatesse os detalhes dos cuidados de saúde trans enquanto ele procurava formular e depois rever suas próprias políticas de saúde.

As feministas críticas ao gênero procuram contestar a identidade trans, particularmente as reivindicações de mulheres trans, ao defender que o sexo é real e que o gênero é construído, querendo com isso dizer tanto falso como artificial. Essa posição se equivoca na compreensão de construção social, e espero mostrar o porquê disso adiante neste livro. Mas a ideia de que o gênero é uma falsificação ou "ideologia" é uma ideia que elas adotaram, ainda que isso signifique romper com uma história longa e internamente diversificada de compromissos feministas com o termo. Embora os debates públicos no Reino Unido tenham distinguido cada vez mais as feministas, por um lado, e as defensoras dos estudos de gênero, por outro, tal distinção é absurda e contribui para a divisão que as feministas radicais transexcludentes (Terfs*) procuram exacerbar. O estudo do gênero faz parte do feminismo e os debates sobre direitos trans e construção social se dá entre acadêmicas e ativistas que efetivamente representam diferentes posições feministas. Para o bem ou para o mal, uma vasta gama de posições pode ser denominada "feminista", e não faz sentido permitir que uma facção que tem a censura e a retirada de direitos entre seus objetivos reivindique o termo. Agir como se feminismo e gênero fossem opostos é aceitar os termos propostos pelas feministas transexcludentes, ou Terfs. Elas querem que sua visão particular represente todo o feminismo,

---

[1] Ver Lucí Cavallero e Verónica Gago, *Uma leitura feminista da dívida* (trad. Luísa Acauan Lorentz e Vitória Gonzalez Rodriguez, Porto Alegre, Criação Humana, 2022).

* Terf é a sigla em inglês para *trans-exclusionary radical feminist*. O termo tem sido empregado também em língua portuguesa como abreviatura de feminista radical transexcludente. (N. T.)

mas isso não pode acontecer, justificadamente. Trata-se de uma forma de feminismo que apoia ativamente a desrealização* das pessoas trans e se envolve em formas de discriminação que vão contra o compromisso com a igualdade que o feminismo tem defendido. Seria mais razoável concluir, portanto, que o feminismo transfóbico não é feminismo. Mas a verdade é: ele não deveria ser[2].

Com frequência, os termos públicos do debate desviam-se do fato de que muitas pessoas trans e suas aliadas são feministas, e que as posições transexcludentes representam uma forma de discriminação que quem as defende rejeitaria vigorosamente, caso fosse dirigida contra si. Tal como os esforços da direita para privar as pessoas trans de seus direitos de autodefinição, a mais cruel das posições transexcludentes também nega o direito de autoatribuição a mulheres e homens trans e escolhe como alvo trabalhadoras do sexo, cujos direitos de organização para obter atendimento de saúde e proteção contra a violência deveriam ser parte central de qualquer pauta feminista. Ao negar a realidade das vidas trans, as Terfs reivindicam direitos de propriedade sobre as categorias de gênero, especialmente a categoria mulheres, mas as categorias de gênero não são uma propriedade e não podem ser uma posse. As categorias de gênero precedem e excedem nossa vida pessoal. Categorias têm vidas sociais e históricas que não são iguais às que temos na condição de criaturas vivas. As categorias nos precederam e passam a nos influenciar quando recebemos um nome e uma atribuição de sexo, como aconteceu com a maioria de nós. Contudo, quando recebemos uma denominação de gênero, somos inseridos em uma classe de pessoas assim denominadas e, se mudamos nossa denominação, passamos para outra categoria cuja história ninguém possui individualmente. As categorias de gênero mudam ao longo do tempo, e o feminismo sempre se baseou no caráter historicamente mutável das categorias de gênero para exigir mudanças na forma de definir e tratar as mulheres e os homens. Se essas fossem categorias atemporais, não poderiam ser redefinidas, o que implicaria que tudo o que a categoria "mulheres" já significou ela significaria para sempre. Isso

---

* Desrealização refere-se, aqui, a um dos transtornos dissociativos descritos no 5º Manual Diagnóstico e Estatístico de Transtornos Mentais (DSM-V, na sigla em inglês), o transtorno de despersonalização/desrealização, e caracteriza-se por uma desconexão consigo (despersonalização) ou com o ambiente e as pessoas ao redor. Os transtornos dissociativos afetam a memória e a relação do indivíduo com as próprias emoções e identidade. Estão frequentemente associados à experiência de abusos e maus-tratos. (N. T.)

[2] Alyosxa Tudor, "The Anti-Feminism of Anti-Trans Feminism", *European Journal of Women's Studies*, v. 30, n. 2, 2023, p. 290-302.

jogaria o feminismo e a história na lata de lixo. A descrição de Joan W. Scott de 1988 permanece mais que aplicável: "'Homem' e 'mulher' são, ao mesmo tempo, categorias vazias e transbordantes. Vazias, porque não têm nenhum significado último, transcendente. Transbordantes, porque mesmo quanto parecem estar fixadas, ainda contêm dentro delas definições alternativas, negadas ou suprimidas"[3].

Se tais categorias fossem entendidas como formas de propriedade pertencentes a indivíduos ou classes, as relações de propriedade – e o capitalismo – já teriam capturado antecipadamente o referencial em que procuramos a mudança. A negação dos direitos trans à autodeterminação devolve as pessoas trans a seus nomes mortos, negando sua existência, ao mesmo tempo que alega, de forma paternalista, conhecer a verdadeira realidade existencial das pessoas trans melhor que elas mesmas.

Para ser mais precisa, algumas feministas transexcludentes autodenominam-se feministas "críticas ao gênero" porque, segundo elas, a política antitrans não está no centro de suas preocupações. Uma das principais defensoras do feminismo "crítico ao gênero", Holly Lawford-Smith, argumenta que é o sexo, e não a identidade trans, que está no centro de sua preocupação, pois a opressão com base no sexo sempre foi a marca distintiva daquilo que as feministas críticas ao gênero agora chamam de "feminismo radical", vendo a si mesmas como a encarnação contemporânea dele[4]. Lawford-Smith enumera várias feministas radicais como precursoras do feminismo "crítico ao gênero", incluindo Ti-Grace Atkinson, Andrea Dworkin e Catharine MacKinnon, mas as provas fornecidas para embasar essa afirmação não contam a história toda. O relato de MacKinnon sobre o caso Oncale vs. Sundowner (1997) e tanto as experiências literárias de Dworkin quanto a publicação de um depoimento dela sobre sua aliança com pessoas trans contestam a afirmação de que essas duas feministas são antigênero e antitrans, respectivamente[5]. Dworkin escreveu: "Somos, claramente, uma espécie multissexual cuja sexualidade se espalha ao

---

[3] Joan W. Scott, "Gender: A Useful Category of Historical Analysis", em *Gender and the Politics of History* (Nova York, Columbia University Press, 1988), p. 49. [Ed. bras.: "Gênero: uma categoria útil de análise histórica", *Educação & Realidade*, v. 20, n. 2, jul.-dez. 1995, p. 93.]

[4] Holly Lawford-Smith, "What Is Gender Critical Feminism (And Why Is Everyone So Mad About It?)", *Hollylawford-smith.org*, 2 set. 2020; disponível on-line.

[5] John Stoltenberg, "Andrea Dworking Was a Trans Ally", *Boston Review*, 8 abr. 2020; disponível on-line.

longo de um vasto *continuum* em que os elementos chamados macho e fêmea não são descontínuos"*. Talvez possamos ao menos admitir que, na história do feminismo radical, há quem não subscreva a tese do dimorfismo biológico. Na verdade, o legado transafirmativo no interior do feminismo radical foi colocado em primeiro plano como o precursor inestimável do "trans*feminismo", na formulação de Jack Halberstam[6].

Curiosamente, Lawford-Smith recorre a MacKinnon para construir seu ponto de vista, mas MacKinnon foi clara quanto ao fato de que o gênero é produzido por meio de formas de poder patriarcal e poderia mudar quando essas formas de poder fossem contestadas. Lawford-Smith observa acertadamente que MacKinnon apresentou uma crítica ao essencialismo na seguinte declaração:

> Como o poder masculino criou na realidade o mundo ao qual se referem as percepções feministas, quando estas são precisas, muitas das nossas declarações vão capturar essa realidade [...]. uma mulher "é" aquilo que se *fez* a mulher "ser" [...]. Se o poder masculino faz o mundo como ele "é", teorizar essa realidade exige capturá-la para submetê-la à crítica e, portanto, à mudança [...].**

Aqui entendemos que a crítica está ligada à *mudança* e não apenas a uma atividade de desmascaramento. Mas também que o gênero é produzido por meio de determinadas estruturas de poder, o que, sinto muito, significa que o gênero é construído. À medida que o poder é contestado e desafiado, o gênero também

---

* Andrea Dworkin, *Woman Hating: A Radical Look at Sexuality* (Nova York, E. P. Dutton, 1974), p. 183. (N. E.)

[6] "Os sentimentos que [Janice] Raymond expressou em *The Transsexual Empire* [O império transexual] representavam apenas um grupo bem pequeno – embora eloquente e poderoso – de mulheres dos anos 1970 que também incluía Sheila Jeffreys e Mary Daly. De forma trágica, essa antipatia entre algumas feministas da segunda onda e as mulheres trans* delineou a arena do ativismo trans* contemporâneo, constituindo um obstáculo para construir uma coalizão nos Estados Unidos. Isso ocorreu à custa da aproximação com as muitas feministas radicais das décadas de 1970 e 1980 que, como Andrea Dworkin, não viam as mulheres trans*como inimigas, que compreendiam que a categoria 'mulher' incluía as mulheres trans* e até, em alguns casos, defendiam hormônios e cirurgia gratuitos"; ver Jack Halberstam, "Toward a Trans*Feminism", *Boston Review*, 18 jan. 2018, e "Trans* – Gender Transitivity and New Configurations of Body, History, Memory and Kinship", *Parallax*, v. 22, n. 3, 2016, p. 366-75.

** Catharine MacKinnon, *Feminism Unmodified* (Cambridge, MA, Harvard University Press, 1987), p. 59. (N. E.)

muda e, eu acrescentaria, as transformações do gênero podem efetivamente ser uma forma de contestar o poder patriarcal. A passagem que Lawford-Smith escolhe para mostrar que as feministas "críticas ao gênero" não são essencialistas pressupõe que MacKinnon está do seu lado, mas o legado de MacKinnon sobre gênero, trabalhando dentro de um referencial marxista, na verdade é bastante diferente. MacKinnon estava enfaticamente desinteressada no que uma mulher é, a não ser pela forma como ela é tratada, e nunca pensou que teríamos de responder a essa questão para promover a jurisprudência feminista. Dentro da lei, ao menos, o sexo torna-se uma questão de tratamento específico, incluindo danos específicos. Oncale vs. Sundowner (1997) é um caso em que um homem chamado Oncale, tratado como afeminado por seus assediadores no trabalho, argumentou que estava em uma posição que lhe possibilitava, segundo a lei de assédio sexual, abrir um processo por ter sido prejudicado por discriminação sexual. Embora alguns tribunais tenham argumentado que o assédio sexual ocorre, por definição, quando homens assediam mulheres, MacKinnon, uma das autoras fundadoras da lei sobre assédio sexual, discordou:

> Se os atos são sexuais e prejudicam um sexo, eles são baseados no sexo, independentemente do gênero e da orientação sexual das partes. A resolução do Tribunal da Quinta Região ora em discussão baseia-se em concepções equivocadas da natureza de gênero do abuso sexual de homens, particularmente sua conexão com a desigualdade das mulheres em relação aos homens e de gays e lésbicas em relação a heterossexuais. O estupro praticado por homens – seja a vítima homem ou mulher – é um ato de dominação masculina, o que marca tais atos como obviamente baseados no gênero e torna incontestável o acesso de Joseph Oncale aos direitos de igualdade sexual.[7]

Citando a obra de Judith Lorber sobre gênero na década de 1990, MacKinnon ainda oferece sua própria versão da matriz heteronormativa dentro da qual o gênero binário tradicional foi estabelecido: "O gênero de uma pessoa com quem se faz sexo, ou com quem se supõe que se tenha feito sexo, é um elemento poderoso para saber se alguém é considerado mulher ou homem na sociedade"[8]. Consideremos, agora, esta afirmação retirada de "Feminism, Marxism, Method, and the State" [Feminismo, marxismo e o Estado] (1982):

---

[7] Catharine A. MacKinnon, "Amici Brief for Petitioner", reimpresso em *UCLA Journal of Gender and Law*, v. 8, n. 9, 1997, p. 15.

[8] Ibidem, p. 32.

"A sexualidade, então, é uma forma de poder. O gênero, por ser construído socialmente, incorpora-a, não o contrário. Mulheres e homens são divididos por gênero, transformados nos sexos *tal como os conhecemos*, pelas exigências sociais da heterossexualidade"*. Aqui, uma "feminista radical" mostra como uma análise da hierarquia sexual requer, na verdade, uma posição construtivista.

Ainda assim, havia muitas razões para contestar a leitura do caso Oncale por MacKinnon, conforme detalharam críticas como Katherine Franke ou Janet Halley em "Sexuality Harassment" [Assédio sexual][9]. Mas estas críticas divergem quanto à forma como o gênero deve ser entendido e não quanto ao uso em si. Nessa disputa, foram encontradas diferentes formas de pensar sobre o gênero, tanto do lado feminista radical, se é que se pode chamar MacKinnon assim, como nas posições queer e feministas representadas de maneiras distintas por Halley e Franke. MacKinnon estava, na verdade, trabalhando com um referencial feminista socialista quando articulou sua compreensão da sexualidade e do gênero. As questões são decididamente mais complexas do que as proponentes críticas ao gênero admitiriam. O problema com a perspectiva de MacKinnon não era o fato de ela considerar o gênero útil, e sim o de tê-lo utilizado para articular uma visão estática da dominação sexual dos homens sobre as mulheres, concluindo que os homens foram construídos em uma posição dominante e as mulheres em uma posição subalterna. O que MacKinnon não conseguiu reconhecer, contudo, é que os gêneros não permanecem ligados às condições heteronormativas da sua emergência nem a versões de sexualidade totalmente organizadas pela dominação masculina.

Se as feministas críticas ao gênero desejarem ser críticas, elas deveriam refletir um pouco sobre a história do termo "crítica" e seu lugar nas lutas pela transformação social. Uma crítica de algo não é simplesmente um modo de se opor a alguma coisa e pronto, ou de reivindicar sua abolição. Uma crítica da dominação masculina, por exemplo, mostra que a vida não precisa ser organizada por essa forma social. Com a crítica surge um novo modo de compreender o mundo, que pode ser essencial para as lutas pela transformação social e pela abertura de novos modos de vida possíveis. A crítica do binarismo de gênero,

---

* Catharine A. MacKinnon, "Feminism, Marxism, Method, and the State: An Agenda for Theory", *Signs*, v. 7, n. 3, 1982, p. 533. (N. E.)
[9] Ver Janet Halley, "Sexuality Harassment", em Janet Halley e Wendy Brown (orgs.), *Left Legalism/Left Critique* (Durham, NC, Duke University Press, 2002); Katherine M. Franke, "What's Wrong with Sexual Harassment", *Stanford Law Review*, v. 49, 1997, p. 735-6.

por exemplo, não afirmava que "mulheres" e "homens" estavam superados e eliminados. Pelo contrário, ela questionava por que o gênero está organizado desse modo e não de outro. Era também uma forma de imaginar viver de outra maneira. A crítica ao binarismo de gênero acabou dando origem a uma proliferação de gêneros para além das versões binárias estabelecidas – e para além da hierarquia de gênero a que o feminismo justificadamente se opõe. De fato, não há razão para nos aliarmos a posições que se opõem ao "gênero" a fim de restaurar a ordem patriarcal e a hierarquia de gênero. E, no entanto, a continuidade do discurso da "ideologia antigênero" coloca as "feministas radicais" contemporâneas em uma posição de lamentável cumplicidade com os objetivos fundamentais do novo fascismo.

Para dizer a verdade, enquanto a direita se refere à sua posição como de "combate à ideologia de gênero", as feministas transexcludentes enfocam a "ideologia da identidade de gênero", talvez para marcar uma diferença, mas deixando o eco ressoar com políticas de direita, muitas vezes fascistas. As feministas transexcludentes atacam o conceito de gênero e reivindicam um regresso ao sexo, mas devemos então pressupor que a "identidade de gênero" capturou todo sentido possível de gênero, incluindo discussões, por exemplo, sobre a divisão do trabalho por gênero no interior do capitalismo, que certamente seriam relevantes para feministas dignas desse nome? Elas preferem "críticas ao gênero" a "transexcludentes" e "Terfs", mas compreenderam mal e distorceram a história e o significado de "crítica", por isso temos de usar "transexcludente". Quando argumentam que trans não é o problema, e sim "sexo", elas se referem ao sexo biológico, que, argumentam, está sendo apagado pela ideia de identidade de gênero (consideraremos essa questão do sexo biológico no próximo capítulo). A "ideologia da identidade de gênero" que elas atacam, no entanto, tem tudo a ver com a condição das pessoas trans. Lawford-Smith até revela que o que está em questão são realmente a identidade e as reivindicações trans, como admite em sua ressalva: "O feminismo crítico ao gênero não 'diz respeito' a trans. Diz respeito a sexo. Mas, como diz respeito a sexo, entra em conflito com a ideologia da identidade de gênero, que está no cerne do ativismo trans". Podemos concluir que no cerne do feminismo crítico ao gênero está um ataque ao cerne do ativismo trans. O silogismo permanece, apesar da retórica que transforma em ressalva o que ele afirma claramente.

O mais preocupante, no entanto, é a insistência em que o feminismo destrua seu próprio referencial à custa de todas as coalizões a que pertence e que constituem suas promissoras conexões com a justiça racial e as lutas antifascistas, entre outras. Será que o apelo de Bernice Johnson Reagon pelas difíceis coalizões chegou a ser incluído no plano de estudos "críticos ao gênero"? Foi nele que Reagon, dirigindo-se às mulheres negras que defrontavam o racismo feminista branco, elaborou a dificuldade e a necessidade de permanecer em coalizão com quem pode muito bem representar uma ameaça à sua vida. Foi nele também que os limites do feminismo radical, alheio às lutas contra a sujeição racial, foram decisivamente revelados para muitas de nós. Ao mesmo tempo que acreditam estar garantindo as bases para o feminismo ao pôr em foco o "sexo", elas se aliam a outros discursos raciais implicados nos discursos biológicos. Para Sophie Lewis, acadêmica e jornalista feminista, o feminismo radical transexcludente do Reino Unido é obcecado por "realidades biológicas" de modo a dar continuidade a "uma longa tradição do feminismo britânico de interagir com o colonialismo e o império". Ela salienta que impor o binarismo de gênero em bases "biológicas" serviu a objetivos convergentes de heteronormatividade e dominação colonial[10].

*

As feministas críticas ao gênero querem inverter o debate dentro do feminismo, reivindicando a propriedade do próprio termo. Sua oposição à legislação e aos currículos transafirmativos recorre ao mesmo tipo de discriminação e censura que está acontecendo na direita. À primeira vista, é impressionante e triste ver feministas se envolverem em atos de discriminação depois de tantos anos de luta por leis contra a discriminação sexual. É paradoxal ver que juízes conservadores da Suprema Corte asseguram os direitos trans contra a discriminação com base na legislação existente sobre discriminação sexual enquanto as feministas que reivindicam a propriedade das categorias de sexo exercem uma prerrogativa paternalista para despojar pessoas de seu direito à autodefinição com o objetivo de combater um ataque fantasmático à "condição da mulher".

As feministas transexcludentes afirmam que as mulheres trans não podem ser mulheres ou que talvez pertençam a uma ordem de mulheres de segunda classe. Fora isso, elas tirariam algo das mulheres assim designadas no nascimento. Quando as Terfs afirmam que seu gênero está sendo apropriado, admitem, na

---

[10] Ver Sophie Lewis, "How British Feminism Became Anti-Trans", *The New York Times*, 7 fev. 2019. Lewis menciona a obra de Enze Han e Joseph O'Mahoney, *British Colonialism and the Criminalization of Homosexuality* (Londres, Routledge, 2018).

verdade, que pensam em seu sexo como propriedade, algo que lhes foi roubado; mas, se elas continuam existindo nos gêneros que possuem, então, o que mudou exatamente? Será que algo foi realmente perdido ou retirado? A autodefinição é uma antiga prerrogativa feminista, então, por que abrir mão dela agora em nome de uma autoridade ao mesmo tempo paternalista e possessiva? É difícil compreender por que motivo a vida de uma mulher trans ameaça de alguma maneira a vida de uma mulher que manteve sua atribuição original de sexo. Trata-se de dois caminhos divergentes, mas um não anula o outro.

Infelizmente, o argumento antitrans avança um passo além, ao insistir que as mulheres trans são predadores do sexo masculino disfarçados, ou que poderiam sê-lo[11]. Nesse momento, a ideia de transfeminilidade é apresentada como um fantasma perigoso, na mesma linha que se vê no discurso de direita. Não se trata de pessoas que lutam para se autodenominarem, para viverem abertamente de acordo com o gênero de que são, solicitando direitos de acesso a atendimento de saúde e proteção legal contra a discriminação e a violência. Não, as mulheres trans aqui são predadores fantasmagóricos ampliados que exemplificam tudo o que há de mais perigoso na violência sexual masculina. Essa não é a primeira vez que feministas se aliam à direita. Vimos isso quando MacKinnon e Dworkin se aliaram às campanhas antipornografia, apoiando a direita cristã nos Estados Unidos bem no momento em que ela se voltou contra representações visuais lésbicas e gays tão importantes para esses movimentos[12].

As perspectivas de coalizão parecem, de fato, fracas quando tais reivindicações amplificam fantasmas que se fortalecem à medida que circulam. As redes sociais só pioram a situação, uma vez que as acusações e denúncias disseminam-se livremente, sem responsabilização pessoal, e reputações são despedaçadas com uma facilidade surpreendente. A debacle como um todo é particularmente alarmante, dado que as campanhas contra a ideologia de gênero na direita têm como alvo tanto o feminismo como os direitos trans, mobilizando a fantasia psicossocial de que grupos feministas e pessoas trans irão "matar crianças" ou abusar delas, que desafiarão o caráter imutável da "família natural" e se desviarão das hierarquias patriarcais. À medida que o debate se intensifica, outro ator entra em cena, aparecendo primeiro como mero ruído de fundo: o Estado amplia seus poderes regulatórios e disciplinares sobre a questão da

---

[11] Isso é válido não apenas para o Reino Unido, mas também para o Japão.
[12] Nan Hunter e Lisa Duggan, *Sex Wars: Sexual Dissent and Political Cultures* (Nova York, Routledge, 2006).

redesignação sexual, decidindo quais instituições podem oferecer cuidados de afirmação de gênero e quais serão os termos dos cuidados ou da patologização; o Estado amplia seu controle sobre as liberdades reprodutivas, restringindo os direitos de qualquer pessoa interromper uma gravidez; a máquina de guerra aumenta e, com ela, os ideais nacionais hipermasculinistas; os serviços sociais e a social-democracia são destroçados conforme as métricas neoliberais se tornam o único determinante de valor.

Como Trump, Orbán, Meloni, o Vaticano e todos aqueles da direita que recusam a autodeterminação como base para a redesignação sexual, as feministas transexcludentes argumentam que a mudança de gênero é um exercício ilegítimo da liberdade, uma extrapolação, uma apropriação, e por isso apoiam barreiras burocráticas, psiquiátricas e médicas ao exercício desse direito. O Vaticano pensava que eram os poderes criadores de Deus que estavam sendo roubados por ativistas do gênero; as feministas transexcludentes pensam que seus próprios corpos sexuados estão sendo apropriados por atores nefastos. E, no entanto, quando tudo se acalma, seus corpos ainda estão intactos, e nada lhes foi roubado. Muitas Terfs hesitariam em se identificar com a posição do Vaticano, mas suas crenças produzem o mesmo medo e repressão.

Por um lado, as pessoas trans, em especial as mulheres, encontram no feminismo radical contemporâneo uma negação de quem são, um esforço orquestrado para apagar a existência trans. Por outro lado, as feministas transexcludentes sustentam que sua propriedade legítima, seu sexo, está sendo tomado por "falsas" mulheres. Quem está realmente sendo prejudicada aqui? Na Espanha, as Terfs sustentam que "ser mulher não é um sentimento", procurando, com tal frase, desacreditar as mulheres trans que dizem se sentir mulheres. Essas feministas alegariam que ser mulher não é um sentimento, mas uma realidade. Para mulheres e homens trans, porém, ser mulher ou homem também é uma realidade, a realidade vivida em seus corpos. A categoria "mulher" não diz de antemão quantas pessoas podem participar da realidade que descreve nem limita de antemão as formas que essa realidade pode assumir. Na verdade, o feminismo sempre insistiu: o que é uma mulher é uma questão em aberto, uma premissa que permitiu às mulheres buscarem possibilidades que foram tradicionalmente negadas a seu sexo.

Mais importante ainda, o gênero não é simplesmente um atributo ou propriedade individual. Ninguém é dono do próprio gênero. Nascemos em gêneros mediante a atribuição de sexo e as expectativas sociais que a acompanham. Quem aceita esta afirmação como verdadeira aceita a ideia de gênero. É claro que algumas pessoas entre nós reivindicamos os gêneros que nos foram dados e, nesse sentido, nos tornamos do gênero que nos foi atribuído. Outras tentam expandir a categoria ou qualificá-la de certo modo, a fim de que ela funcione em sua vida. Outras, ainda, optam por uma designação diferente, que permite o tipo de florescimento que o gênero atribuído foracluiu. Pode-se reivindicar um gênero para si, mas este já excede inerentemente o domínio dessa pessoa. Ao dizer "sou uma mulher", submetemo-nos a uma categoria que não foi criada por nós. No entanto, tentamos torná-la nossa ao mesmo tempo que tudo isso acontece para além da lógica da propriedade.

*

As lutas mutuamente danosas entre acadêmicas e ativistas feministas e trans no Reino Unido parecem ser as mais turbulentas da vida contemporânea, exceto talvez pela Espanha, onde os direitos trans são debatidos na Assembleia Nacional. Enquanto outras regiões do mundo estão produzindo coalizões fortes, que incluem grupos trans, feministas e LGBTQIA+ que se opõem ao racismo, ao extrativismo e às estruturas capitalistas de dívida e desigualdade econômica, como Ni Una Menos, a situação no Reino Unido exemplifica uma divisão e oposição radicais, esforços para fechar programas de estudos de gênero e para associar acadêmicas desse campo de estudos a cenas de abuso. As razões para essa divisão particularmente extrema são muitas, mas o próprio governo tem certa responsabilidade, pois pediu ao público que debatesse os detalhes dos cuidados de saúde a pessoas trans enquanto procurava formular e depois rever as próprias políticas de saúde.

O Estado é um ator particularmente poderoso nesse cenário, tanto na Espanha[13], onde a lei trans foi debatida em 2023, como no Reino Unido, onde o debate tem acontecido desde que a Lei de Reconhecimento de Gênero foi aprovada em 2004, implementada em 2005 e revisada em 2018[14]. Essa lei permitia que indivíduos cobertos pelo Serviço Nacional de Saúde (NHS, na sigla em inglês) mudassem de sexo se fossem tratados e aprovados por um médico ou um psicólogo registrado. A lei do Reino Unido não previa pessoas

---

[13] Sandrine Morel, "Spain Approves Gender Self-Determination with 'Trans Equality Law'", *Le Monde*, 17 fev. 2023; disponível on-line.
[14] Parlamento Britânico, Gender Recognition Act 2004, *UK Public General Acts*, disponível em: <https://www.legislation.gov.uk/ukpga/2004/7/contents>.

não binárias (mantendo, assim, o sexo estritamente binário) e, mesmo depois de entrevistar milhares de pessoas em 2018 que solicitaram reformas substanciais, o governo se recusou a desmedicalizar o processo em prol de outro, que aceitasse a autodeterminação como critério suficiente (a exemplo do que ocorre na Noruega, na Argentina, em Malta e na Irlanda, além de alguns estados dos Estados Unidos). Na verdade, o procedimento atual do Reino Unido desafia um conjunto crescente de normas internacionais que sustentam que um simples ato de autodeterminação deve ser suficiente para alterar o estatuto jurídico de uma pessoa, e que submeter pessoas trans e pessoas gênero-queer a vigilância, inspeção, diagnóstico e patologização elaboradas é tanto desnecessário como prejudicial[15]. A escritora trans britânica Shon Faye explica:

> Dois anos depois da entrada em vigor da Lei de Reconhecimento de Gênero, um grupo de especialistas internacionais em direitos humanos reuniu-se em Yogyakarta, na Indonésia, para assinar os "Princípios de Yogyakarta". Os Princípios pretendiam estabelecer o padrão internacional para a igualdade e dignidade de todas as pessoas LGBTQ. O Princípio 31 convoca todos os Estados a adotarem um "mecanismo rápido, transparente e acessível" de reconhecimento da identidade de gênero das pessoas. Afirmam ainda que "nenhum critério de elegibilidade, tais como intervenções médicas ou psicológicas, diagnósticos médico-psicológicos, idade mínima ou máxima, condição econômica, saúde, estado civil ou parental, ou a opinião de qualquer terceiro seja um pré-requisito para que a pessoa possa mudar o seu nome, sexo juridicamente reconhecido ou gênero".[16]

Os anos subsequentes de debate sobre se o sexo pode, ou deve, ser redesignado e que tipos de cuidados de saúde, incluindo atendimentos psicológicos, jovens trans deveriam receber agravaram a situação no Reino Unido ao ponto da mania. Na disputa de 2022 pelo posto de primeiro-ministro, o Partido

---

[15] Princípios de Yogyakarta, disponível em <https://yogyakartaprinciples.org/>. [Ed. bras.: em *Princípios de Yogyakarta + 10*, 2017, disponível em: <https://www.mpf.mp.br/pfdc/midiateca/outras-publicacoes-de-direitos-humanos/pdfs/principios-de-yogyakarta-mais-10-2017-1/view>.]

[16] Shon Faye, "A Brief History of the Gender Recognition Act", *Vice*, 16 out. 2018; disponível on-line. Ver Stephen Whittle, "The Gender Recognition Act 2004", em James Barrett (org.), *Transsexual and Other Disorders of Gender Identity* (Oxford, CRC Press, 2007).

Conservador[17] e as feministas "críticas ao gênero" defendem muitas das mesmas opiniões sobre a redesignação sexual apresentadas por ativistas antiaborto, Vaticano, Trump, Orbán, Meloni e outros conservadores e nacionalistas de direita. É de se estranhar que os ataques ao gênero no Reino Unido sejam frequentemente empreendidos por feministas que se dissociam das alianças LGBTQIA+ ou desejam dissolvê-las onde elas existem (preocupando-se com o fato de as lésbicas sofrerem ao participar de coalizões, por exemplo)[18]. Elas desejam não apenas desacreditar a ideia de gênero em si mas também separar os estudos feministas dos estudos de gênero[19]. Temendo o apagamento e a expropriação, elas recusam alianças, imaginando-as como novas oportunidades para as hierarquias masculinistas prevalecerem.

Embora as feministas transexcludentes apresentem em sua crítica fundamentos distintos aos de seus homólogos da direita, eles partilham certos pressupostos. Por mais que possam desejar se desvincular dos estudos de gênero, ou provar que os pressupostos desses estudos estão errados, as Terfs na verdade são agregadas a eles pelas forças do crescente movimento contra a ideologia de gênero. As Terfs filiam-se involuntariamente às políticas de direita, algumas das quais abertamente fascistas, que contribuem para a fantasia psicossocial

---

[17] Quando estava atrás nas pesquisas, Rishi Sunak decidiu reunir o apoio da multidão, exclamando que a nova cultura *woke* torna impossível usar palavras simples como "mulher" ou "homem" ou "mãe" sem ofender alguém. A própria Liz Truss recusou-se a proibir a terapia de conversão trans, amplamente entendida como um protocolo cruel e prejudicial, se não um exemplo paradigmático de sadismo moral.

[18] Kathleen Stock, "I Came Out Late—Only to Find That Lesbians Had Slipped to the Back of the Queue", *The Guardian*, Londres, 12 mar. 2023.

[19] Após o anúncio da Gender Critical Network [Rede Crítica ao Gênero] na Open University [Universidade Aberta], muitas pessoas se perguntaram se essa universidade ainda poderia ser razoavelmente chamada de "aberta". S.J. Ashworth, ex-estudante da instituição, escreveu no *Medium*, em 18 de junho de 2021: "Assim como muitas pessoas, acredito que, se você vem atrás de qualquer um de nós, você vem atrás de todos nós. Isso não se aplica apenas à comunidade LGBTQ+, embora, claro, se aplique de forma mais profunda aí. As crenças críticas ao gênero – ou, como são mais comumente conhecidas, a transfobia – baseiam-se na misoginia. Estão sendo usadas como uma ferramenta não apenas para dividir e destruir a comunidade LGBTQ+ mas também para derrubar o feminismo. Elas atacam recorrendo a velhos medos e bichos-papões, ressuscitando os pânicos morais do passado e plantando sementes de desconfiança em cada fresta e recanto. 'Mulheres trans são todos homens predadores! Homens trans são apenas lésbicas confusas! Esses jovens confusos e suas novas modas de gênero fluido, demigênero, não binário seja o que for, tudo isso tem a ver com quão tóxicos os estereótipos de gênero se tornaram! Por que eles precisam de igualdade [...]'?"

do "gênero", e ainda assim, como feministas, também estão sob ataque das políticas de direita, em razão do modo como as visões feministas sobre reprodução e parentesco contestaram a família patriarcal. Em algum momento, elas terão de decidir se vão ou não se unir a outros grupos igualmente alvejados ou aprofundar as divisões entre aquelas pessoas cujas vidas acadêmica e política correm o risco de sofrer discriminação, violência e censura extrema.

A aliança entre as feministas antigênero e o ataque ao gênero feito pela direita reacionária merece uma discussão mais ampla, e abordarei essa questão controversa adiante, ao tentar defender novas coalizões e novos imaginários[20]. Por ora, basta observar que as feministas "críticas ao gênero" têm procurado impor novos currículos em suas universidades, minando décadas de estudos e investigação reconhecidos por associações acadêmicas internacionais como o campo de estudos de gênero[21]. Os esforços delas são divisionistas e, embora por vezes apresentem argumentos em defesa de seu ponto de vista, o caráter polêmico de suas posições sugere que não são tão ponderadas quanto deveriam ser. As Terfs culpam "ativistas trans" por serem estridentes e por seus ataques nas redes sociais, e algumas dessas ofensas e ameaças são certamente injustificadas e autodestrutivas. Ao mesmo tempo, elas parecem não compreender que estão pondo em xeque a própria existência daquelas pessoas com quem discutem. Não é o mesmo que simplesmente ter um ponto de vista diferente e uma discordância razoável, já que a posição das Terfs está anulando as alegações que as pessoas

---

[20] Christina Hoff Sommers, a conservadora crítica ao feminismo, foi a primeira a usar "feminismo de gênero" em 1994, até onde sei.

[21] A pesquisa crítica ao gênero procura desacreditar formas de estudos de gênero que se baseiam em teorias de construção social ou que questionam como a materialidade dos corpos passa a ter significado em contextos históricos. Embora tente libertar as instituições de ensino superior de uma "ideologia" que afirma ter prejudicado o campo dos estudos de gênero, esse ramo de pesquisa também foi acusado de se envolver em comportamento discriminatório contra pessoas trans e não binárias ao rejeitar o trabalho que teoriza a vida delas ou que questiona o modo como a lógica binária delimita as pesquisas sobre sexo. "Crítica ao gênero" parece ser sinônimo de transexcludente, razão pela qual muitas pessoas argumentam que seus principais objetivos são políticos e discriminatórios. Veja o argumento contra a discriminação na seguinte carta: "Letter to the Open University", Gender Critical Research Network, 29 jun. 2021, disponível em: <https://www.gendergp.com/open-university-letter-condemns-gender-critical-research-network/>. Para uma análise sobre o feminismo transexcludente e sua aliança com a direita global, ver Sophie Lewis e Asa Seresin, "Fascist Feminism: A Dialogue", *TSQ*, v. 9, n. 3, 2022, p. 463-79; e Hidenobu Yamada, "GID as an Acceptable Minority: or, The Alliance between Moral Conservatives and 'Gender Critical' Feminists in Japan", *TSQ*, v. 9, n. 3, 2022, p. 501-5.

trans fazem sobre sua vida, seus corpos e sua própria existência. Os argumentos delas estabelecem uma aliança talvez involuntária com grupos de direita que efetivamente fechariam clínicas de aborto, erradicariam o feminismo, restringiriam os direitos LGBTQIA+ e censurariam a teoria crítica da raça e os estudos étnicos[22]. No contexto das pessoas trans, as Terfs opõem-se a reivindicações básicas de autodeterminação, liberdade e autonomia, direitos de proteção contra a violência e direitos de acesso ao espaço público e atendimento de saúde sem discriminação, todos estes direitos pelos quais elas, como feministas, lutam e dos quais, de resto, dependem. Não é de admirar que pessoas que enfrentam essa tentativa de anulação existencial às vezes gritem. Não ajuda o fato de que as feministas "críticas ao gênero" descrevem suas oponentes como estúpidas, pessoas que sofrem de falsa consciência, são movidas pela moda, doutrinárias e até totalitárias, aliando-se aos objetivos retóricos da direita cristã. Justamente porque não pensam em coalizões nem se preocupam com a melhor forma de combater a ascensão da direita, elas se refugiam em reivindicações identitárias e proliferam medos infundados, contribuindo para o fantasma antigênero.

Embora essa minoria feminista tenha tendência a se opor ao que chama de "ideologia da identidade de gênero" e não siga exatamente o Vaticano ou a oposição evangélica, elas nunca deixam de se diferenciar daquelas reivindicações. Algumas se autodenominam conservadoras e picham de "*woke*", com o mesmo padrão reacionário, a "ideologia" de gênero como um todo. Às vezes, porém, identificam-se como feministas radicais, remontando a uma época em que "mulher" e "fêmea" eram termos sinônimos, e rejeitando a parcela do feminismo radical que se dedicava a compreender o gênero como categoria histórica, carregada de contexto, mas também portadora de ricos potenciais para o futuro[23].

Kathleen Stock, autora de *Material Girls* [Garotas materialistas], juntou-se a uma série de feministas críticas ao gênero para acusar de censura, pensamento de grupo e idiotice generalizada as acadêmicas e ativistas que trabalham com gênero. Referindo-se à neurociência em uma entrevista, Stock afirmou que a percepção de dois sexos é algo que o cérebro simplesmente executa. Eu não sabia disso. Como consequência, argumentou ela, ajudar crianças a compreenderem que uma pessoa a quem determinado sexo foi atribuído no nascimento pode

---

[22] Ver Aleardo Zanghellini, "Philosophical Problems with the Gender-Critical Feminist Argument Against Trans Inclusion", *SAGE Open*, v. 10, n. 2, abr.-jun. 2020, p. 1-14.
[23] Ver John Stoltenberg, "Andrea Dworkin was a Trans Ally", cit.

optar por outra atribuição de sexo, a partir de sua experiência vivida de gênero, é, na opinião dela, distorcer potencialmente a percepção que as crianças têm dos fatos, ou da verdadeira realidade – é faz mal às crianças! Sem interesse nas diversas maneiras como o "sexo" foi definido ou utilizado ao longo da história, Stock postula que temos, desde cedo, uma percepção imediata da realidade e que apenas uma ideologia falsificadora pode nos persuadir a aceitar uma ficção como realidade alternativa. A vida trans não é uma ficção ou, como afirma o Vaticano, "fictícia", mas uma realidade vivida, que não é menos real por assumir diferentes formas históricas no tempo e no espaço. Mesmo que fosse uma ficção – o que pode ser considerado verdadeiro no caso, digamos, de *drags* –, a questão geral que preocupa teóricas literárias e filósofas especializadas em estética ainda se mantém: como as ficções comunicam verdades que não poderíamos compreender por outros meios?

Stock se diz ofendida pela resposta "tóxica" e "cruel" à sua opinião de que um homem trans não é um homem, uma mulher trans não é uma mulher e que a designação "mulher" deveria estar ligada à determinação da feminilidade biológica. Mas ela parece não compreender a toxicidade ou a crueldade que ela mesma traz para a mesa. É claro que Stock e J. K. Rowling estão, com razão, consternadas com a intimidação que sofreram on-line, e não tolerarei esse tipo de comportamento, não importa quem o faça. Certamente precisamos conversar melhor. Mas uma razão pela qual é difícil conversar melhor é que as Terfs negam a existência de pessoas que tiveram muitas dificuldades em obter reconhecimento social, proteção legal contra a discriminação e cuidados de saúde adequados e afirmativos. Nem Stock nem Rowling concordariam que estão negando a existência de alguém, mas isso porque acreditam ter a posse da única linguagem que produz a realidade, e qualquer pessoa que discorde delas está iludida. Desse modo, corroboram mais uma vez o discurso da direita sobre a vida trans.

Imagine que você fosse judeu e alguém lhe dissesse que você não o é. Imagine que você é lésbica e alguém ri na sua cara, dizendo que você está confusa, pois na verdade é heterossexual. Imagine que você é negra e alguém lhe diz que você é branca ou que não é racializada neste mundo ostensivamente pós-racial. Ou imagine que você é palestino e alguém lhe diz que palestinos não existem (e as pessoas fazem isso). Quem são essas pessoas que pensam ter o direito de dizer quem você é e o que você não é, que rejeitam sua própria definição de quem você é, que dizem que a autodeterminação não é um direito que você tem permissão para exercer, que submeteriam você a uma avaliação médica e psiquiátrica, ou a uma intervenção cirúrgica obrigatória, antes de se dispor a te reconhecer pelo nome e pelo sexo que você escolheu, aos quais você chegou? A definição dessas pessoas é uma forma de apagamento, e o direito delas de definir você é aparentemente mais importante que qualquer direito que você tenha de determinar quem é, como vive e que linguagem mais se aproxima de representar quem você é. Talvez todas nós devêssemos nos retirar diante de alguém que nega a existência de outras pessoas que lutam pelo reconhecimento de sua existência, alguém que nega o uso das categorias que permitem a muitas de nós viver, mas se esse alguém tiver aliados, se tiver poder para orquestrar o discurso público e ocupar exclusivamente a posição de vítima, e se tentar negar seus direitos básicos, em algum momento você provavelmente *sentirá e expressará raiva*, e sem dúvida terá razão em fazê-lo.

Na explicação que J. K. Rowling publicou em 10 de junho de 2020 sobre as razões pelas quais começou a falar abertamente sobre questões de sexo e gênero, ela deixa claro que "a transição será uma solução para algumas pessoas com disforia de gênero", mas depois apresenta duas séries de estatísticas para as quais não há referência bibliográfica. O fato de ela usar o termo "disforia" sugere se tratar de uma doença, um mau funcionamento, uma patologia a ser curada, e isso também aparece em sua discussão sobre o que chama de mulheres biológicas, contestando a diferença entre a atribuição de sexo e as diversas trajetórias das vidas generificadas.

Quando ela afirma que 60% a 90% dos indivíduos com disforia de gênero vão superar sua disforia, ela não nos diz se as pessoas citadas são pessoas masculinizadas, efeminadas, gênero-queer, travestis, trans, ou algo completamente diferente. Não podemos pressupor que a disforia de gênero se refere apenas a pessoas trans, por isso, mesmo que pudéssemos verificar as estatísticas mencionadas por Rowling, não seríamos convencidas por elas sem primeiro compreender quem está incluído no grupo. Na verdade, as taxas de arrependimento entre pessoas de todas as idades relativamente à transição de gênero são muito pequenas; Rowling não reconhece isso[24]. Ela também afirma que "o argumento de muitos ativistas trans atuais é que, se você não permitir que adolescentes com disforia de gênero façam a transição, eles se matarão".

---

[24] Valeria Bustos et al., "Regret After Gender-Affirmation Surgery: A Systematic Review and Meta-analysis of Prevalence", *Plastic and Reconstructive Surgery*, v. 9, n. 3, mar. 2021; disponível on-line. Ver também "Regret Rates and Long-Term Mental Health", *Gender Health Query*; disponível on-line.

Ela age como se a afirmação fosse injusta ou falsa, mas e se for verdadeira? As evidências médicas mostram que uma grande dose de estresse e ansiedade é criada para jovens trans que não recebem cuidados de saúde, o que inclui serviços de saúde mental. A Associação Médica dos Estados Unidos [AMA, na sigla em inglês], entretanto, discorda de Rowling nesse assunto[25]. O suicídio nem sempre é uma consequência direta, mas seria errado e estranhamente cruel negar que ele de fato ocorre quando não há apoio social e médico disponível[26]. Rowling cita o conhecido caso do psiquiatra David Bell, que renunciou a seu cargo na Tavistock, a clínica central de gênero em Londres, em protesto contra o tratamento médico de jovens trans. De acordo com Rowling, Bell sustenta que "as alegações de que as crianças se matarão se não forem autorizadas a fazer a transição não 'se alinham substancialmente com quaisquer dados ou estudos robustos nesta área. Nem se alinham com os casos que encontrei ao longo de décadas como psicoterapeuta'". Novamente, "os dados robustos" estão estranhamente ausentes nessa contundente declaração. E ao menos doze grandes associações médicas discordam, incluindo a Associação de Psiquiatria dos Estados Unidos [APA, na sigla em inglês]. É bom saber, claro, que Bell não encontrou essa situação em centros de tratamento como o Serviço de Desenvolvimento de Identidade de Gênero (GIDS, na sigla original) da Fundação Tavistock and Portman em Londres, mas as pessoas jovens que ele lá conheceu já tinham, por definição, acesso à assistência, ao menos até o Sistema Nacional de Saúde encerrar esse serviço em 2022[27]. As estatísticas referem-se a jovens que não têm qualquer acesso a tais instituições. Assim como os argumentos da direita de que o fim da educação sexual, das performances de *drags* e dos cuidados de saúde para jovens trans são todos esforços para evitar causar mal às crianças, o argumento aqui abandona jovens trans, privando essas pessoas de atendimento de saúde e causando mal a elas. O mal é causado às pessoas jovens pelo argumento de que o mal está sendo

---

[25] Ver o comunicado à imprensa "AMA to States: Stop Interfering in Health Care of Transgender Children", *American Medical Association*, 26 abr. 2021; disponível on-line.

[26] Michelle Johns et al., "Transgender Identity and Experiences of Violence Victimization, Substance Use, Suicide Risk, and Sexual Risk Behaviors Among High School Students – 19 States and Large Urban School Districts, 2017", *Morbidity and Mortality Weekly Report*, v. 68, 25 jan. 2019, p. 67-71; disponível on-line. Ver também "Facts About LGBTQ Youth Suicide", *The Trevor Project*, 15 dez. 2021; disponível on-line.

[27] Azeen Ghorayshi, "England Overhauls Medical Care for Transgender Youth", *The New York Times*, 8 jul. 2021; disponível on-line.

evitado. O que se segue é um equívoco moral que produz medo e confusão sobre o que é o mal e de onde ele vem.

Rowling descreve de modo distorcido suas oponentes ao afirmar que elas contestam a realidade do sexo, ou melhor, ela lhes atribui tal afirmação, mas não apresenta fundamentos para essa atribuição. Suas observações são expostas como uma representação confiável da posição a que ela se opõe: "Se o sexo não é real, não há atração pelo mesmo sexo. Se o sexo não é real, a realidade vivida pelas mulheres em todo o mundo é apagada. Conheço e amo pessoas trans, mas apagar o conceito de sexo elimina a capacidade de muitas pessoas discutirem sua vida de maneira significativa. Não é ódio falar a verdade". Com certeza não é. E, no entanto, o que é mesmo verdade aqui? É verdade que não se pode mais falar de sexo se não o tratarmos como uma característica pessoal imutável? Se o sexo é legalmente atribuído e registrado e pode ser reatribuído e registrado novamente, não podemos concluir que a realidade do sexo mudou, ou que essa mudança agora faz parte da nossa realidade histórica? O sexo pode ser real e mutável, a menos que acreditemos que "a verdade" é sempre imutável e nunca histórica, uma proposição que mais uma vez aliaria Rowling ao papado. Não estou certa de que a mutabilidade seja condição suficiente para afirmar que algo é irreal. O sexo é alterado por vários meios tecnológicos, incluindo cirurgias realizadas como parte de um processo de confirmação de gênero. Mas o sexo também tem uma história, como muitas historiadoras feministas corretamente enfatizaram. Mundo afora, a vida das mulheres, com as quais Rowling parece se preocupar, nunca dependeu de um conceito único de sexo, e é interessante e importante considerar as várias maneiras pelas quais os fatos do sexo são delineados e compreendidos.

A palavra inglesa "sexo" não é usada em todos os lugares, por isso torna-se importante perguntar, por razões linguísticas e antropológicas, como aquilo que é chamado de sexo é abordado em outras línguas e práticas. Até mesmo conceber o "sexo" como um *fato* – e não como uma relação, uma expressão, uma inflexão ou uma categoria – privilegia uma perspectiva em detrimento de outras. Além disso, a vida das mulheres, considerada globalmente, na verdade dependeu de mudanças nos sentidos históricos do sexo, uma vez que alguns dos mais antigos implicavam restrições sociais bastante significativas. Caso contrário, perdi aquele momento da história ou continuo vivendo em outro com uma sensação de inquietante estranhamento. Muitas pessoas presas a esses debates entendem que seu ponto de vista é uma verdade incontestável, e o debate aberto dificilmente avança quando todo mundo que com ele contribui simplesmente afirma a verdade do que diz e insiste que se trata de algo óbvio, de bom senso, e que todas as outras pessoas de alguma forma perderam a cabeça depois de serem vítimas de uma falsidade ideológica. E se, na verdade, *ninguém* disse que o sexo não é real, quando de fato algumas pessoas perguntaram em que consiste sua realidade? E mais: como essa realidade se estabelece? Estas são, eu apostaria, perguntas razoáveis, que especialistas de uma vasta gama de campos tentam responder há algum tempo. Ninguém invalidou a realidade ao fazê-las. Dizemos, por exemplo, que o mundo é real, mas em diversas disciplinas (filosofia, religião, física) também perguntamos: em que consiste essa realidade? É uma questão que pertence tanto à teologia quanto à física, entre outros campos. Ou mais: como ela é criada e desfeita, e como difere ao longo do tempo, ou será que depende da perspectiva através da qual é vista? Todas estas são questões críticas, que levam a sério a "crítica", que proponentes da crítica ao gênero não têm o hábito de perguntar nem de respeitar, e ainda assim pertencem à classe de questões fundamentais feitas pelas humanidades, e pela filosofia em particular.

Ativistas da causa trans, que seus oponentes muitas vezes tratam como um monólito com uma só perspectiva que se repete sem variações, têm diferenças significativas entre si quanto a manter "sexo" ou "gênero" como categorias operativas; há ativistas, como eu, que vislumbram um lugar para ambas[28]. Por exemplo, quando a escritora trans Andrea Long Chu afirma ser "feminina", ela está insistindo no sexo como a categoria que a descreve[29]. Na verdade, ela pouco se interessa pelo reducionismo biológico, uma vez que defende que "a feminilidade é menos um estado biológico e mais uma condição existencial fatal que aflige toda a raça humana", dando continuidade a uma longa tradição de feminismo distópico. Um ponto claro que daí decorre é que as categorias biológicas estão saturadas de significados, e sentiríamos falta deles se decidíssemos que apenas o gênero dá significado ao sexo. Minha opinião pessoal é diferente, mas com certeza é importante considerar a opinião dela. Da mesma forma, como vimos, a utilização de "sexo" na legislação sobre igualdade ou na legislação sobre discriminação sexual depende menos de uma visão consensual sobre as realidades biológicas que de uma capacidade de discernir como o sexo é utilizado em políticas que produzem desigualdade. Embora algumas pessoas

---

[28] Paisley Currah, *Sex Is as Sex Does: Governing Transgender Identity* (Nova York, New York University Press, 2022).

[29] Andrea Long Chu, *Females: A Concern* (Nova York, Verso, 2019).

trans se interessem por gênero, muitas estão mais interessadas na redesignação de sexo e em trabalhar com o sexo como uma categoria. As pessoas que se identificam como "críticas ao gênero" parecem não ter interesse ou consideração por essa dinâmica. Ao contrário, elas selecionam os exemplos que sustentam seus próprios preconceitos e que despertam seu próprio medo e o de outras pessoas, agindo como se estivessem apenas comunicando uma verdade óbvia e incontestável.

*

Quando Kathleen Stock se concentra em alguns casos de mulheres trans que são transferidas para prisões femininas e cometem violência sexual[30], ela tem o cuidado de acrescentar que nem todas as mulheres trans fariam tal coisa. E ainda assim, ela, bem como J. K. Rowling, usa esses exemplos para explicar sua oposição à identidade trans. Se ela estiver interessada em quem sofre ataques na prisão, poderá perguntar com que frequência o são as pessoas trans, ou se migrantes e pessoas de minorias étnico-raciais são as mais frequentemente atacadas em prisões. E se sua preocupação for apenas com as mulheres, ela pode considerar que as mulheres pertencem a todas essas categorias, se beneficiam mais ao unirem-se em alianças com todas as pessoas que sofrem assédio, abuso, estupro e violência nas prisões e centros de detenção e procuram pôr fim a esse modo de violência. Com um pouco de pesquisa, Stock poderia entender que no Reino Unido há relatos de que uma pessoa trans encarcerada é agredida a cada mês[31]. Para compreendermos e nos opormos à violência de tais instituições, teríamos de compreender o leque de pessoas que sofrem, como sofrem e que correção e reparação são possíveis. E precisaríamos de uma análise política suficientemente atenta a todas essas formas de violência carcerária, incluindo o confinamento em solitária e a pena de morte. Stock usa apenas um exemplo de um contexto prisional para fazer uma generalização. Ao apelar à segregação sexual, em que o sexo é equiparado ao sexo atribuído no nascimento, ela rejeita a ideia de que a segregação sexual é como a segregação racial e imagina que

---

[30] Nazia Parveen, "Karen White: How 'Manipulative' Transgender Inmate Attacked Again", *The Guardian*, Londres, 11 out. 2018; disponível on-line.

[31] Vic Parsons, "Ministry of Justice Dispels Bigoted Myths Around Trans Prisoners and Sexual Assault with Cold, Hard and Indisputable Facts", *Pink News*, 21 maio 2020; disponível on-line.

as mulheres estarão protegidas sob tais circunstâncias. Mas as mulheres trans estarão protegidas sob essa rubrica? Ou será que sua exposição à violência e ao assédio nas prisões masculinas não é motivo de preocupação? Embora ela deixe claro que nem todas as mulheres trans são estupradoras, ela argumenta que, mesmo que uma porcentagem muito pequena venha a sê-lo, ou mesmo falsifique a condição trans para esse fim, deveria haver uma política de separação entre mulheres trans e mulheres designadas como mulheres no nascimento, presumivelmente porque a presença de mulheres trans é um perigo para as mulheres que não são trans.

Que suposições são feitas nesse argumento, e quanto do que é considerado argumento é um deslizamento fantasmático a serviço da promoção do medo? Essas suposições têm fundamento? A preocupação válida de Stock é a de que nenhuma mulher esteja sujeita a um possível estupro, e concordo que todo mundo deve partilhar dessa preocupação. Mas mesmo que a proteção das mulheres contra o estupro na prisão fosse o principal objetivo de Stock, será que ela não deveria consultar primeiro as estatísticas sobre agentes prisionais homens que se envolvem precisamente nessa atividade, o que, por sua magnitude, deveria, de acordo com a lógica dela, levar a uma medida para que nenhum homem jamais trabalhasse como agente prisional em qualquer prisão feminina? Talvez ela tenha assinado petições nesse sentido ou escrito sobre essa política, mas não estou encontrando em minha pesquisa. E o que acontece com o abuso sexual infligido por mulheres (designadas como mulheres no nascimento) contra outras mulheres? Muitas pessoas denunciam abusos cometidos por mulheres, por isso não parece correto imaginar que apenas quem recebeu a designação de homem no nascimento seja capaz de cometer abusos ou agressões. O problema não é apenas que certas histórias e incidentes são colocados em primeiro plano e não outros, mas que tais incidentes dão início a uma cadeia de alegações que escala até que se chegue a uma imagem geral da realidade, mesmo que ela não passe de uma hipótese espectral que se destina a alimentar o medo e transformar toda uma classe de pessoas em bodes expiatórios.

Se a mensagem implícita é de que alguém que tenha um pênis, ou mesmo alguém que já teve um, irá estuprar, pois o pênis é a causa do estupro, ou de que a socialização das pessoas que têm pênis é a causa do estupro, certamente tais alegações deveriam ser debatidas. O estupro é um ato de dominação social e sexual, como argumentaram muitas feministas, decorrente de relações sociais que estabelecem a dominação masculina e o acesso não consentido aos corpos das mulheres como um direito e um privilégio. O motivo dessa dominação não é biológico; o corpo é, antes, organizado e permeado pelas eficientes relações de poder em ação. Sim, o estupro é uma penetração indesejada, que pode ser a de um pênis, de um punho ou de qualquer coisa que sirva como instrumento contundente. O instrumento não dá origem ao estupro, embora o faça acontecer. O estrangulamento requer as mãos, mas as mãos em si não são a razão pela qual alguém estrangula outra pessoa. A atividade do pênis ou de um instrumento contundente para praticar o estupro com certeza não é a causa do estupro, mas esse é um de seus possíveis instrumentos.

Certo estilo de argumentação mascara um cenário fantasmático organizador: o pênis da descrição é a causa e a condição do estupro e, sem a presença do pênis no recinto, o estupro não acontecerá. O estupro não se desenvolve naturalmente a partir da presença de um pênis, e sem dúvida nos seria proveitoso considerar quantos tipos de objetos e partes do corpo são usados para machucar e penetrar os corpos de outras pessoas sem o consentimento delas. Quando o objetivo é a dominação pela posse, todo e qualquer instrumento servirá. Esse desejo violento não surge do pênis, mas às vezes é exercido por um pênis a serviço não de um impulso biológico, mas de um desejo social de dominação absoluta (uma perspectiva que, no passado, pertenceu ao feminismo radical, antes da apropriação reducionista biológica do termo). Com certeza nos beneficiaríamos se entendêssemos mais sobre como esse desejo de dominação emerge, tal como tantas feministas, antes da geração Terf, habilmente fizeram[32].

O argumento de Stock para não permitir a entrada de mulheres trans em espaços de mulheres – uma posição abertamente discriminatória – parece basear-se na noção de que as mulheres se sentirão inseguras se houver um pênis no recinto. De onde vem essa ideia? Que poder é dado ao pênis nesse cenário e o que o pênis representa concretamente? O pênis é sempre ameaçador? E se estiver flácido ou apenas semiereto, ou se for a última coisa que passa pela cabeça de alguém? Quando criamos nossos filhos, recuamos diante de seus pênis como se eles fossem sempre e apenas ameaças potenciais às mulheres? Estou certa de que não é esse o caso, ou talvez eu devesse ter grandes esperanças de que não seja esse

---

[32] A explicação feminista do estupro como um ato de dominação baseou-se em ideias sobre o poder masculino que permaneceram, em grande parte, indiferentes ao modo como o estupro opera na intersecção entre raça e poder colonial. Ver, por exemplo, o inovador ensaio de Angela Davis "Rape, Racism, and the Capitalist Setting", *The Black Scholar*, v. 12, n. 6, dez. 1981, p. 39-45 (reimpresso do v. 9, n. 7, abr. 1978). Ver também Elizabeth Thornberry, *Colonizing Consent: Rape and Governance in South Africa's Eastern Cape* (Cambridge, RU, Cambridge University Press, 2018).

o caso. Apelar à segregação e à discriminação só pode parecer "razoável" quando essa interpretação fantasmática do pênis como arma organiza a realidade. Mas essa visão não pode resistir ao escrutínio crítico de como a analogia e a generalização funcionam nessa situação. Se encontrarmos provas, por exemplo, de que duas pessoas negras cometeram crimes, exigimos políticas sociais que façam toda a comunidade negra pagar por esses crimes? Ou se uma pessoa judia superfatura uma transação, estamos livres para generalizar sobre o caráter ganancioso de pessoas judias como classe? É evidente que não temos justificativa para fazer isso.

Os conservadores italianos, ao defenderem a política familiar, atacam tanto a ideologia de gênero quanto o Goldman Sachs, como se ambos estivessem evidentemente relacionados. Ambos são fantasmas que operam dentro de uma lógica conspiratória que, nesse caso, tem muitas das mesmas características de outros argumentos antissemitas[33]. Na verdade, a única forma de estarem relacionados é através de uma suspeita conspiratória. Quando as ações de uma pessoa passam a representar todo o grupo do qual ela faz parte, uma convicção sobre a culpa coletiva começa a se formar: aquela pessoa agiu do modo como muitas agem, ou seu caso se torna exemplar para o grupo – uma forma ruim de generalização que nos mostra como se forma o bode expiatório, um modo de reagir a um mal causando outro. Defender que, como alguns poucos membros de um grupo cometeram um crime, então todos os membros desse grupo deveriam estar sujeitos a uma política que nega sua identidade e seu desejo não é apenas uma falha de lógica, mas um álibi para formas de discriminação que podem resultar em formas fascistas de ataque.

Se o argumento é que mulheres trans são abusivas porque são, "na realidade", homens, a suposição constante é a de que os homens são abusivos como classe, ou em virtude de seu pênis, e que em qualquer cenário são eles, os que foram designados como homens no nascimento, os verdadeiros abusadores. Para dar sentido a essa afirmação, teríamos de saber se todos os homens são abusadores potenciais ou efetivos, se são abusivos por causa de seu pênis, se homens trans com ou sem pênis fazem parte dessa classe de abusadores e se outros tipos de abusos são obstruídos por esse referencial bastante rigoroso para identificar quando e como isso acontece. Aparentemente, o argumento se baseia na ideia romântica de que as mulheres são apenas vítimas e nunca abusadoras, embora

---

[33] Ver, por exemplo, Karin Stögner, "Von 'Geldjuden' und 'Huren' – Kritik der antisemitisch-sexistischen Ideologie", *Wissen schafft Demokratie. Schwerpunkt Antisemitismus*, v. 8, 2020, p. 86-93.

crianças com mães abusivas saibam como isso pode ser falso, assim como as sobreviventes de violência íntima e doméstica lésbica também sabem. Se o argumento apresentado é o de que as mulheres trans constituem um risco para as mulheres designadas mulheres no nascimento porque algumas das primeiras ainda têm um pênis, precisamos perguntar novamente como o pênis funciona para organizar e incitar uma fantasia de ameaça. Isso é muito diferente de imaginar que o estupro é causado pelo órgão biológico. Existem condições, contudo, em que imaginar o pênis como causa se torna convincente para algumas pessoas.

O que acontece, nos termos desse esquema fantasmático, com o leque de relações que as pessoas têm com o pênis (incluindo fantasias rivais), tanto por parte de quem o tem como por parte de quem não o tem? Se o estupro é imaginado como uma urgência biológica desenfreada produzida apenas nesse órgão corporal e por ele, as dimensões sociais da cultura do estupro não estariam sendo claramente mal interpretadas ou, na verdade, tragicamente elididas? A organização social da dominação patriarcal violenta assume muitas formas, incluindo métodos de brutalidade e assédio que não podem ser atribuídos a nenhum órgão.

Se as feministas críticas ao gênero nos pedirem, no espírito do realismo, para aceitarmos a realidade do pênis, podemos com certeza fazer exatamente isso. Mas essa aceitação está longe de explicar por que os homens estupram, pois nada no órgão, por si só, produz estupro. O que o estupro faz por um homem, ou o que um homem espera que o estupro faça por ele? Tais questões não podem ser respondidas por uma abordagem puramente psicológica, pois o referencial para compreender por que alguns homens estupram é certamente a dominação masculina generalizada, que inclui direitos de acesso aos corpos que eles procuram controlar. Essa forma de dominação apoia ideais de poder masculino definidos em parte pela capacidade (pessoal e social) ou mesmo pelo direito de violar mulheres. O órgão é fantasmaticamente investido de poder social sob certas condições e, sob outras, se torna a sede de uma fantasia assustadora. Pode ser que o órgão em si raramente apareça nesse cenário, exceto por algum tipo de investimento fantasmático, pois, se os homens entendem que violar uma mulher é um direito, esse direito vem de algum lugar e é internalizado, se não incorporado, como uma capacidade e poder. Pode me chamar de feminista radical, se quiser, mas esse poder social era certamente entendido com clareza pelas gerações anteriores de feministas. Na verdade, as descrições apresentadas tanto por Rowling quanto por Stock atestam esse poder. A abordagem feminista transexcludente de banir quem tem pênis de banheiros e vestiários ou de impor prisões segregadas por sexo não faz sentido sem a compreensão dos poderes da fantasia que se apodera do órgão (incluindo aqueles trazidos pelos próprios homens com pênis), mesmo quando o órgão não é objeto de preocupação ou está, de fato, como ocorre para muitas mulheres trans, fora de jogo. Consideremos, pois, a ironia de que as mulheres mais temidas por terem um pênis podem estar entre as pessoas mais desinteressadas em tê-lo. Por que, entre todas as pessoas, são elas que devem carregar o peso da violência masculina? Mulheres trans, um dos grupos mais vulneráveis, um grupo que inclui mulheres com ou sem pênis, já se desidentificaram da masculinidade tradicional e, em muitos casos, se não na maioria, conhecem, sofrem e resistem à violência masculina no dia a dia. Que tolice, portanto, não perceber a viabilidade da aliança entre pessoas trans e feministas de todos os tipos, especialmente se considerarmos que muitas vezes nem sequer se tratam de grupos distintos. O transfeminismo deixa isso claro, baseando-se na abordagem interseccional desenvolvida pelo feminismo negro e desenvolvendo um novo referencial que vai além das divisões aqui consideradas[34]. A masculinidade não tem de permanecer ligada ao quadro de dominação e violação, como atestam muitas formas mais recentes de masculinidade, especialmente em comunidades queer e trans.

Em alguns momentos, Rowling parece saber disso, mas seu argumento muda de curso assim que ela apresenta a própria experiência pessoal e extrapola a partir dela. Afinal, pode valer a pena conhecer a motivação de uma pessoa para entrar em um debate público como esse, mas isso raramente é motivo suficiente para que todos concordem com o ponto de vista dela. Caso contrário, o subjetivo se converte no universal sem uma comparação com outras perspectivas ou uma resposta completa a questões razoáveis. Em seguida, Rowling mostra como a solidariedade pode e deve ser construída por aquelas que ela chama de mulheres, pressupondo que elas são assim designadas no nascimento, e mulheres trans, chegando a ressaltar que elas podem estar sujeitas ao mesmo tipo de violência. A reviravolta que ela dá no final desse excerto, no entanto, generaliza rapidamente a partir de incidentes específicos em direção a uma afirmação geral, de modo a romper os vínculos que ela

---

[34] Ver Marquis Bey, *Black Trans Feminism* (Durham, NC, Duke University Press, 2022); Emy Koyama, "The Transfeminist Manifesto", em Rory Dicker e Alison Piepmeier (orgs.), *Catching a Wave: Reclaiming Feminism for the 21st Century* (Evanston, IL, Northwestern University Press, 2003); Talia Mae Bettcher, "Trans Feminism: Recent Philosophical Developments", *Philosophy Compass*, v. 12, n. 11, nov. 2017; Susan Stryker e V. Varun Chaudry, "Ask a Feminist: Susan Stryker Discusses Trans Studies, Trans Feminism, and a More Trans Future", *Signs*, v. 47, n. 3, 2022, p. 789-800.

tentou estabelecer entre mulheres de todos os tipos e ecoar involuntariamente a lógica da direita. Infelizmente, ela não reconhece mulheres *butch** e homens trans como vítimas de tipos de violência semelhantes. Rowling primeiro nos apresenta uma noção da história brutal de violência doméstica que ela sofreu para então extrair dessa terrível história um conjunto de conclusões que não parecem derivar dela. Eis suas palavras:

> Consegui escapar do meu primeiro casamento violento com alguma dificuldade, mas agora estou casada com um homem verdadeiramente bom e íntegro, estou segura e protegida de uma forma que nunca, em um milhão de anos, esperava estar. No entanto, as cicatrizes deixadas pela violência e pela agressão sexual não desaparecem, não importa o quanto você seja amada e quanto dinheiro tenha ganhado. Minha tensão perene é uma piada de família – e até eu sei que é engraçada –, mas rezo para que minhas filhas nunca tenham os mesmos motivos que eu para odiar barulhos altos repentinos ou constatar a presença de pessoas atrás de mim sem tê-las ouvido se aproximando.**

Ela, então, esclarece que tem empatia por mulheres trans, um sentimento que, segundo ela, tem o potencial para a solidariedade e mesmo para a afinidade:

> Se você pudesse entrar na minha cabeça e entender o que sinto quando leio sobre uma mulher trans morrendo pelas mãos de um homem violento, você encontraria solidariedade e afinidade. Tenho uma sensação visceral do terror que essas mulheres trans terão vivido em seus últimos segundos na terra, porque também conheci momentos de medo cego quando percebi que a única coisa que me mantinha viva era o autocontrole hesitante de meu agressor. [...]
> Acredito que a maioria das pessoas de identidade trans não apenas representa uma ameaça nula para as outras como também é vulnerável por todas as razões que descrevi. As pessoas trans precisam de e merecem proteção. Tal como as mulheres, elas estão mais sujeitas a serem mortas por parceiros sexuais. As mulheres trans que trabalham na indústria do sexo, especialmente as mulheres trans de minorias étnico-raciais, correm um risco ainda maior. Como qualquer outra sobrevivente

---

* *Butch* é o termo em inglês adotado por comunidades LGBTQIAP+ em todo o mundo para uma expressão de gênero marcadamente masculina usada por mulheres cis não heterossexuais e pessoas trans. (N.T.)
** J.K. Rowling, "J.K. Rowling Writes about Her Reasons for Speaking out on Sex and Gender Issues", *J. K. Rowling – In My Own Words* [blog], 10 jun. 2020; disponível on-line. (N. E.)

de violência doméstica e violência sexual que conheço, não sinto nada além de empatia e solidariedade por mulheres trans que foram abusadas por homens.

Os sentimentos professados, de empatia e solidariedade, baseiam-se em uma analogia questionável. Os homens são violentos e as mulheres, especialmente as mulheres trans, correm alto risco de serem mortas por parceiros domésticos. Parece que a violência que preocupa Rowling é a violência doméstica perpetrada por homens. Mas e quanto a outras formas de violência social infligidas contra pessoas trans de forma mais ampla? O cenário doméstico da violência circunscreve o tratamento da violência nesses parágrafos. E quanto ao encarceramento, à patologização psiquiátrica, à violência nas ruas, à perda de emprego? O problema são os homens ou é a organização social do patriarcado e da dominação masculina? Os homens não seriam diferentes fora dessas ordens? As novas gerações de homens não estão mostrando sinais significativos de mudança? Os homens gays estão incluídos nessa categoria ou nem sequer são concebíveis dentro da categoria? E quanto aos homens queer, ou todos aqueles que se definem como transmasculinos? Homens transgênero?

Rowling prossegue, mas a solidariedade que ela acabara de anunciar desaparece rapidamente à medida que as mulheres trans se revelam homens, na opinião dela, o que as torna aliadas dos agressores e não das agredidas:

> Por isso, quero que as mulheres trans estejam seguras. Ao mesmo tempo, não quero tornar meninas e mulheres por nascimento menos seguras. Quando você abre as portas dos banheiros e vestiários para qualquer homem que acredita ou sente que é uma mulher – e, como eu disse, os certificados de confirmação de gênero agora podem ser concedidos sem qualquer necessidade de cirurgia ou hormônios –, você abre a porta para todo e qualquer homem que deseje entrar. Essa é a simples verdade.

A segurança das meninas e mulheres "de nascimento" deve ser garantida em detrimento da segurança das mulheres trans? Se assim for, a segurança de um grupo teria de ser sacrificada por outro. Mas é mesmo necessário aceitar esse ou/ou? E se o objetivo for manter *todas as pessoas* seguras e a tarefa for criar uma organização do espaço que torne isso possível? Para isso, seria necessário fazer parte de uma aliança ativa, empenhada em resolver problemas como esses. Manter as mulheres trans seguras, tão seguras quanto todas as mulheres e meninas, não é uma contradição, a menos que se acredite que as mulheres designadas como mulheres no nascimento estão em perigo por causa das mulheres cujo estatuto de gênero é publicamente alcançado por meio da autodeclaração, do reconhecimento social ou da recertificação médica e legal. De repente, a figura da mulher trans agressora parece representar todas as mulheres trans, e a categoria "mulheres trans" é simplesmente substituída por "homens". As duas alegações parecem caminhar juntas, mas nenhuma lógica as vincula: as mulheres trans são reduzidas a homens e (todos) os homens são estupradores em potencial. Presumo que os homens designados como mulheres no nascimento podem, ou não, enquadrar-se na segunda generalização. Ou então, uma mulher trans ataca e, portanto, todas as mulheres trans são agressoras. As poucas que cometeram agressões – entre elas Karen White, presa por crimes sexuais no Reino Unido em 2018 – passam a representar o potencial de ataque que todas as mulheres trans representam, e a razão para isso é que as mulheres trans são, na verdade, homens, e os homens – ou seus pênis – são agressores[35]. Essa redução e esse apagamento selvagens fazem que um caso represente o todo, dando lugar a uma generalização e, depois, a um pânico total, uma redução fantasmática dos homens não apenas a seus pênis, mas a pênis agressores. Sim, isso pode acontecer no sonho ou na ideação após o trauma, mas quando esse fantasma é apresentado como realidade social, a sintaxe do cenário fantasmático toma o lugar de uma análise cuidadosa da realidade social[36].

---

[35] Ver "An Open Letter to J.K. Rowling" [Uma carta aberta a J.K. Rowling], do grupo Mermaids, que apoia crianças de gênero diverso e suas famílias: "Sim, há o caso de Karen White, uma mulher transgênero que agrediu sexualmente duas mulheres enquanto cumpria prisão preventiva na penitenciária de New Hall, em Wakefield, mas não se pode ignorar que isso foi uma falha indesculpável na segurança e nos processos de vigilância da prisão e não um motivo para classificar as mulheres transgênero como ameaça. Mulheres abusivas geralmente são colocadas em prisões masculinas devido às medidas de segurança cada vez mais fortes em vigor. Concordamos que se deveria fazer mais para manter as prisioneiras protegidas de ataques de suas companheiras de detenção, sejam elas cis ou trans […]. É um clichê comum, inexato e, em última instância, destrutivo usar casos tão limitados para acusar de crime todas as pessoas trans e retratá-las como uma ameaça sexual às mulheres cis". Disponível em: <https://mermaidsuk.org.uk/news/dear-jk-rowling>

[36] Cressida Heyes, "Feminist Solidarity After Queer Theory: The Case of Transgender", *Signs*, v. 28, n. 4, 2003, p. 1.100: "As feministas que escrevem sobre pessoas transgênero são, como diria Ludwig Wittgenstein, prisioneiras de uma imagem em que a história da fetichização de pessoas trans é combinada com a falta de atenção crítica ao privilégio de uma existência em que o gênero é estável, a fim de apagar a possibilidade de uma política transfeminista e, portanto, a possibilidade de aliança entre feministas trans e não trans. Essa imagem precisa se tornar visível como imagem antes que possa ser dissipada".

Não é feita qualquer distinção entre uma lei que permite a "qualquer homem" entrar em espaços específicos para meninas ou mulheres e aquelas mulheres e meninas que chegam a essa mesma porta após a transição e a autoidentificação como mulher. Que fique claro: a transição e a autoidentificação não são caprichos, e mesmo que uma pessoa opte por dar o passo de se autodeclarar legalmente, isso não significa que a realidade vivida do gênero seja uma escolha caprichosa, uma forma estratégica daquela pessoa entrar nos espaços das mulheres e fazer o que quiser com quem ela encontrar lá. Mesmo que se possa apontar alguns casos em que tais coisas ocorreram, como esses números se comparam com as formas cada vez mais frequentes de violência sexual cometidas contra mulheres, lésbicas, gays, travestis e pessoas trans por homens – e pelos poderes de Estado – que sentem que estão em seu direito e poder[37]? A exposição de uma mulher trans à violência em um espaço cheio de homens é muito maior que a ameaça que ela representa a outras mulheres que partilham de necessidade de proteção. Alguns estudos relatam que mulheres trans têm treze vezes mais probabilidade de serem agredidas nas prisões masculinas que os homens[38].

Após sinceras expressões de solidariedade a pessoas trans, especialmente as mulheres, Rowling se volta para um discurso repentino dirigido a uma segunda pessoa desconhecida que poderia ser o governo britânico ou talvez todo o movimento britânico que apoia despatologizar os procedimentos de certificação em favor do modelo de autodeclaração: "Quando você abre as portas dos banheiros e vestiários para qualquer homem que acredita ou sente que é uma mulher…". *Qualquer homem*? Rowling deixa claro que as mulheres trans a quem ela acabara de professar solidariedade são, na opinião dela, *de fato, homens*, e que são falsificações perigosas. Ela professa solidariedade, portanto, a pessoas cuja existência ela está disposta a negar. Mas ela também deliberadamente interpreta de forma incorreta a Lei de Reconhecimento de Gênero, que

---

[37] As estatísticas cambiantes de agressões cometidas por mulheres trans na prisão certamente deveriam ser comparadas, por exemplo, com agressões praticadas por agentes prisionais homens contra as prisioneiras mulheres, bem como com as agressões contra pessoas trans na prisão, de forma mais geral.

[38] Nora Neus, "Trans Women Are Still Incarcerated with Men and It's Putting Their Lives at Risk", *CNN*, 23 jun. 2021; disponível on-line. Ver também o seguinte estudo da Universidade da Califórnia em Irvine: Valerie Jenness, Cheryl L. Maxson, Kristy N. Matsuda e Jennifer Macy Sumner, "Violence in California Correctional Facilities: An Empirical Examination of Sexual Assault", *Bulletin*, UC Irvine Center for Evidence-Based Corrections, v. 2, n. 2, 2007; disponível on-line.

exige, de fato, que as pessoas no exercício de seus direitos à autoidentificação, antes de serem autorizadas a fazê-lo, se submetam a vários tipos de protocolos ao longo do tempo. Ninguém age por capricho ou, no mínimo, essas seriam apenas poucas exceções. Uma mulher trans não é "qualquer homem" e, ainda assim, Rowling quer que a imaginemos dessa forma; ela é um dos muitos "homens" intercambiáveis que só estão interessados em invadir os espaços das mulheres e seus corpos. Na opinião de Rowling, qualquer sentimento subjetivo que leve mulheres trans a acreditarem que são mulheres não deve ser levado a sério. O "subjetivo" é considerado infundado, caprichoso, sem valor, mas também é estratégico, desavergonhado, desprezível e oportunista. Ao mesmo tempo, Rowling sem dúvida pede que sua própria subjetividade seja levada muito a sério. Tal como outras pessoas que se opõem ao gênero, Rowling se vê envolvida em contradições, suturando os elementos incongruentes de sua apresentação para confirmar que o que ela sofreu uma vez será o que todas as mulheres sofrerão se a categoria das mulheres for ampliada para incluir todas aquelas que de fato vivem de acordo com e como mulheres.

Tal desrespeito vergonhoso por parte de alguém que professa solidariedade a pessoas trans poderia ter terminado com esse gesto aterrador de zombaria, mas Rowling vai mais longe, identificando as mulheres trans com estupradores e recusando-se a verificar a velocidade e as camadas de sua fantasia, ou seja, que mulheres trans são realmente homens (cuidado!) e que os homens são estupradores ou estupradores em potencial (todos eles, *sério*?), em razão de seus órgãos (de que maneira?). Ela faz uma referência implícita ao debate no Reino Unido entre quem acredita que os processos de certificação médica e psicológica têm de ser concluídos antes que um Certificado de Identidade de Gênero possa ser emitido pelo governo, de um lado, e quem, de outro, seguindo um número crescente de governos e organizações médicas, opõe-se a esses processos muitas vezes burocráticos e patologizantes, e defende que a autodeclaração deve ser suficiente para justificar a emissão do certificado. A Escócia, a Argentina e a Dinamarca estão entre os Estados que fazem exatamente isso, mas muitos outros deram os mesmos passos em direção ao modelo de autodeclaração (um modelo que eu mesma utilizei para me tornar uma pessoa não binária na Califórnia)[39]. Rowling deixou claras suas objeções a esse processo, insistindo que apenas quem toma hormônios, se submete a cirurgias e passa em todos os testes deveria

---

[39] S. Kara, "Depathologizing Gender Identity Through Law", *GATE Series on Legal Depathologization*, n. 1, 2020; disponível on-line.

ser habilitada a isso. Ela se nomeou juíza no caso, mas o que confere a ela tal qualificação? Enquanto o argumento a favor da adequação da autodeclaração respeita a dignidade e a liberdade de pessoas que buscam o reconhecimento social e jurídico em um sexo, ou um gênero, diferente daquele que lhes foi atribuído no nascimento, o modelo patologizante delega o poder de decidir o gênero de alguém às autoridades médicas e psiquiátricas, que são, muitas vezes, as menos equipadas para compreender as dimensões afirmativas da vida presentes na transição e no princípio de viver a própria verdade.

Crimes violentos são reais. A violência sexual é real. As consequências traumáticas também são reais, mas viver na temporalidade repetitiva do trauma nem sempre nos dá uma visão adequada da realidade social. Na verdade, a realidade do trauma que sofremos nos dificulta distinguir o que mais tememos do que realmente está acontecendo, o que aconteceu no passado do que está acontecendo agora. Torna-se necessário um trabalho cuidadoso para que essas distinções se estabeleçam de modo a possibilitar um julgamento claro. A obliteração dessas distinções faz parte dos danos do trauma. As associações com as quais qualquer pessoa entre nós convive como resultado da violência traumática dificultam a navegação pelo mundo. Podemos sentir medo de certos tipos de aparência ou espaços, cheiros ou sons. Pode-se deparar com alguém que lembra a pessoa que cometeu a violência, mas não nos caberia nos questionar se essa nova pessoa deveria carregar o fardo da nossa memória, do nosso trauma? Ou deveríamos ter licença para atribuir culpa por associação porque sofremos um mal? Creio que não. Se ter sido vítima de trauma permite a alguém ver o cenário do trauma em todos os lugares, então parte da reparação é ser capaz de localizar o que aconteceu e aliviar a mente de associações incontroláveis que, se não forem enfrentadas, difamariam todas as pessoas que evocarem uma associação com o material traumático.

As associações traumáticas operam por meio de proximidade, semelhança, ecos, deslocamentos e condensações. São a versão desperta de sonhos assustadores. Viver e lidar com as consequências da violência sexual é uma luta enorme, que requer apoio, terapia e uma boa análise política como parte do processo. Mas ninguém entre nós foi alvo de violação por toda uma classe, mesmo que às vezes a sensação seja essa. Recusar-se a reconhecer mulheres trans como mulheres porque se tem medo de que elas sejam, na verdade, homens e, consequentemente, estupradores em potencial é deixar o cenário traumático desconectado da própria descrição da realidade, é deixar que seu próprio terror e medo desenfreados afogue um grupo de pessoas que não merece isso e é deixar de compreender a realidade social em sua complexidade, ao mesmo tempo que também é deixar de identificar a verdadeira fonte do dano, uma percepção que poderia muito bem precipitar uma aliança no lugar da divisão paranoica. Se me convenci de que uma pessoa trans carrega ou representa meu trauma pessoal, realizei uma projeção e um deslocamento que tornam ainda mais difícil contar minha história, assim como a dela. As pessoas trans representam agora a violência do que aconteceu comigo, muito embora não estivessem lá, e outra pessoa, que é estranhamente anônima, e notavelmente um homem cis, com certeza estava. Ao fazer esse tipo de projeção, não estariam as feministas provocando uma forma de violência psíquica nas pessoas trans, associando-as ao estupro, sendo que elas mesmas também lutam para se libertar de uma miríade de formas de violência social? Se as feministas do tipo excludente negam a realidade das vidas trans e se envolvem na discriminação, na negação existencial e no ódio, procurando no trauma pessoal uma fonte para infligir novos danos, então elas cometem uma injustiça em vez de forjarem uma aliança pela justiça. O feminismo sempre foi uma luta pela justiça – ou é, em sua melhor versão, justamente essa luta, formada em aliança e afirmando a diferença. O feminismo transexcludente não é feminismo, ou melhor, não deveria ser.

Recorri à psicanálise nas críticas precedentes ao feminismo transexcludente, mas espero mostrar que ela também nos oferece uma forma de sustentar uma abertura à natureza mutável das categorias de gênero. As feministas antitrans procuram paralisar a categoria mulher, bloqueá-la, erguer portões e patrulhar suas fronteiras. Em uma entrevista sobre o feminismo negro e a forma como a branquitude permeou o movimento feminista britânico, a professora e psicanalista Gail Lewis sugere que trans* representa uma oportunidade para reconsiderar como as categorias de gênero abrem questões fundamentais sobre o que podemos saber. Ela comenta em entrevista com Clare Hemmings:

> se temos uma teoria sobre o assunto que diz que há muita coisa desconhecida e incompreensível, talvez possamos dizer que há muita coisa sobre a vida humana que é desconhecida e incompreensível. Todas essas tentativas de recorrer a essas categorias para encerrar algo, em um gesto para manter no lugar as valorizações hierárquicas da vida humana (e não humana) em torno de normatividades tóxicas, é também uma forma, um desejo inconsciente, de delimitar aquilo que não pode ser delimitado em sua totalidade [...]. Por isso, penso

que a psicanálise oferece uma espécie de arquitetura para começar a explorar algumas dessas coisas.[40]

Sobre as feministas antitrans, Lewis comenta que elas se voltaram contra a história das lutas feministas, uma história que nos pediu para suportar o que não podemos descrever ou entender completamente de acordo com as categorias que nos foram transmitidas: "E sim, é assustador, desmantelar as arquiteturas de sujeição pelas quais nos conhecemos é assustador, mas você precisa desfazê-las novamente, porque se retirar para a aparente segurança das mesmas normatividades contra as quais você protestou/nós protestamos com tanta determinação não irá salvar você, e elas irão me/nos destruir". Aliás, a mesma categoria de que acreditamos precisar para viver é aquela que infligiu violência a outras pessoas, então, como poderíamos compreender a paisagem psíquica e social em que as duas coisas são verdadeiras?

Será que o feminismo pode se unir em uma aliança contra as forças de destruição em vez de se tornar uma força destrutiva aliada a outras forças semelhantes? Uma questão em aberto, mas que parece crucial responder de forma afirmativa, dada a centralidade, para o novo fascismo, dos ataques cruéis contra mulheres, pessoas trans, gays e lésbicas, pessoas negras e marrons, que pertencem a todas estas categorias e nas quais todas estas categorias também vivem. As categorias precisam se abrir para que muita gente viva, encontre uma vida vivível, por mais que para aquelas pessoas que ainda não foram reconhecidas em seus termos seja importante se agarrar às categorias. Esse paradoxo persiste, e no paradoxo, como nos lembra Joan W. Scott, está a promessa.

---

[40] Gail Lewis e Clare Hemmings, "'Where Might We Go If We Dare': Moving Beyond the 'Thick, Suffocating Fog of Whiteness' in Feminism", *Feminist Theory*, v. 20, n. 4, 2019, p. 405-21.

6.
E QUANTO AO SEXO?

Uma das principais alegações das feministas antigênero é a de que os fatos do "sexo" estão sendo negados por teoristas de gênero. Às vezes, nos acusam de nos recusarmos a aceitar as diferenças biológicas ou de erradicarmos as diferenças biológicas no esforço de derrotar formas de determinismo biológico. Uma terceira acusação é a de que as alegações baseadas no sexo, incluindo as acusações de discriminação, se tornarão impossíveis caso o gênero tome o lugar do sexo. Aludimos à questão do que se entende por uma alegação "baseada no sexo" e iremos explorá-la mais adiante.

No capítulo 4, enfatizei que a atribuição do sexo é a prática inicial e poderosa pela qual os fatos do sexo são estabelecidos e restabelecidos. Também defendi que as formas de discriminação "baseadas no sexo" geralmente são equivocadas quanto ao sexo, baseando-se em ideias, digamos, sobre o trabalho que uma mulher pode efetivamente executar, a aparência que uma pessoa contratada deve ter e como ela deve agir, ou como um empregador toma decisões sobre o ambiente de trabalho. A negação de um emprego baseia-se na ideia de que o sexo da pessoa a torna incompetente, ou de que o cargo deveria ser atribuído a outra pessoa por se tratar de um homem ou por seu gênero estar em conformidade com as expectativas normativas. Vamos lembrar que basear uma decisão no sexo de uma pessoa é considerado discriminatório, pois tal decisão se baseia em certos equívocos sobre o que as pessoas sexuadas de determinada maneira podem fazer. A ideia de "sexo" na qual se baseiam as ações discriminatórias revela-se geralmente falsa ou irrelevante. De fato, o objetivo é geralmente o de remover os preconceitos de sexo das decisões de contratação. Dizer que é preciso definir o sexo para compreender a discriminação sexual em geral é não reconhecer que estamos tentando retirar de cena os pré-conceitos de sexo, e não temos qualquer desejo de fundamentar nosso feminismo nesses pré-conceitos. Também sustentamos que o sexo não é negado quando questionamos os mecanismos por meio dos quais ele é estabelecido. A atribuição de sexo tem uma longa história, e muitas tradições abrem espaço para pessoas que desde o início não se enquadram perfeitamente no quadro binário. Negar a existência de pessoas intersexo para defender um argumento polêmico sobre "fatos" é, na verdade, negar os fatos em favor de um programa político para conservar o binarismo.

Os argumentos sobre diferenças biológicas baseiam-se frequentemente na presença ou na falta de capacidades reprodutivas distintas, mas tais alegações tendem a se assentar em uma concepção de corpos diferenciados que estão parados no tempo. As mulheres não podem ser definidas por sua capacidade reprodutiva por todos os motivos que as feministas nos ensinaram ao longo dos anos. Falando francamente, nem todas as mulheres têm capacidade reprodutiva, e seria tolo e cruel dizer que, consequentemente, essas mulheres não são realmente mulheres, em especial se elas se entendem dessa forma. E se algumas pessoas com capacidade reprodutiva não são mulheres, isto é, se essa capacidade biológica não define a identidade de gênero delas, e ainda assim querem ter direito a dar à luz ou a fazer um aborto por todas as razões que outras pessoas querem, por que não deveriam ser incluídas na classe de pessoas aptas a poder reivindicar tal direito?

É interessante que o argumento de que as capacidades reprodutivas diferenciam os sexos idealiza a reprodução como o momento definidor do sexo. Esse ideal social governa, portanto, a forma como os fatos são estabelecidos. No entanto, a partir do momento em que o sexo é considerado fora do referencial reprodutivo, podemos perceber como os ideais sociais restringiram os tipos de fatos geralmente considerados evidentes. Como sabemos, muitas mulheres podem ser jovens ou velhas demais para engravidar, e algumas nunca tiveram essa capacidade por outros motivos, ou então essa capacidade deixou de existir como resultado do envelhecimento, de problemas hormonais, de intervenções médicas, de falta de acesso à tecnologia de reprodução assistida ou de exposição a toxinas ambientais. Algumas mulheres nem sequer sabem se têm essa capacidade porque simplesmente nunca quiseram ter crianças ou apenas mantiveram relações sexuais com pessoas de quem não poderiam engravidar, de modo que sua fertilidade nunca foi testada. Apesar da idealização conservadora das mulheres como mães, a realidade sempre foi de que apenas algumas mulheres podem, ou seriam, capazes de engravidar. Elas não são nem mais nem menos mulheres que aquelas que engravidaram. E uma vez que algumas pessoas, incluindo homens trans ou pessoas não binárias, podem ter essa capacidade, faz sentido expandir nossos quadros de referência, nossos vocabulários e nossas mentes para compreender os fatos tal como se apresentam. Dada a gama de capacidades, desejos e identidades de gênero, não faz sentido identificar *como definidora de gênero uma capacidade biológica específica, que nunca deveria servir como critério exclusivo ou fundamental pelo qual o gênero é determinado.* As feministas nos ensinaram isso, insistindo que nem todas as mulheres querem ser mães e que, se quiserem, não serão necessariamente definidas por esse fato. Uma lei antidiscriminação "baseada no sexo" deve salientar esse fato sempre que uma contratação ou promoção for negada a uma mulher com base no fato de estar grávida ou ter a possibilidade de dar à luz.

A insistência na capacidade reprodutiva para diferenciar os sexos não só pressupõe que o sexo atribuído no nascimento continua a ser o sexo assumido ao longo do tempo como também destaca os anos de suposta fertilidade como definidores. Em outras palavras, se a capacidade reprodutiva define o sexo de uma pessoa, então a pessoa se torna desse sexo de forma mais completa e inequívoca na reprodução sexual, e perde esse sexo, ou nunca chega a ele, se não puder ou acabar por não se envolver na reprodução sexual. A norma mais uma vez revela-se cruel, distinguindo entre o mais e o menos sexuado, o muito real e o menos real. Esse critério comunica às mulheres uma expectativa de se tornarem reprodutoras mesmo quando não podem, ou não querem, e apaga as formas pelas quais a capacidade de engravidar pode ser importante para pessoas que vivem fora da categoria das mulheres ou à sua margem.

A questão é que as normas sociais já estão em funcionamento quando a capacidade reprodutiva é usada como critério para fazer distinções factuais. Os fatos são reunidos e apresentados de acordo com um quadro claramente impregnado de poder, determinismo biológico e normatividade. Isso não significa que os fatos não existam; significa apenas que são invariavelmente apresentados dentro de um determinado quadro referencial, quadro este que contribui para o que podemos ver e considerar como fatos e, em consequência disso, para o que apoiamos e tememos.

Algumas feministas argumentarão que precisamos poder confiar na diferença de sexo para defender os direitos reprodutivos. Elas pensam na diferença de sexo como a base de um argumento: as mulheres são de uma certa maneira, e a política social deveria basear-se nessa diferença. Esse tipo de argumento pode ser encontrado em afirmações como esta, publicada no *The Guardian*: "A opressão patriarcal das mulheres está fortemente enraizada em nossos sistemas reprodutivos"[1]. Esse argumento sugere que o sistema reprodutivo dá origem à opressão patriarcal, mas será que o inverso não é mais provável? É a organização social patriarcal da reprodução que leva à conclusão de que os Estados devem decidir se o aborto é apropriado ou não, recusando a gestantes a autonomia de decidirem a melhor forma de conduzir suas vidas. É claro que precisamos entender por que a gravidez nem sempre é desejada e como ela pode, em algumas circunstâncias, ameaçar a vida de gestantes ou sua possibilidade de prosperar. Mas para isso precisamos de um compromisso com a liberdade reprodutiva como um valor, um direito e uma norma que organize nossos mundos sociais. Seria contraproducente e errado atribuir a existência de sistemas opressivos à biologia, quando, em vez disso, deveríamos perguntar como esses sistemas opressivos *distorcem* as questões biológicas para alcançar seus próprios e injustos fins.

Será que a liberdade reprodutiva está relacionada com a liberdade de autodeterminação de gênero? Nesse caso, existe uma boa base para uma forma de solidariedade que conecte as lutas feministas, trans e não binárias. O feminismo luta, com razão, contra o interesse estatal pelos úteros das pessoas gestantes, alegando que elas devem ser capazes de determinar se devem ou não levar a gravidez a termo. Essa luta baseia-se frequentemente nos princípios políticos da autodeterminação e da liberdade coletiva. Contudo, quando é o modelo de autodeclaração para a reclassificação do sexo que está em questão, algumas dessas mesmas feministas acreditam que o Estado, através de suas políticas de gênero, deveria minar os direitos de quem busca a redesignação, e que o Estado tem um interesse justificado em limitar a liberdade dessas pessoas. Mas por que aceitar que o Estado tenha interesses legítimos em restringir a liberdade quando se trata de atribuição de sexo? O que aconteceria se nos opuséssemos à noção de que o Estado tem interesses legítimos em limitar a liberdade de quem busca a redesignação de sexo ou o aborto? Isso estabeleceria uma aliança baseada em uma oposição orquestrada à intrusão do Estado na trajetória de nossa vida corporificada, intrusão essa entendida como patriarcal, transfóbica e errada.

Mesmo que os argumentos apresentados até aqui se revelem persuasivos, segue havendo quem – ecoando o argumento trumpiano de que os órgãos genitais e a linguagem "sem rodeios" fornecem critérios adequados para determinar o sexo – defenda que o "gênero" se afasta do senso comum. Outras

---

[1] Sonia Sodha, "Women Must Be Allowed to Defend Abortion as a Sex-Based Right", *The Guardian*, Londres, 26 jun. 2022; disponível on-line.

pessoas, ainda, afirmam que o gênero nega a materialidade do corpo ou que eleva a linguagem e a cultura acima das ciências biológicas. Perguntemo-nos, então, se essa caracterização tem mérito ou se, na verdade, participa de uma fantasia sobre o que o gênero faz, incluindo a ameaça à natureza e à biologia que ele aparentemente representa. O argumento de que o gênero é culturalista ignora a visão predominante de que o gênero é um espaço em que as realidades biológicas e sociais interagem umas com as outras. Quem separa as realidades biológicas e sociais em suas definições de sexo ou gênero tende a desconsiderar as posições interativas, dinâmicas e de construção conjunta extremamente importantes que filósofas feministas e historiadoras da ciência desenvolveram a fim de procurar desfazer o que Donna Haraway chama de "dualismos antagônicos" da teoria feminista da segunda onda[2].

Algumas pessoas argumentam que a materialidade do sexo é estabelecida pela ciência e que devemos basear nossos pontos de vista em paradigmas científicos estabelecidos. Mas outras afirmam que precisamos apenas regressar ao "senso comum" e desmascarar as teorias especulativas para confirmar a matéria do sexo. Quantas pessoas, porém, sentem que a ideia do "senso comum" sobre como elas deveriam viver o sexo que lhes foi atribuído, ou o gênero presumido, na verdade é uma violência contra quem elas são? Costumava ser "senso comum" que as pessoas brancas escravizassem pessoas negras, e era "senso comum" que o casamento fosse entendido como uma união exclusivamente heterossexual. A autora britânica Shon Faye lembra-nos de que as feministas críticas ao gênero não são nada críticas quando alegam que o "senso comum" é suficiente para o pensamento normativo, dado que ele não é capaz de questionar os pressupostos que mobiliza. Em *The Transgender Issue* [A questão transgênero], Faye escreve:

---

[2] Ver "O manifesto ciborgue", de Haraway [ed. bras.: trad. Tomaz Tadeu, em Donna Haraway, Hari Kunzru e Tomaz Tadeu, *Antropologia do ciborgue: as vertigens do pós-humano* (Belo Horizonte, Autêntica, 2009)], para uma discussão sobre dualismos improdutivos, e "The Promise of Monsters" [A promessa dos monstros], em Lawrence Grossberg, Cary Nelson e Paula A. Treichler (orgs.), *Cultural Studies* (Nova York, Routledge, 1992), p. 295-337, no qual ela escreve que a "natureza" não existe como um material ou uma forma essencial, eterna ou explorável, mas que, ao contrário, ela é "artefatual", algo produzido, mas "não inteiramente por seres humanos; é uma construção conjunta entre seres humanos e não humanos". Ver também Esther Thelen, "Dynamic Systems Theory and the Complexity of Change", *Psychoanalytic Dialogues*, v. 15, n. 2, 2005, p. 255-83; Karen Barad, "Agential Realism – A Relation Ontology Interpretation of Quantum Physics", em Olival Freire (org.), *The Oxford Handbook of the History of Quantum Interpretations*, Oxford Academic Publishing, 2022; disponível on-line.

O que significa ser mulher ou homem (ou nenhum dos dois) não é uma entidade fixa e estável, mas uma constelação complexa de fatores biológicos, políticos, econômicos e culturais, que podem mudar ao longo do tempo. Em contraste com essa complexidade, o feminismo antitrans britânico – agora conhecido por suas discípulas, com ironia involuntária, como feminismo "crítico ao gênero" (apesar de sua falta de interesse crítico na forma como o gênero surge e varia de acordo com o tempo e o espaço) – tem apresentado a tendência de se promover como uma abordagem de senso comum que afasta alegremente as nuances.[3]

Esse apelo ao retorno ao senso comum por parte das feministas críticas ao gênero acaba por não ser tão crítico ou sensato como deveria. O foco fóbico no pênis, que abre espaço para o senso comum, é um exemplo disso, como já discutimos. O órgão não é um simples apêndice nessas descrições, mas um instrumento de ataque. Essa atribuição de um poder perigoso pode muito bem basear-se em experiências terríveis de violação e agressão, mas isso não é razão suficiente para generalizar. Tais generalizações, quando ocorrem, tendem a ser projeções fantasmáticas que se baseiam em generalizar, para todas as mulheres, um relato em primeira pessoa, bem como em encaixar no modelo do estuprador todas as pessoas com pênis. A relação fóbica ou de pânico com "o pênis" em si separa o órgão da pessoa e de todo o mundo da vida no qual ele faz sentido. A subsequente atribuição de periculosidade às mulheres trans que têm pênis depende de uma transposição fóbica do órgão – o qual está, aliás, muitas vezes flácido; o qual frequentemente é, de forma bastante deliberada, tirado de jogo por pessoas transfemininas; o qual é, muitas vezes, uma fonte de prazer para todos os envolvidos na situação sem ameaça de dano e, às vezes, fonte de prazer passivo para quem o tem. Assim, por um lado, o realismo ou o senso comum nos diz que existem dois sexos e que eles podem ser identificados inequivocamente por seus órgãos, mas, por outro lado, verifica-se que as descrições do senso comum muitas vezes enveredam por zonas fantasmáticas, seguindo uma sintaxe que pertence mais aos sonhos e à fantasia que aos argumentos e às demonstrações coerentes. Ao que parece, esses mesmos órgãos podem ser espaços de intenso investimento fantasmático; ao que parece, lançam parte de nós em zonas de irrealidade quase no mesmo instante em que nos aproximamos deles. Tais tipos de associações proliferam não em relatos narrativos de contatos sexuais desejados ou indesejados, mas em várias descrições de "senso comum" dos fatos sexuais.

---

[3] Shon Faye, *The Transgender Issue* (Londres, Verso, 2022).

O argumento de que a "teoria de gênero" nega a ciência não leva em consideração o importante trabalho científico sobre o próprio gênero, realizado principalmente por acadêmicas feministas. As feministas transexcludentes tendem a repetir a afirmação de que contestar o determinismo biológico não deveria levar a uma refutação da biologia. Concordo. A chamada de teoria de gênero já vem argumentando isso há algum tempo. Se passarmos, por exemplo, de um modelo determinista para um modelo interativo, como Anne Fausto-Sterling e outras estudiosas da ciência vêm fazendo há algum tempo, constatamos que aquilo que chamamos de nossa biologia está *sempre* interagindo com forças sociais e ambientais e que não podemos realmente pensar em fatos biológicos fora dessa interação[4]. Não é que as causas biológicas fluam a partir de uma fonte e através de um canal específico, enquanto os determinantes sociais fluem desde outro local para se encontrarem apenas em um terceiro local chamado corpo. As forças biológicas e sociais estão interagindo juntas na vida corporificada. O desenvolvimento ou formação do organismo pressupõe que o biológico requer que o social seja ativado, e o social requer que o biológico produza seus efeitos. Um não pode atuar como poder formativo sem o outro.

A questão pode ser explicada de modo simples ao considerarmos como os corpos são formados pelos tipos de alimentos ingeridos, que, por sua vez, dependem dos tipos de alimentos produzidos e disponíveis. A infraestrutura social e econômica da alimentação, incluindo as cadeias de abastecimento e a distribuição desigual, habita a materialidade dos corpos em que vivemos. Como deveria ser óbvio, a nutrição afeta o crescimento e a densidade de nossos ossos, a composição de nosso sangue e as taxas de mortalidade. A nutrição talvez seja um espaço em que a construção conjunta das vidas material e social é mais evidente. Mas outro exemplo seria o efeito do ar limpo ou poluído no corpo, sua própria capacidade de respirar. Como observado anteriormente, as "capacidades reprodutivas" nem sempre podem ser presumidas, e algumas delas têm de ser ativadas para que a reprodução ocorra. Um dos vários motivos pelos quais não podemos pressupor que a capacidade reprodutiva é o que define uma mulher é o simples fato de que nem todas as pessoas que vivem nessa categoria têm essa capacidade ou são levadas a utilizá-la. Tanto o ambiente como o desejo já estão em ação na criação e desconstrução de capacidades. Por vezes, uma "capacidade" só é ativada com uma intervenção tecnológica, momento em que

---

[4] Anne Fausto-Sterling, *Sexing the Body: Gender Politics and the Construction of Sexuality* (Nova York, Basic Books, 2000).

se pode entender que a gestação emerge de mais de um agente, de uma interação complexa de poderes humanos e tecnológicos[5]. O modelo de construção conjunta também entra em jogo aqui. De todo modo, não se deve presumir que exista efetivamente uma capacidade "natural", e muitas vezes acaba sendo cruel fazer essa suposição.

Às vezes, o recurso aos fatos biológicos por parte de militantes antigênero é combinado ao apelo do regresso ao senso comum. Vez ou outra, uma batida na mesa acompanha a repetição insistente da afirmação das diferenças puramente biológicas, como se as batidas e a repetição tornassem a afirmação realidade. A batida é uma forma de construir um fato por meio de um exercício repetitivo, talvez até uma operação de performatividade gestual. O esforço para separar o corpo biológico de seu ambiente pressupõe que o ambiente não está ainda no corpo, como parte de sua própria formação. Se "o ambiente" for entendido como uma realidade externa circundante, separada e distanciada desse eu biológico, nenhuma explicação sobre o desenvolvimento ou a formação desse eu biológico é verdadeiramente possível. Mas aquele mundo de infraestruturas sociais e econômicas e de processos vivos em que o corpo biológico vive, permanece vivo, é o mundo em que uma vida já está vinculada a instituições sociais e econômicas que se vinculam a outras formas de vida. Na verdade, o corpo biológico só vive na medida em que está vinculado a outras formas de vida e a uma série de sistemas sociais e poderes. Essas interações são formativas e, idealmente, mantenedoras. O corpo não "seria" o que é sem que essas conexões permanecessem vivas, sem essas vidas relacionadas, o que significa que a vida do corpo já é, e está continuamente, ligada a outras formas vivas. Essa interação formativa descreve mais de perto o que um corpo "é", ou seja, seu crescimento, seu modo de se tornar e sua relacionalidade constitutiva[6].

Com esta última frase refiro-me apenas "às relações sem as quais um corpo definitivamente não pode existir". O exterior é constantemente absorvido para que se viva, e é por isso que as políticas de alimentação, água, ar e abrigo são cruciais para vivermos, continuarmos vivendo e vivermos bem. Em sua porosidade, o corpo deixa entrar o mundo externo a fim de sobreviver, e quando

---

[5] Charis Thompson, *Making Parents: The Ontological Choreography of Reproductive Technology* (Cambridge, MA, MIT Press, 2005); Rayna Rapp, "Reproductive Entanglements: Body, State, and Culture in the Dys/Regulation of Child-Bearing", *Social Research*, v. 78, n. 3, 2011, p. 693-718.

[6] Elsa Dorlin, "What a Body Can Do", *Radical Philosophy*, v. 2, n. 5, 2019, p. 3-9.

suas fronteiras estão totalmente fechadas ao que está fora, ele fraqueja. Não consegue respirar nem comer; não pode expulsar o que não precisa mais. Assim, não faz sentido pensar no corpo como uma entidade delimitada que tem seu sexo como um simples atributo. Se o corpo e seu sexo são ambos entendidos como relacionais, o social nos envolveu e nos adentrou muito antes de entrarmos em qualquer relação deliberada com o social. Estamos desde o início, por assim dizer, fora de nós, nas mãos de outros seres, expostos a elementos como ar, requerendo nutrição e abrigo, e todos esses elementos externos tornam-se parte da vida biológica – ingeridos, inalados, incorporados, fazendo células se reproduzirem e às vezes danificando-as. Se nos preocupamos em erradicar as toxinas ambientais e o racismo ambiental, sabemos que é no nível da partícula que passa entre o mundo externo e o corpo que as matérias de vida e morte vêm à tona. Portanto, não faz sentido pensar que o corpo está aqui e o ambiente ali, e em seguida perguntar como os dois se unem. Temos de começar com o cenário de interação, interdependência e permeabilidade recíproca e depois perguntar como é que a ideia de uma separação ontológica primária entre corpo e mundo veio a ser aceita como "senso comum" em certas partes do mundo ocidental. Um corpo vivo só está vivo em virtude das relações que mantém, por isso, quando pensamos no corpo, ou na corporeidade generificada, estamos sempre falando igualmente dessas relações. Aliás, se não recebermos algum tipo de ação sobre nós, se não aceitarmos que o mundo externo nos adentre, ou se não encontrarmos uma forma de nos alojarmos nele, não teremos muita chance de continuar vivendo.

O "ambiente" não está, portanto, apenas "ali", distante de nossos corpos. Absorvemos esse ambiente à medida que ele nos envolve, e o ambiente é fundamentalmente alterado pelas intervenções e extrações humanas – e as mudanças climáticas são um testemunho claro de como essas intervenções podem tornar-se destrutivas. Ninguém pode ser formado sem um conjunto de intervenções, e essas imposições externas se tornam as condições de nosso aparecimento; elas se tornam parte de quem somos, intrínsecas a nossas formas de nos tornarmos, as quais não seguem uma trajetória única.

No que se segue, vale a pena considerar mais de perto três pontos para responder à questão: "O gênero nega a materialidade do sexo?". Primeiro, a construção (ou formação) social e material deve ser pensada como interativa e apoiada por vários referenciais científicos. Segundo, a distinção entre natureza e cultura que presume que o sexo é natural e o gênero cultural ou social não funciona dentro desses referenciais porque a relação entre ambos rejeita essa divisão (uma divisão historicamente estabelecida que precisa ser repensada à luz tanto da teoria social como da ciência). Terceiro, a atribuição do sexo é um lugar em que podemos ver claramente os poderes sociais que operam sobre os corpos para estabelecer o sexo em referência a ideais dimórficos e a uma série de expectativas sociais associadas. Se pensamos na atribuição do sexo como a simples nomeação daquilo que é, nos recusamos a considerar as formas como as categorias estabelecidas e obrigatórias descrevem e formam os corpos ao mesmo tempo, e como esses poderes descritivos e formativos podem excluir e apagar os corpos sexuados que emergem com o tempo. Argumentar que uma série de poderes formativos agem sobre a matéria do sexo, incluindo nossos próprios poderes autoformativos, não é negar o sexo, mas oferecer uma forma alternativa de compreender sua realidade, para além de uma tese de complementaridade da lei natural ou de qualquer forma de determinismo biológico[7].

*

Vamos começar pela atribuição de sexo e retornar à distinção natureza/cultura, para então considerar o quadro interativo em que operam tanto a construção social como a material. Algumas feministas transexcludentes retrocederam ao positivismo em sua oposição ao gênero, especificando que a negação da materialidade do corpo equivale à negação dos fatos do sexo. Positivistas argumentam que fatos são fatos e que só idiotas os negariam. Nossa tarefa, de acordo com a opinião dos positivistas, é medir o valor do que temos a dizer em relação aos fatos e deixar que os fatos determinem o que é certo e errado em nossas diversas opiniões e teorias. Algumas pessoas sugerem que quem se dedica à teoria de gênero é acometido por ilusões por não confiar na observação clara dos fatos em questão. Sobrancelhas se erguem com regularidade. Mas e se estivermos observando através de lentes ou referenciais que cultivaram os hábitos e as regras que governam a observação? E se precisarmos saber como o campo de observação está circunscrito para saber o que estamos observando, ou de que perspectiva nossa visão está sendo dirigida, se somos dotados de visão? Como foi criado o campo observacional? O que não nos permite ver e como o que não é observável determina, até certo ponto, o campo do observável? Se

---

[7] Para uma explicação persuasiva e influente, ver Sally Haslanger, *Resisting Reality: Social Construction and Social Critique* (Oxford, Oxford University Press, 2012), p. 83-138.

concordarmos que as formas de ver afetam o que vemos (importante argumento de John Berger não apenas sobre a pintura, mas também sobre a vida cotidiana) e que existem diferentes maneiras de observar o corpo, bem como diferentes referenciais em que a observação ocorre, o resultado são caos e negação puros, ou a condição de possibilidade para um modo mais amplo de conhecimento? E se essas várias formas de ver e sentir estiverem, na verdade, carregadas de pressupostos sobre o significado do que há para ser conhecido – como a ideia de que o dimorfismo funciona como um critério suficiente para distinguir entre os sexos e que a relação binária é sempre clara, sem nenhuma outra formação existente fora desse quadro de referência? Quantas vezes, ao observarmos as características sexuais primárias de uma criança, percebemos também, ao mesmo tempo, a trajetória social normativa dessa criança, a vida generificada e reprodutiva do futuro da criança, sua eventual materialização como menina ou menino, mulher ou homem? Esses pensamentos não nos ocorrem apenas naquele momento. Fazem parte do próprio referencial através do qual muitas pessoas veem, sentem e confirmam o sexo da criança.

Uma questão é se existe alguma possibilidade de a atribuição de sexo ocorrer *sem* um quadro referencial imaginativo ou que ajude ativamente a criar o que há para ser visto. Será que a nomeação do sexo de uma criança já é um momento definidor da imaginação adulta dessa vida? A antecipação imaginativa do gênero normativo já está presente no quadro referencial por meio do qual ocorre a atribuição do sexo. O positivismo, contudo, nunca foi capaz de dar conta desse quadro imaginativo e interpretativo através do qual os fatos são determinados e valorados. Ao mesmo tempo, o positivismo opera dentro de seu próprio imaginário. Ele imagina que os fatos aparecem como são, desde que utilizemos o melhor método para descobri-los. Mas e se esse método de descoberta também acabar determinando, até certo ponto, o que já se considera valioso de observar e nomear, qual valor aquilo que é observado tem para nós, ou deveria ter? Ninguém está negando os fatos ao fazer tais perguntas. Ninguém nega os fatos ao perguntar: "Quais fatos são evidentes? Ou ainda, o que os tornou evidentes?". Nada disso significa que o "sexo" seja um efeito artificial de um quadro referencial ou que um quadro referencial *cause* a existência do "sexo", ou que o sexo não seja nada mais que uma interpretação, ou que seja composto, de alguma forma, por material linguístico. Ao contrário, tudo isso significa apenas que os quadros referenciais que organizam para nós os fenômenos sexuados fazem parte do que é observado e nomeado, e que nem sempre é fácil, ou possível, desemaranhar as duas coisas.

Considerar as dimensões materiais do corpo sem o positivismo não é apenas possível – é necessário. Materialismo não é positivismo, e Marx, por exemplo, deixou claro que toda forma de materialismo deveria conduzir uma crítica do positivismo. Para Marx, as relações sociais que ajudam a organizar a realidade material configuram não apenas o mundo conhecível de determinadas maneiras mas também nossas formas de conhecer. O positivismo considera o corpo um fato, sem vida e descontextualizado. Mas uma vez que consideramos o corpo vivido, isto é, o corpo trabalhador, ou o corpo sexual, o corpo que aparece para os outros, o corpo na mesa de cirurgia ou o corpo que aparece diante da corte, a matéria do corpo é captada nas relações sociais e nas instituições, e não pode ser conhecida sem referência a elas. O corpo generificado toma forma dentro de instituições como a família ou o local de trabalho, e desembaraçá-lo das formas sociais definidoras é perder sua definição histórica em prol de um "fato" que é alheado das relações vividas e das realidades históricas.

*

Na verdade, historicamente falando, a atribuição do sexo e o sexo como categoria pertencem ambos a sistemas de classificação. Paisley Currah, por exemplo, faz um comentário útil sobre a classificação e reclassificação do sexo em relação à lei. Em seu extraordinário livro *Sex Is as Sex Does: Governing Transgender Identity* [O sexo é o que o sexo faz: governando a identidade transgênero][8], ele mostra como as classificações legais dependem de algumas contradições estranhas e as produzem. Ele escreve: "Talvez, por se pensar que o sexo é anterior ou externo à política, desenterrar sua produção como uma classificação jurídica parece qualitativamente diferente de analisar a política de muitos outros tipos de classificação"[9]. Diferentes tipos de classificação são usados por diferentes agências governamentais para "decidir" o sexo de uma pessoa. Duas pessoas designadas como homens no nascimento podem vir a ter a mesma identidade de gênero, mas dependendo da agência com que se confrontam, ou da região em que estão, podem muito bem acabar com diferentes classificações legais de sexo. A regra de uma agência específica para decidir entre M ou F (se essas duas forem as únicas opções) está ligada ao que Currah chama de "projeto de

---

[8] Paisley Currah, *Sex Is as Sex Does: Governing Transgender Identity* (Nova York, New York University Press, 2022).

[9] Ibidem, p. xiv.

governança". Embora aparentemente seja uma questão de alguém assinalar um quadrinho com base em fatos não interpretativos, o quadrinho serve a certas políticas governamentais e, dependendo da política a que determinada agência serve, os quadrinhos marcados podem ser diferentes. O quadrinho e a política devem ser considerados em conjunto, e o quadrinho marcado – bem como os quadrinhos existentes – depende da política a que ele serve.

Embora possamos imaginar que o Estado ordene o sexo de uma forma coerente, ou que procure exercer um controle soberano sobre o que o sexo pode ser, a situação revela-se mais complicada. Um poder que esperamos que seja soberano e calculista está distribuído e é relativamente incoerente, de modo que não reina nenhuma operação única de poder. Sua função reguladora falha regularmente porque uma regulação entra em conflito com outra. Currah ressalta que uma variedade de termos é usada para vincular uma pessoa ao Estado por meio do quadrinho assinalado. Diz-se que o M ou o F estão "indicando", "descrevendo", "listando" e "declarando", o que certamente faz parecer que o quadrinho selecionado é pura e exclusivamente o registro de um fato. Mas existe "um poder autorizador" por trás dessa associação. Currah cita Gayle Salamon: "Sexo é algo que os próprios documentos promulgam, e o sexo se torna performativo no sentido de que o 'M' ou o 'F' no documento não só informa o sexo de seu portador, mas se torna a verdade e a concessão do sexo do portador"[10].

O uso do termo "performativo" na citação precedente levanta algumas questões. Por enquanto, vamos fazer uma distinção que esperamos ser útil. Às vezes, na linguagem popular dos últimos anos, dizer que algo é "performativo" significa que se trata de um mero espetáculo, um fenômeno superficial, algo totalmente artificial e não muito real. Mas quando a lei nomeia você de determinada maneira, fechando você em um quadradinho, a força da linguagem cria, efetivamente, uma nova situação: confere-se um estatuto jurídico. Nesses contextos, um uso performativo da linguagem traz à tona a realidade a que ela dá nome[11]. Quando um juiz declara que você é uma pessoa casada ou morta,

---

[10] Gayle Salamon, *Assuming a Body: Transgender and Rhetorics of Materiality* (Nova York, Columbia University Press, 2010), p. 183, citado em Paisley Currah, cit.

[11] Em *Quando dizer é fazer* (trad. Danilo Marcondes de Souza Filho, Porto Alegre, Artes Médicas, 1990), J. L. Austin distinguiu entre performativos ilocucionários, que provocam a situação que nomeiam, e performativos perlocucionários, em que um conjunto de consequências pode se seguir à enunciação de um ato de fala, como gritar "fogo" no cinema e ver as pessoas rapidamente se dirigindo para a saída. Espera-se das classificações legais que instituam

não se trata apenas de uma trivialidade artificial. Algo muito real aconteceu. E, no entanto, o poder performativo não opera exclusivamente através da lei. Uma realidade performativa é aquela que é expressa, e efetivada, pela própria atuação*, quer ela ocorra na linguagem, no gesto ou no movimento. Às vezes, o que é atuado é uma forma de apagamento; outras vezes, é um discurso ou uma prática de afirmação da vida. Por exemplo, a introdução, em uma grande quantidade de países, de X como um quadradinho que pode ser assinalado juntamente com M e F produz agora a legibilidade social de pessoas queer e não binárias, ou de pessoas trans que se consideram fora do binarismo. De fato, se uma pessoa é chamada de homem quando é mulher, ou de mulher quando é homem, esse vocativo é um apagamento daquilo que ela é. Esse apagamento é um efeito concreto, uma modificação da realidade e uma forma específica de violência. Nenhum desses exemplos de performatividade deve ser chamado de "meramente teatral" ou "falso" – trata-se de atuações vividas, que mudam a forma como vivemos e respiramos, determinando as condições do vivível ou do invivível. Dizer que as atuações performativas não fazem nada é privar quem delas necessita para poder respirar e viver no mundo.

Consideremos a atribuição do sexo, o ato complexo por meio do qual as autoridades médicas e legais determinam de que sexo somos, e que coloca em primeiro plano certos aspectos do corpo para atender aos critérios preponderantes que diferenciam um sexo de outro segundo um referencial binário. Podemos distinguir entre os poderes que geralmente atribuem o sexo no início da vida e o próprio sexo? Podemos descobrir o que é esse sexo sem usar algum tipo de critério? Se realmente precisamos desse critério, então ele orienta, e até limita, o que identificamos como sexo. Será que podemos decidir o que significa ser de um sexo, ou ter um sexo, fora de um quadro referencial que estabelece e restabelece o sexo, isto é, um quadro que deve ser imposto com regularidade ao longo do tempo e segundo o qual o poder de autoatribuição é exercido por

---

o que designam, e isso implica que a classificação sexual é performativa naquele sentido ilocucionário. Mas se diferentes partes de um sistema jurídico insistem em diferentes tipos de esquemas de classificação, uma pessoa pode ser considerada, em uma parte da lei, de um sexo e, em outra ordem jurídica, de um sexo diferente. O poder da lei deixa de ser unificado, e o caráter contingente da classificação dos sexos torna-se claro.

* Judith Butler utiliza aqui o substantivo em inglês *enactment*, que comporta o sentido da encenação, representação, mas também de ação com o objetivo de produzir um efeito. Por isso, a opção aqui foi pelo termo *atuação*, que evoca ao mesmo tempo a representação cênica e a atuação concreta. (N. T.)

quem *já recebeu* uma atribuição? Algumas pessoas trans se voltam contra todo tipo de atribuição, alegando que ela invariavelmente trabalha pela hierarquia[12].

Quando as autoridades legais e de saúde certificam o sexo no nascimento, presumimos que geralmente o fazem com base na observação. Nada naquilo que observam, porém, nos dirá como a pessoa a quem elas atribuíram o sexo virá a compreender-se e a nomear-se, nem se aquela atribuição de sexo se revelará viável ao longo do tempo. Persiste certa lacuna entre essa atribuição e o modo como a pessoa que a recebeu passa a se localizar dentro das categorias de sexo. Mesmo as pessoas que gostam de sua atribuição sexual inicial e a mantêm ainda precisam estabelecer uma relação com essa atribuição, o que significa que as pessoas passam por uma relação imaginária com seu sexo. Se procuram estar de acordo com a atribuição, ou sentem que sempre estiveram de acordo com ela, estabelecem uma relação com essa identidade, repetindo-a de algum modo e encontrando uma maneira, por vezes bastante feliz, de viver de acordo com os termos dessa atribuição. Para algumas pessoas, isso significa cumprir o comando social que a atribuição de sexo parece implicar e viver dentro do imaginário que rodeia esse sexo; para outras, a única maneira de viver é se debater com ou lutar contra esse comando, expandir o sentido do que significa viver um corpo neste mundo. Contanto que concordemos que a categoria sexo chega a nossas vidas com um imaginário, um comando, um quadro complexo, um conjunto implícito de critérios, haverá desde o início uma condição fantasmática que informa o fato do sexo, efetivado em sua delimitação, e isso significa que o gênero já está fazendo seu trabalho.

Em grande parte da cultura popular contemporânea, entendemos "gênero" como uma abreviatura de "identidade de gênero", mas "identidade de gênero" não é o único uso do termo, nem sequer o principal. "Identidade de gênero" é um sentido profundo de como alguém se encaixa no contexto marcado pelo gênero, na realidade vivida de seu próprio corpo no mundo. "*Expressão* de gênero" refere-se a todas as características manifestas que são socialmente definidas como masculinas, femininas ou de outra categoria de gênero. Um problema da definição de tais termos é que determinada expressão de gênero que se lê em um lugar do mundo é lida de outro modo em uma região diferente, ou então está tão emaranhada com classe ou raça que não se lê da mesma forma no mesmo lugar, dependendo da perspectiva a partir da qual é

---

[12] Ver Ido Katri, "Transitions in Sex Reclassification Law", *UCLA Law Review*, v. 70, n. 1, 2022, p. 1-79.

lida. "Gênero", por outro lado, é um termo muito mais amplo e nem sempre se refere a uma pessoa em particular, a seu sentido profundo de si ou ao modo como manifesta certas características legíveis. De acordo com Joan W. Scott, por exemplo, dizer que o modo como percebemos o mundo é definido pelo gênero significa que fazemos suposições sobre como o mundo é ordenado de acordo com o gênero[13]. Não significa necessariamente que vemos o mundo apenas de acordo com o gênero de que somos (o que estabeleceria o gênero como uma perspectiva, uma identidade ou um ponto de vista, precisamente o contrário da visão dela). Para Scott, ao revisitar em 2010 seu artigo inovador, "gênero" não é o que alguém é, mas um modo de interrogar os vários significados que permeiam a relação entre os sexos. Sua visão de gênero requer uma noção de diferença sexual, e essa noção, para além de qualquer tipo de essencialismo biológico, também deve ser interrogada por seus significados históricos e fantasmáticos. Ela escreve:

> Muitas vezes, "gênero" conota uma abordagem programática ou metodológica em que os significados de "homens" e "mulheres" são tomados como fixos; busca-se descrever os diferentes papéis, e não os interrogar. Penso que o gênero continua a ser útil apenas se for além dessa abordagem, se for tomado como um convite a pensar criticamente sobre *como os significados dos corpos sexuados são produzidos em relação uns aos outros, como esses significados são desdobrados e alterados* [grifo meu]. O foco não deveria estar nos papéis atribuídos às mulheres e aos homens, mas na construção da diferença sexual em si.[14]

Às vezes, a identidade de gênero e esse sentido mais amplo de gênero trabalham juntos. Por exemplo, o gênero, como forma de poder, elabora os esquemas classificatórios a partir dos quais fazemos inferências quando procuramos compreender a identidade de gênero. Trabalhando em conjunto com raça, classe, deficiência e histórias pessoais e nacionais, o gênero satura a maneira como nos vemos, nos sentimos e nos percebemos no mundo. Decididamente, não se trata de uma realidade atemporal. Essa estrutura que satura o mundo

---

[13] Joan W. Scott, "Gender: A Useful Category of Analysis", em *Gender and the Politics of History* (Nova York, Columbia University Press, 1988), publicado originalmente em *The American Historical Review*, v. 91, n. 5, 1986, p. 1.053-75. [Ed. bras.: "Gênero: uma categoria útil de análise histórica", *Educação & Realidade*, v. 20, n. 2, jul.-dez. 1995.]

[14] Idem, "Gender: Still a Useful Category of Analysis?", *Diogenes*, v. 57, n. 1, 2010, p. 10.

permanece em grande parte não examinada, a menos que exploremos sua operação ubíqua na apresentação do modo como as coisas são. O gênero afeta a forma como entendemos a profissão médica; a vocação da ciência; a economia, especialmente a delimitação dos domínios público e privado, a organização do trabalho, a distribuição da pobreza, e as desigualdades estruturais; e as modalidades de violência e de guerra. Mas também pode nomear um dos sentidos mais íntimos e duradouros de quem somos em relação às outras pessoas, à história e à linguagem. Se o gênero não levantasse essa questão íntima de quem somos e como nos relacionamos com outras pessoas, de permeabilidade e sobrevivência, não estaríamos tendo nenhuma dessas discussões, e elas não seriam tão urgentes quanto claramente são.

7.
De que gênero você é?

Em vez de considerar o gênero a versão cultural ou social do sexo biológico, deveríamos perguntar se o gênero funciona como o quadro referencial que tende a estabelecer os sexos dentro de esquemas classificatórios específicos. Se for esse o caso, então o gênero já está em funcionamento como o esquema de poder dentro do qual ocorre a atribuição do sexo. Quando um servidor designado atribui um sexo com base na observação, ele se vale de um modo de observação geralmente estruturado pela antecipação da opção binária: masculino ou feminino. Essa pessoa não responde à pergunta "qual gênero?", e sim *qual dos gêneros?*". A marcação do sexo é a primeira operação do gênero, mesmo que a opção binária obrigatória entre "masculino" ou "feminino" tenha preparado o cenário. Nesse sentido, pode-se dizer que o gênero *precede* a atribuição de sexo, funcionando como uma antecipação estrutural do binário que organiza os fatos observáveis e regula o ato de atribuição em si.

As teorias das décadas de 1980 e 1990 na teoria anglófona de gênero, principalmente nas formas de feminismo branco, requerem uma revisão, por muitos motivos, mas não na direção exigida pelas feministas "críticas ao gênero". Por exemplo, há várias revisões da distinção sexo/gênero que agora parecem importantes. Em primeiro lugar, o gênero não está para a cultura como o sexo está para a natureza: a construção conjunta é uma maneira melhor de compreender a relação dinâmica entre o social e o biológico em questões de sexo. Em segundo lugar, embora o gênero possa ser um dos dispositivos mediante os quais se estabelece o sexo, é importante compreender os legados raciais e coloniais da distinção sexo/gênero para narrar as condições sob as quais surgiu o dimorfismo idealizado.

Anne Fausto-Sterling, professora de biologia molecular, biologia celular e bioquímica na Universidade Brown, argumentou em 2021 que é necessário "um quadro referencial de sistemas dinâmicos" para dar conta da subjetividade de "gênero/sexo"[1]. Um quadro referencial de sistemas dinâmicos, na opinião dela, vai além do debate natureza/criação, que pressupõe um contraste entre fatores internos e externos. Quem se atém a esse modelo imagina que o interior não é formado parcialmente pelo exterior, isto é, pela interação, embora conceitos biológicos como "auto-organização, complexidade, corporificação, continuidade no tempo e estabilidade dinâmica" abranjam "múltiplos níveis de organização biológica e social". A perspectiva dos "sistemas dinâmicos", elaborada por uma série de especialistas além de Fausto-Sterling, considera a corporificação não como um fenômeno que segue critérios delimitados, mas como o efeito de um conjunto complexo de interações de um organismo com um ambiente ao longo do tempo, algumas delas mais aceleradas que outras[2]. Quando alguém apresenta uma "identidade de gênero/sexo" que é o resultado de um processo complexo e dinâmico, as forças biológicas e sociais já interagiram. Nossas estimadas identidades, se as tivermos, são o resultado estabilizado desses processos intrincados. Karen Barad, feminista e física, argumenta que mesmo o caráter dinâmico da "matéria" do sexo é regularmente ignorado tanto pelas formas de positivismo (o sexo é um fato) como pelo construtivismo linguístico (o sexo é um efeito linguístico)[3].

Se procurarmos separar as causas biológicas das causas sociais daquilo que Fausto-Sterling chama de "gênero/sexo", admitindo como uma reflexão tardia a interação entre elas, perdemos a noção do próprio quadro de referência que estabelece a interação como condição do desenvolvimento e da vida em si. Fausto-Sterling cita Sari M. van Anders e Emily J. Dunn, que publicaram textos influentes sobre hormônios em 2009[4]. Elas estavam convictas desse processo

---

[1] Anne Fausto-Sterling, "A Dynamic Systems Framework for Gender/Sex Development: From Sensory Input in Infancy to Subjective Certainty in Toddlerhood", *Frontiers in Human Neuroscience*, v. 9, n. 15, abr. 2021; disponível on-line.

[2] A abordagem de Fausto-Sterling vale-se da obra de Linda B. Smith e Esther Thelen (orgs.), *A Dynamic Systems Approach to Development: Applications* (Cambridge, MA, MIT Press, 1996), o que tem implicações para superar a oposição natureza/cultura na psicologia e na biologia. Ver também Esther Thelen e Karen E. Adolph, "Arnold L. Gesell: The Paradox of Nature and Nurture", *Developmental Psychology*, v. 28, n. 3, 1992, p. 368-80.

[3] Karen Barad, "Posthumanist Performativity: Toward an Understanding of How Matter Comes to Matter", *Signs*, v. 28, n. 3, 2003, p. 801-31.

[4] Sari M. van Anders e Emily J. Dunn, "Are Gonadal Steroids Linked with Orgasm Perceptions and Sexual Assertiveness in Women and Men?", *Hormones and Behavior*, v. 56, n. 2, ago. 2009, p. 206-13.

interativo, concluindo que "as diferenças não podem ser conscientemente atribuídas à biologia ou à socialização de gênero", exceto em casos raros. De modo semelhante, se afirmarmos que uma pessoa nasce com uma constituição hormonal específica, ou identificarmos o que aconteceu na infância ou na puberdade, e concluirmos que o que acontece mais tarde na vida – nos esportes, por exemplo – é determinado por esses níveis anteriores, falhamos em considerar todas as interações que ativaram e deram sentido a esses hormônios em relações sociais específicas. Um motivo pelo qual não podemos nos contentar com explicações que reduzem as capacidades atléticas e a autocompreensão de pessoas adultas a estágios anteriores de desenvolvimento é que não temos ideia de como foi, nesse meio-tempo, a vida interativa daquela situação hormonal. E sem esse conhecimento, não podemos dizer muito sobre a interação das forças biológicas e sociais em qualquer pessoa, incluindo atletas.

Nos debates sobre quem pode participar em competições esportivas femininas, a matéria do sexo torna-se bastante complicada. Nessas deliberações, o "sexo" é desarticulado em características hormonais, anatômicas, biológicas e cromossômicas que nem sempre se alinham às expectativas comuns. Em um estudo financiado pelo Comitê Olímpico Internacional (COI) em 2014 e pela Agência Mundial Antidoping, os níveis de testosterona foram testados em quase setecentos atletas que disputaram profissionalmente em quinze modalidades esportivas diferentes. O *New York Times* relata que o estudo descobriu "que 16,5% dos homens tinham níveis baixos de testosterona e 13,7% das mulheres tinham níveis elevados de testosterona, com sobreposição considerável entre os dois grupos"[5]. Se o "sexo" se revelar um espectro ou um mosaico[6], como defenderam alguns cientistas, os chamados fatos do sexo revelam-se mais complicados do que o simples binarismo implicaria[7]. Se aceitarmos que os níveis de testosterona são significativos nos esportes apenas quando interagem com o treino, e aceitarmos que o treino frequentemente depende do acesso a clubes desportivos e ginásios, então o que proporciona músculos fortes, boa densidade

---

[5] Ver M. L. Healy, J. Gibney, C. Pentecost, M. J. Wheeler, P. H. Sonksen, "Endocrine Profiles in 693 Elite Athletes in the Postcompetition Setting", *Clinical Endocrinology*, v. 81, n. 2, ago. 2014, p. 294-305; disponível on-line.

[6] Daphna Joel e Luba Vikhanski, *Gender Mosaic: Beyond the Myth of the Male and Female Brain* (Nova York, Little, Brown, 2019).

[7] Claire Ainsworth, "Sex Redefined: The Idea of 2 Sexes is Overly Simplistic", *Nature*, 22 out. 2018, republicado da edição de 18 fev. 2015.

óssea e resistência é a interação da testosterona com uma vasta gama de práticas e instituições sociais, muitas das quais têm como base a classe social. Em 2021, quando o COI revisou suas diretrizes de 2015 que exigiam que as mulheres, incluindo as que são trans e intersexo, reduzissem seus níveis de testosterona para menos de 10 nanomoles por litro durante doze meses, a instituição citou estudos que mostravam que os níveis de testosterona de mulheres e homens podem se sobrepor e que muitas mulheres já têm níveis de testosterona maiores que os de muitos homens. Em 2015, pensava-se que o nível de 10 nanomoles por litro era o mais baixo para os homens, mas o caso simplesmente não era esse mesmo entre aqueles designados como homens no nascimento e que praticam esportes de elite – o nível podia ser tão baixo quanto 7 nanomoles por litro. Richard Budgett, diretor médico e científico do COI, reconheceu que "a ciência avançou" e que simplesmente não seria possível chegar a um acordo em relação a outro número, uma vez que o desempenho desportivo não se correlaciona de forma previsível com os níveis de testosterona endógena. À medida que diferentes desportos em diferentes localidades formulam suas diretrizes, os níveis de testosterona e a puberdade masculina podem ser dois entre muitos fatores, mas nenhum deles pode ser o único ou determinante[8].

Quem afirma que as mulheres trans têm uma vantagem nos esportes por conta da sua constituição hormonal não leva em consideração a complexidade da interação hormonal com o ambiente ou a variação dos níveis de testosterona endógena. Passar pela puberdade masculina não é suficiente para transformar alguém em um grande atleta. A puberdade masculina e o livre acesso às quadras de tênis já mudam a situação. A puberdade masculina e um treinador individual o mudam ainda mais. O que intervém na vida biológica de uma pessoa que passa pela puberdade masculina para que esta se torne uma vantagem, e como lidar com o fato de que tipos de antecedentes e níveis de testosterona semelhantes nem sempre produzem resultados semelhantes? Para além da ciência obsoleta que tem apoiado a exclusão, o monitoramento e a regulação de atletas intersexo e trans que competem em esportes femininos, o COI aponta para os danos da vigilância, da denúncia e da redução dos níveis de

---

[8] Comitê Olímpico Internacional, "IOC Releases Framework on Fairness, Inclusion and Non-discrimination on the Basis of Gender Identity and Sex Variations", 26 nov. 2021, comunicado à imprensa disponível em: <https://olympics.com/ioc/news/ioc-releases-framework-on-fairness-inclusion-and-non-discrimination-on-the-basis-of-gender-identity-and-sex-variations>.

testosterona endógena nos corpos de atletas. O que impulsiona a exclusão de atletas trans do esporte parece ser motivado por outros tipos de paixões, que não são apoiadas pela ciência de hoje. A elegibilidade para praticar esportes em categorias femininas ou masculinas, nesse caso, não deve depender do estabelecimento de gênero, mas de critérios que sejam inclusivos e justos. Em defesa da nova política do COI, Budgett destacou que vários fatores influenciam a formação de atletas, incluindo "muitos aspectos de fisiologia e anatomia e o lado mental", por isso é difícil apontar a puberdade masculina como motivo definitivo para que alguém se destaque. Aliás, podemos ter em mente que toda vez que uma pessoa trans se destaca no esporte os hormônios são creditados, mas toda vez que uma pessoa trans não vence uma corrida os hormônios saem de cena. Quando os argumentos envolvendo desenvolvimento e hormônios desapareçam, ficamos com um quadro mais claro da discriminação contra pessoas trans, que procura excluir a participação delas nos esportes. Afinal, se as mulheres trans sempre desfrutam de uma vantagem (a qual não existe), nenhuma mulher trans deveria participar. E, no entanto, a desvantagem que elas sofrem por não participarem dificilmente entra em foco.

Embora a participação de mulheres intersexo e trans nos esportes tenha sido por vezes enquadrada como um problema de inclusão *versus* equidade, é imperativo reconhecer o dano causado pelo processo de "qualificação" para disputar em categorias esportivas femininas às pessoas que foram informadas, segundo a norma de 2003, de que deveriam submeter-se a cirurgia e terapia de reposição hormonal por pelo menos doze meses. Algumas dessas atletas, como a corredora Caster Semenya, supostamente tinham hiperandrogenismo e algumas foram durante anos instadas a tomar medicamentos que reduziriam os níveis de testosterona, colocando em risco sua própria saúde e seu bem-estar, o que levou ao ganho de peso e ao adoecimento por febre e também dor abdominal[9]. Semenya foi obrigada a passar por testes exaustivos depois de vencer o Campeonato Africano Júnior de Atletismo em 2009[10]. Não lhe foi dito de que tratavam esses testes, e ela presumiu serem testes antidoping regulares, aos quais a maioria dos atletas profissionais se submete regularmente. Depois de vencer o campeonato mundial em Berlim no final daquele ano, Semenya foi

---

[9] Associated Press, "Track Officials Called Caster Semenya 'Biologically Male,' Newly Released Documents Show", *New York Times*, 18 jun. 2019; disponível on-line.

[10] Ver também o caso de Dutee Chand em Smriti Sinha, "A Sprinter's Fight to Prove She's a Woman", *Vice*, 26 fev. 2015; disponível on-line.

novamente submetida a exaustivos testes e inspeções em um hospital local. A imprensa se entregou a um frenesi previsível, circulando vazamentos e rumores, e Semenya, após refletir, afirmou que aquela foi "a experiência mais profunda e humilhante da minha vida"[11].

Embora o COI tenha feito bem ao retirar os requisitos para reduzir os níveis de testosterona e garantir que as mulheres com níveis elevados de testosterona não fossem excluídas dos esportes, suas diretrizes funcionam apenas como recomendações para organizações desportivas específicas e autoridades regionais. Sensatamente, o COI também decidiu retirar os requisitos obrigatórios que afetavam tanto a saúde mental como a saúde física de atletas selecionadas para análise. As regulamentações que insistem em produzir uma norma para uma forma complexa de corporificação impõem um ideal binário a um espectro. Como argumenta Canela López, a série de novos projetos de lei nos Estados Unidos que procuram controlar ou excluir as mulheres trans dos esportes pressupõe erroneamente que a testosterona, por si só, é responsável pelas diferenças no desempenho atlético: "Não há estudos que indiquem que os níveis de testosterona das mulheres trans – que variam amplamente – lhes proporcionam uma vantagem sobre suas concorrentes cis. Além do mais, muitas mulheres cis têm níveis de testosterona superiores aos que muitos consideram ser a média 'feminina', o que significa que grandes variações hormonais já são um elemento intrínseco ao esporte feminino"*.

O debate sobre a participação das mulheres trans nos esportes amplia a própria definição do que é ser mulher, e pôr fim a ele significaria recusar a realidade. Algo que sabemos é que o espectro hormonal é amplo e que não podemos decidir quem é ou não mulher apenas com base nos níveis de testosterona. Alguns procuraram distinguir intervalos normais e excessivos, mas essa é uma forma patologizante de recusar uma complexidade fundamental. Se somos a favor das mulheres nos esportes, e se as mulheres são complexas, deveríamos afirmar essa complexidade. Em resposta ao medo de que as mulheres trans sempre vençam as mulheres designadas como mulheres no nascimento, as estatísticas não chegam bem a apoiar essa afirmação. Como coloca López: "Longe de dominarem os esportes, atletas trans continuam lamentavelmente

---

[11] Gerald Imray, "IAAF Argued in Court that Cester Semenya is "Biologically Male", *Associated Press*, 18 jun. 2019; disponível on-line.

* Canela López, "'Sex tests' on athletes rely on faulty beliefs about testosterone as a magical strength hormone", *Yahoo!Life*, 10 ago. 2021; disponível on-line. (N. E.)

em sub-representação nas competições de elite. Dos 10 mil atletas que estarão em Tóquio para os Jogos Olímpicos deste ano, apenas três são trans – embora as pessoas trans representem aproximadamente 1% da população mundial. Quando a levantadora de peso neozelandesa Laurel Hubbard se classificou para os Jogos [em 2021], ela se tornou a primeira mulher abertamente trans a ganhar o direito de competir nas Olimpíadas"[12]. No contexto em que se argumenta que ser trans produz uma vantagem competitiva injusta, consideremos o risco inverso que atletas trans se arriscam a correr. Em 2022, o campeão olímpico Ellia Green informou às pessoas que ele era trans, após ter competido efetivamente no rúgbi feminino durante anos. Sua história sugere que o sexo atribuído no nascimento não diz a ninguém quem essa pessoa será nesta vida nem qual vantagem ou desvantagem ela terá em campo[13]. O dimorfismo sexual não é um mero fato nem uma hipótese inocente. Funciona como uma norma, se não como uma exigência, que ordena o modo como vemos, quase determina o que encontraremos e, por vezes, obriga as pessoas a negarem uma série de sobreposições e complexidades hormonais e neurológicas, em vez de aceitar qualquer contestação a esse referencial consagrado. O que consagra esse referencial senão algum tipo de investimento fantasmático? Obviamente, podem ser feitas inúmeras generalizações sobre como diversas doenças e condições médicas, por exemplo, afetam mulheres e meninas designadas como mulheres no nascimento, mas quando incluímos esses tipos de estudos sob a rubrica de "dimorfismo", presumimos que eles confirmam outra tese, a saber, a de que existem apenas duas formas para os corpos, a masculina e a feminina, e que o binário não deve ser questionado por nenhuma das evidências que encontramos[14]. Nesses casos, a hipótese não é revisada pelas evidências encon-

---

[12] Quispe López, "'Sex Tests' on Athletes Rely on Faulty Beliefs About Testosterone as a Magical Strength Hormone", *Business Insider*, 1 ago. 2021; disponível on-line. Nos Jogos de Tóquio, atletas abertamente trans e não binárias competiram na Olimpíada pela primeira vez, incluindo Laurel Hubbard, Quinn e Alana Smith.

[13] Para uma importante declaração de especialistas que se opõem à exclusão de jovens trans da participação em esportes nos Estados Unidos, ver Elana Redfield, Christy Mallory e Will Tentindo, "Title IX Sports Participation: Public Comment", *UCLA School of Law Williams Institute*, maio 2023; disponível on-line.

[14] Ver, por exemplo, Katherine Bryant, Giordana Grossi e Anelis Kaiser, "Feminist Interventions on the Sex/Gender Question in Neuroimaging Research", na edição "Neurogenderings" [Neurogenerificações] do *The Scholar and the Feminist Online*, v. 15, n. 2, 2019. Em sua introdução, as autoras mostram como "suposições pré-teóricas sobre sexo/gênero" ameaçam a pesquisa com a falta de rigor científico: "Cientistas feministas já começaram a abordar essas

tradas; tais evidências são foracluídas, e ela se revela uma norma epistêmica obrigatória, um fantasma compulsório, e não boa ciência. Na verdade, não se trata de um argumento baseado na ciência, mas de uma forma de crueldade institucionalizada baseada na distorção de evidências.

A relação entre crueldade e ciência, pesquisa e experimentação médicas é longa. Os esforços para excluir toda uma classe de pessoas da participação nos esportes são apenas um exemplo de privação de direitos, no qual se pressupõe que ninguém se importará se esse grupo não puder competir ou que esse grupo é pernicioso, explorando sua pretensa vantagem para minar os objetivos feministas de igualdade de gênero. De todo modo, o que está em ação em tais decisões é a impunidade na retirada de direitos, e usar a ciência para apoiar a crueldade é apenas um capítulo em uma história mais longa na qual a própria ciência se torna o instrumento de opressão.

As cirurgias corretivas da Clínica de Identidade de Gênero de John Money, na Universidade Johns Hopkins, realizadas enquanto ela funcionou (1966-1979), foram exercícios de crueldade, agora criticados tanto por ativistas trans quanto por críticos antitrans. Money propôs que a identidade de gênero nem sempre se correlacionava com a atribuição de sexo e, portanto, contestou ainda mais as formas de determinismo biológico. No entanto, ele ainda impôs normas reguladoras de gênero por meio de procedimentos cirúrgicos para conseguir a "adaptação" social, ou seja, a conformidade forçada, e esses procedimentos ficaram lamentavelmente aquém dos padrões contemporâneos de atenção à saúde. Alguns críticos alegam que Money é responsável pela "ideologia de gênero", enquanto ativistas LGBTQIA+ opõem-se ao modo como ele brutalizou bebês intersexo por meios cirúrgicos.

---

e outras questões relativas à neurociência do sexo/gênero. Suas abordagens foram inspiradas por estudos de ciência feminista e tecnologia, que visam identificar e interrogar pressupostos pré-teóricos sobre sexo/gênero (por exemplo, equiparação de feminilidade com passividade, suposição de que traços e comportamentos típicos do homem são normativos ou superiores, a noção de que o sexo biológico determina as expressões sociais e os arranjos institucionais de gênero e a suposição de que o sexo/gênero geralmente classifica os corpos e o comportamento em apenas dois grupos dimórficos). O trabalho das neurocientistas feministas é movido por um compromisso com o rigor científico, e não por um compromisso com uma ideologia específica. A crítica delas centrou-se em questões de estatística, medição, metodologia e replicação; ofereceu explicações alternativas e contribuiu para novas interpretações de dados neurocientíficos empíricos. Em suma, ao analisar criticamente os pressupostos, teorias e práticas dominantes no campo, as cientistas feministas clamam por uma ciência mais rigorosa. Nós, como cientistas feministas, vemos nosso trabalho situado nesta tradição".

É verdade que Money trouxe o "gênero" para o linguajar contemporâneo, mas isso nem de longe significa que a teoria de gênero e os estudos de gênero decorrem do quadro referencial de Money. Na verdade, é perfeitamente possível que tenha sido a *crítica* a Money o que permitiu que o gênero se tornasse parte de uma luta pela liberdade e pela justiça. Em meados da década de 1950, como demonstrou Jennifer Germon, o gênero significava apenas uma relação entre palavras, uma questão de regras gramaticais, mas isso mudou no final da década de 1940, com a publicação da tese defendida por Money em Harvard sobre o que ele chamou de "hermafroditas"[15]. Nos anos seguintes, escreve a antropóloga cultural Katrina Karkazis, Money utilizou o termo "gênero" para descrever o que uma pessoa é, conferindo-lhe um estatuto ontológico[16]. Sua tese, *Hermaphroditism: An Inquiry into the Nature of a Human Paradox* [Hermafroditismo: uma investigação sobre a natureza de um paradoxo humano], verificou intervenções cirúrgicas anteriores como falhas por seu foco no tecido gonadal, escreveu Karkazis[17]. Money contestou esse critério, recomendando, em contrapartida, um foco nas disposições psicológicas da pessoa e no desenvolvimento físico na puberdade, ambos passíveis de mudança. Para provar seu ponto de vista, "Money fez uma análise comparativa de 248 estudos de caso publicados e não publicados (de 1895 a 1951) e prontuários de pacientes, bem como uma avaliação aprofundada de dez indivíduos vivos classificados como hermafroditas"[18]. Embora Money tenha descoberto que a combinação de fatores psicológicos e de desenvolvimento é primordial, o protocolo por ele formulado de modo algum afirma valores humanitários. Por defender que o gênero poderia mudar, sua versão do construcionismo social foi criticada não apenas por pessoas comprometidas com a tese da imutabilidade mas também

---

[15] Jennifer Germon, *Gender: A Genealogy of an Idea* (Londres, Palgrave MacMillan, 2009).
[16] John Money e Anke Ehrhart, *Man and Woman, Boy and Girl* (Baltimore, Johns Hopkins University Press, 1972); Robert Stoller, *Sex and Gender: On the Development of Masculinity and Femininity* (Nova York, Science House, 1968). Ver também Terry Goldie, *The Man Who Invented Gender: Engaging the Ideas of John Money* (Vancouver, University of British Columbia Press, 2014), que atribui o primeiro uso de "gênero" [*gender*] a Money, em 1955, num momento em que gênero, em gramática, funcionava como modo de associar pessoas a normas sociais nas línguas românicas, regulando a referência correta, de maneira a sugerir que gênero sempre foi um problema de regulação.
[17] Katrina Karkazis, *Fixing Sex: Intersex, Medical Authority, and Lived Experience* (Durham, NC, Duke University Press, 2008), p. 48.
[18] Ibidem, p. 49.

porque servia de base a seus projetos profundamente antiéticos de engenharia social, incluindo a cirurgia corretiva para bebês intersexo. Nos anos seguintes, a construção social como teoria voltou-se contra a engenharia social, rejeitando tanto a tese psicológica de Money como a crueldade de seus procedimentos. A tese construcionista social, uma vez retirada das mãos de Money, passou à causa de uma conclusão contrária, a saber, uma rejeição radical do dimorfismo de gênero obrigatório em prol de reivindicações de maior autonomia e de linguagens mais ricas de autoafirmação para pessoas intersexo, para aquelas que procuram mudar sua designação de sexo e para aquelas que procuram desafiar as normas de gênero cirurgicamente ou de outra forma.

Money esforçou-se para identificar e corrigir pessoas com condições intersexo porque acreditava que viver com características sexuais mistas representava um sério problema de adaptação social e aparência. No espírito da década de 1950, ele postulou que a felicidade e a realização exigiam conformidade às normas de gênero, embora reconhecesse que muitas pessoas não estavam, nem podiam estar, em conformidade. Na opinião dele, a correção cirúrgica era necessária para alinhar os corpos não normativos às normas de gênero. Em alguns casos, considerou a aparência social da pessoa após a cirurgia mais importante que o fato de a capacidade de aquela pessoa sentir prazer sexual ter sido destruída cirurgicamente. Aquilo que Money dizia ser algo a se "administrar" era visto como um distúrbio na história de desenvolvimento esperado da criança. O início dessa história de desenvolvimento supostamente deveria ser diferente; essa trajetória não poderia começar com tal distúrbio em sua origem, ou assim se pensava. Uma falha percebida em se conformar à expectativa do que um bebê sexuado deveria ser foi o que primeiro trouxe o termo "gênero" para o discurso contemporâneo. Não se tratava de uma identidade, mas de uma lacuna, ou o nome de uma não coincidência. O discurso sobre o gênero começou, então, no quadro referencial de Money, como um modo de nomear um problema e como uma indicação de que as expectativas de desenvolvimento *não* estavam sendo satisfeitas ou que estavam confusas. Assim, o gênero marca não a identidade normativa, mas o início desviante ou queer que Money pensava dever ser corrigido para que o binarismo normativo de gênero pudesse permanecer em vigor[19].

---

[19] A expectativa de uma vida normal envolve imaginar a vida futura do bebê; o intersexo era considerado um bloqueio a essa imaginação de uma vida normal – aliás, como termo, ele aparece mais ou menos na mesma época dos filmes de Douglas Sirk, que documentou, em

Para Money, o conhecimento médico deveria servir à tarefa de normalização social. Ele e seus colegas pesquisadores presumiam que havia algo errado com o corpo e que precisava ser ajustado ou corrigido; eles não questionaram se poderia haver algo errado com os fantasmas normativos que impregnavam as práticas de atribuição de sexo. Estas últimas foram consideradas normas obrigatórias, quando não compulsórias. E embora profissionais de medicina e famílias fizessem referências constantes e ansiosas ao "futuro da criança" quando se impunham cirurgias a bebês intersexo, não houve reflexão sobre as ansiedades dos adultos que alimentam e fazem cumprir essas normas de gênero obrigatórias[20]. Não havia a compreensão de que a pessoa a quem eles deram nome poderia, em algum momento, decidir como gostaria de ser nomeada, como gostaria de entender a si mesma e até mesmo se queria ou não a cirurgia.

A atribuição de sexo, na visão de Money, não era um simples ato de descrição do que se vê: a categoria atribuída funcionava como uma previsão de normalidade, se não uma garantia de adaptação. O sexo não era um fato natural, mas um ideal normativo. Em vez de criticar a crueldade dessas normas, contudo, Money comprometeu-se a "ajustar" e "corrigir" corpos não normativos com o uso de meios cruéis e hediondos que deixaram cicatrizes duradouras. Tais procedimentos não só eram antiéticos como, em alguns casos, constituíam atos criminosos cometidos por sexólogos e demais profissionais de saúde até que novos padrões éticos fossem adotados, com a ajuda de ativistas intersexo[21].

---

produções como *Palavras ao vento* (1956), os vários desvios sexuais que confundem, nos anos do pós-guerra, a normalidade imaginada do comportamento conforme o gênero.

[20] Ver Lee Edelman, *No Future: Queer Theory and the Death Drive* (Durham, NC, Duke University Press, 2004).

[21] Ver o site do projeto Intersex Justice, que apresenta argumentos contra a cirurgia da perspectiva de ativistas intersexo não brancos; disponível em: <https://www.intersexjusticeproject.org/about.html>. Ver a rede Organization Intersex International em: <http://oiiinternational.com>. Ver também David A. Rubin, *Intersex Matters: Biomedical Embodiment, Gender Regulation, and Transnational Activism* (Albany, SUNY Press, 2017); Catherine Clune-Taylor, "Securing Cisgendered Futures: Managing Gender in the Twenty-First Century", *Hypatia*, v. 34, n. 4, 2019, p. 690-712; Angelika von Wahl, "From Object to Subject: Intersex Activism and the Rise and Fall of the Gender Binary in Germany", *Social Politics*, v. 28, n. 3, 2019, p. 1-23. Sobre o motivo para a inclusão do "I" em "LGBTQIA+", ver David Andrew Griffiths, "Georgina Somerset, British Intersex History, and the 'I' in LGBTQI", *Journal of Homosexuality online*, 23 jan. 2023; ver ainda *TSQ*, v. 1, n. 1-2, 2014, especialmente o artigo de Iain Morland, "Intersex", p. 111-20.

A antecipação de uma normalidade "feliz" – e não da autodeterminação – foi incorporada nesse entendimento da atribuição de sexo, e Money procurou satisfazer essa expectativa por meios cirúrgicos ou alterar as características sexuais primárias para provocar essa satisfação. A prática médica de Money demonstra como as estruturas antecipatórias e os medos psicossociais são incorporados na prática da atribuição de sexo. Por exemplo, a tecnologia pré-natal contemporânea não apenas procura determinar o sexo como também inicia uma série exclamativa de expectativas anteriores ao nascimento[22]. A antecipação do que se verá na tela do ultrassom estrutura a observação dentro de um campo perceptivo enquadrado pela tecnologia antes do nascimento. Será que esses atos de observação preparam o terreno para a subsequente atribuição linguística do sexo, como geralmente se acredita, ou tanto a percepção como a linguagem são orientadas antecipadamente, orquestrando como podemos ver e que tipos de nomes ou categorias estão disponíveis? Nesse último caso, faz sentido perguntar sobre a *produção social* da observação, bem como sobre as *normas sociais* que governam a designação linguística. O ato de atribuição baseia-se na história desses tipos de práticas. Todas elas estão em jogo no momento da primeira designação, desde que o primeiro desses momentos ocorre através da tecnologia médica pré-natal. Consideremos também o chá de "revelação do gênero", que está repleto de antecipação e excitação não porque um simples fato é divulgado, mas porque se pode dar início à realização de uma vida imaginada marcada pelo gênero de acordo com normas preconcebidas.

É significativo que a lógica de Money nos permita ver o cenário fantasmático em ação na atribuição de sexo, o modo como as normas de gênero procuram acalmar a ansiedade diante da possibilidade de que nem todo mundo pertença a um gênero em um primeiro momento. O uso do termo "gênero" pretendia nomear um problema e formular uma questão, e tentava resolver ambos através da produção de identidades sociais segundo normas de gênero preestabelecidas. No caso de bebês intersexo, havia, na opinião dele, um erro ou um desvio, a falha de um corpo percebido em se conformar às categorias existentes que por si só efetivariam as normas de desenvolvimento para que alguém se torne uma mulher ou um homem. O gênero nomeava, assim, um problema de incomensurabilidade e, na visão de Money, nomeava o fracasso em concretizar as expectativas parentais, sociais e médicas sobre o

---

[22] Ver Valerie Hartouni, *Cultural Conceptions: On Reproductive Technologies and the Remaking of Life* (Minneapolis, University of Minnesota Press, 1997).

que o sexo deveria ser. Em termos específicos, essa complexidade morfológica ou cromossômica conta como "fracasso" apenas quando medida por normas fixas. A ansiedade permite-nos saber que Money compreendia claramente que nada era capaz de garantir que um corpo se enquadraria em uma atribuição de sexo, ou que uma atribuição de sexo levaria ao cumprimento da ordem das normas de gênero. Afinal, essa ansiedade existe sempre e apenas em relação à expectativa de normalidade, isto é, uma ansiedade quanto à possibilidade de que a vida do bebê se desenvolvesse com sucesso como a vida de uma mulher ou um homem distinguível e reconhecível. Em vez de acalmar a ansiedade dos pais e proteger a criança, em vez de contestar essas normas, como hoje tendem a fazer teoristas de gênero, Money tornou-se um executor, um ator fundamental no cenário da crueldade cirúrgica e do policiamento social.

Hoje, parte de nós pode falar em "fracasso queer", conforme Jack Halberstam, em relação às trajetórias de vida que não atendem às expectativas sociais. Ou parte de nós pode sublinhar os "potenciais" radicais, nos termos de José Muñoz, desencadeados precisamente ao frustrar ou refutar as expectativas de uma vida generificada que nos são impostas pelos poderes parentais, legais, psiquiátricos e médicos. Podemos agora questionar se essas categorias são necessárias ou exaustivas e, em seguida, começar a cunhar ou criar nossas próprias categorias. Mas décadas atrás, e ainda hoje, no movimento antigênero, ninguém se perguntava como as categorias de gênero poderiam ser alteradas para acomodar e apoiar a vida de um bebê intersexo. Não, o bebê tinha de ser "ajustado". Isso era, e continua sendo, uma falha ética. O corpo tinha de mudar para sustentar a expectativa binária, mas a existência de corpos não conformes de modo algum pôs em dúvida a expectativa binária. A atribuição de gênero estava, assim, a serviço da regulação do gênero e da ideia de normalidade ligada a ideias heteronormativas de família e reprodução. E embora práticas cirúrgicas como as de Money, felizmente, já não sejam aceitas em muitos lugares, essas mesmas ideias, medos e expectativas alimentam as reações contemporâneas à teoria de gênero, ao transfeminismo e ao ativismo intersexo.

Por mais horríveis que tenham sido as práticas de Money, ele ofereceu uma intuição útil, mesmo quando, em seguida, se colocou a serviço de um conformismo social cruel. O gênero nomeou um problema que surge de uma discrepância entre os corpos e a atribuição de sexo, o que significa que a atribuição de sexo não descreve apenas ou sempre a realidade preexistente do sexo. O gênero, nesse contexto, emergiu primeiramente não como uma identidade, mas como um problema que procurava abordar essa lacuna, um projeto para superar essa lacuna e o fim do processo quando o gênero é alcançado ou consumado. Gênero começou, então, como uma palavra para descrever justamente essa dificuldade de atribuição de sexo, estabelecendo a atribuição de sexo como uma prática social. Nesse sentido, gênero deu nome às diversas práticas médico-legais envolvidas na investigação e execução de uma atribuição. De certo modo, os sexólogos da época tatearam algo que Joan W. Scott esclareceu mais tarde. Gênero não é um substantivo, mas um referencial para

> pensar criticamente sobre *como os significados dos corpos sexuados são produzidos em relação uns aos outros, como esses significados são aplicados e alterados* [grifo meu]. O foco não deveria estar nos papéis atribuídos a mulheres e homens, mas na construção da diferença sexual em si.[23]

Money não é de modo algum um modelo, pois procurou encerrar essa investigação aberta, impondo uma nova função gramatical que permitiria que o gênero derivasse para uma forma substantiva, assegurando-o como o efeito ontológico do tratamento cirúrgico ou psiquiátrico. Para Money, a atribuição de gênero levou a protocolos de normalização que incluíam cirurgias indesejadas para o bebê e a falta de consulta aos pais sobre quais operações deveriam ser realizadas em seus filhos em nome da normalização. Como também sabemos, algumas dessas cirurgias em crianças intersexuais retiraram delas a capacidade para o prazer sexual ou o orgasmo. Vale a pena repetir: para Money e para muitas outras pessoas, a aparência da normalidade de gênero, supostamente a serviço da conformidade social, era mais importante que a vida sexual presente e futura das crianças intersexo. Ele imaginou que estar realizado na vida significava satisfazer as expectativas sociais, sem considerar a felicidade que surge da produção de novas maneiras de fazer gênero, da mudança histórica nos modos como o gênero é vivido e nomeado, ou de uma vida corporificada que permanece inapreensível por qualquer prática de nomeação[24].

Há quem defenda que, se o gênero teve um início tão nefasto na sexologia (apesar de sua história gramatical anterior), deveríamos recusar de vez

---

[23] Joan W. Scott, "Gender: Still a Useful Category of Analysis?", *Diogenes*, v. 57, n. 1, 2010, p. 10.

[24] Para um diretório dos grupos de proteção intersexo, consultar: "Intersex Support and Advocacy Groups", *InterACT*, disponível em: <https://interactadvocates.org/resources/intersex-organizations/>.

o gênero. Esse argumento foi apresentado por algumas feministas transexcludentes que sustentam que a identidade trans e o gênero são apenas um efeito dessas práticas e devem, portanto, ser combatidos[25]. É também um argumento representado por Gabriele Kuby, uma entusiasta do movimento contra a ideologia de gênero na direita alemã, como Eva von Redecker demonstrou de modo convincente[26]. Kuby identifica o "gênero" como o totalitarismo vindouro, como se fosse um projeto social de controle e não de liberdade. As caricaturas de direita que ela usa não são tão diferentes da acusação transexcludente de que a teoria do gênero permanece enraizada na crueldade de Money. A posição transexcludente contra o gênero, no entanto, presume que, se Money apoiou a engenharia social na "criação" do gênero, então todas as teorias que consideram o gênero socialmente construído são culpadas por associação. Essa narrativa, no entanto, não reconhece como os estudos de gênero rejeitaram Money, a engenharia social e as normas obrigatórias que ele impôs. Na verdade, quem afirma que existem apenas duas trajetórias de vida associadas ao gênero, quem insiste no dimorfismo a todo custo, está, de fato, mais próximo de Money que qualquer teorista de gênero na contemporaneidade.

Compreendo as razões para condenar Money e condeno inequivocamente suas cirurgias corretivas e suas normas brutais. Outras pessoas na academia

---

[25] Prefigurando uma posição posteriormente assumida por algumas feministas críticas ao gênero, Hausman argumenta em *Changing Sex: Transsexualism, Technology, and the Idea of Gender* (Durham, NC, Duke University Press, 1995) que pessoas transexuais são produzidas pelas próprias tecnologias que facilitam sua transição, concluindo que suas identidades são "fictícias" e alienadas de uma materialidade de nascença. Clare Hemmings destaca, em uma resenha publicada pela *Feminist Review* (v. 58, 1998, p. 107-10), que "Hausman não pode conceber a subjetividade transexual fora da produção de identidade de gênero por meio da tecnologia". Embora baseie sua análise em uma abordagem foucaultiana da produção disciplinar dos sujeitos, Hausman negligencia ou recusa a perspectiva fundamental de Foucault sobre o poder: a origem de um regime de poder não é a mesma que seu fim, e o poder não é unitário, mas múltiplo em suas origens e direções. Em outras palavras, as tecnologias podem admitir múltiplas trajetórias de vida e entrar na formação dos sujeitos de formas complexas, como mostrou Paul Preciado em *Testo junkie: sexo, drogas e biopolítica na era farmacopornográfica* (trad. Maria Paula Gurgel Ribeiro, São Paulo, Companhia das Letras, 2023[2003]). A recusa de Hausman em imaginar que pessoas transexuais possam surgir (ser formadas ou feitas) por meio de uma série de influências e fatores mostra que ela reduziu o poder a uma fonte e o entende como produtor de um resultado, e que esses resultados são meramente fictícios.

[26] Eva von Redecker, "Anti-Genderismus and Right-Wing Hegemony", *Radical Philosophy*, v. 198, jul.-ago. 2016; disponível on-line.

argumentaram que seu trabalho, tomado como um todo, não deveria ser tratado nem como totalmente nefasto nem como libertador[27]. Esse tipo de evasiva, a meu ver, constitui uma falha moral na condenação da crueldade dos procedimentos adotados por ele. O que é menos frequentemente reconhecido, porém, é que ele abriu um quadro teórico cuja promessa não conseguiu levar adiante. Simplificando, o gênero nomeia a potencial incomensurabilidade dos corpos com suas categorias. Devemos continuar a condenar as táticas de alinhamento forçado de Money impostas a crianças intersexo, mas ainda assim aproveitar esse ponto crucial de seu trabalho para reimaginar a designação e redesignação de sexo. Na verdade, nossa obrigação é conduzir sua perspectiva na direção que ele mesmo não conseguiu seguir.

Em todas as fases desse processo de se tornar de um gênero, persiste uma incomensurabilidade entre o corpo vivido e a categoria sob a qual ele deve ser compreendido. Money procurou superar essa incomensurabilidade, imaginando-a como uma exceção e não como uma regra. Mas e se a incomensurabilidade, tão específica como é no caso das pessoas intersexo, for também uma estrutura mais geral de gênero, estabelecendo assim uma continuidade entre as formas normativas e não normativas de gênero? A lacuna entre o corpo percebido ou vivido e as normas sociais dominantes nunca pode ser completamente eliminada, e é por isso que mesmo quem abraça alegremente o sexo que lhe foi atribuído no nascimento ainda tem de fazer um trabalho performativo para incorporar essa designação na vida social. Os gêneros não são simplesmente atribuídos. Eles têm que ser realizados ou assegurados, ou feitos, e nenhum ato isolado garante o acordo. Será que finalmente alcancei o gênero que tenho procurado tornar-me, ou será que o tornar-se é o xis da questão, a temporalidade do próprio gênero?

O que podemos aproveitar de Money e aplicar em objetivos mais emancipatórios é a noção de que o gênero introduz uma incomensurabilidade dos corpos com as categorias atribuídas. Money via-se como alguém que "corrige" casos excepcionais, mas aqui a exceção prova não ser diferente da norma em ao menos um aspecto fundamental: a atribuição de sexo procura encobrir a possibilidade de que os corpos não estejam perfeitamente alinhados ao modo como são classificados.

---

[27] Lisa Downing, Iain Morland e Nikke Sullivan (orgs.), *Fuckology: Critical Essays on John Money's Diagnostic Concepts* (Chicago, University of Chicago Press, 2014).

A distinção sexo/gênero proposta por Money era muito diferente daquela formulada cerca de uma década mais tarde por antropólogas, historiadoras e sociólogas feministas. Money imaginava a vida de uma pessoa como governada por um processo orientado por objetivos o qual idealmente expressaria ou concretizaria os ideais de gênero, equiparando a adaptação às normas sociais à "felicidade" individual[28]. Já para as feministas da antropologia e da história que desenvolveram a ideia de gênero como parte do feminismo, a questão era precisamente a *contestação* das normas que restringiam a vida das mulheres – tratava-se de expor e alterar essas normas para que as mulheres se desenvolvessem e seu trabalho fosse devidamente reconhecido e compensado. A lacuna entre sexo e gênero deveria garantir a promessa de transformação, embora, como veremos, tenha introduzido novos problemas. Ainda assim, desafiar as expectativas da vida baseada no gênero tornou-se possível quando o gênero – e as exigências de normalidade que impulsionaram seu "desenvolvimento" – deixaram de ser limitados por leis naturais ou imperativos biológicos. Deixou de existir um objetivo único a ser alcançado pelas mulheres na vida, e a falta de adaptação às expectativas abriu espaço para uma maior igualdade e liberdade. O gênero deu origem a novas formas de crítica feminista e a novos horizontes de transformação social, incluindo a transformação do parentesco em direções queer e a transformação do próprio binarismo de gênero. O gênero foi durante décadas, e continua a ser, parte integrante do feminismo, inclusive de algumas das posições feministas radicais agora rejeitadas por uma parcela de suas representantes contemporâneas. Contrapor o feminismo ao gênero é uma deturpação tanto da história como da promessa do feminismo.

---

[28] Ver Sara Ahmed, *The Promise of Happiness* (Durham, NC, Duke University Press, 2010), para uma reflexão aguçada sobre como a "felicidade" emerge como imperativo cultural e discursivo a sustentar hierarquias existentes que anulam tanto mulheres quanto pessoas queer.

8.
Natureza/Cultura: rumo à construção conjunta

Já em 1974, Sherry Ortner apresentava uma questão-chave no título de seu conhecido ensaio, "Está a mulher para o homem assim como a natureza para a cultura?". De acordo com a posição dela na época, em linhas gerais, as mulheres são vistas em quase todas as culturas como estando mais próximas da natureza, e os homens parecem estar mais regularmente associados à cultura. Essas esferas da vida, natureza e cultura, eram, portanto, diferentemente marcadas pelo gênero. Ao mesmo tempo, Ortner aceitava uma visão levemente marxista de que a cultura é definida por sua capacidade de transformar o que é dado na natureza. Essa visão de que a cultura é definida por sua atividade transformadora, enquanto a natureza existe como um objeto dado a ser transformado pela cultura, já não se sustenta hoje. Constitui uma visão bem-intencionada, mas contraecológica, que nega o dinamismo, a agência e os processos transformativos da natureza. Embora Ortner tenha procurado superar a associação das mulheres com a natureza, ela não procurou superar a ideia de que a natureza é um conjunto de dados que se rendem ao trabalho humano para serem transformados em algo significativo. Ortner argumentou que essa associação das mulheres com a natureza produz uma fundamentação problemática para a afirmação de que as mulheres são, ou deveriam ser, mães porque esta é sua função natural, ou a de que deveriam ser confinadas à esfera doméstica e ao trabalho reprodutivo. No final, ela afirma que "todo o sistema é uma construção da cultura ao invés de um fato da natureza" e apela à plena participação das mulheres no tipo de "transcendência" da natureza implícito nas atividades sociais dentro de uma cultura*. Embora Ortner refute

---

* Sherry Ortner, "Está a mulher para o homem assim como a natureza para a cultura?", em Michelle Zimbalist Rosaldo e Louise Lamphere (orgs.), *A mulher, a cultura e a sociedade* (trad. Cila Ankier e Rachel Gorenstein, Rio de Janeiro, Paz e Terra, 1979), p. 118. (N. E.)

o determinismo biológico, ela deixa a "natureza" como um dado sem vida, um dado que, no Antropoceno, passamos a suspeitar com razão que se trata de um constructo ruim, pois dá aos seres humanos todo o poder sobre a natureza, privilegiando a dominação e a transcendência humanas sobre a natureza – um constructo com consequências ecológicas claramente devastadoras. Na época, parecia sem dúvida libertador para os seres humanos, especialmente para as mulheres, verem-se desimpedidos dos grilhões da natureza e afirmarem suas atividades como essenciais sobre e contra uma natureza não essencial.

Ortner apresentou esse argumento em 1974, antes que se lançasse luz sobre a forma problemática como a natureza estava sendo considerada tanto pela teoria cultural quanto pela teoria política, e seu texto é apenas um dos muitos que presumiram a possibilidade de tratarmos o sexo como natural, sem problematizações, e o gênero como a zona cultural de expressão e realização humana. Posteriormente, o trabalho antropológico de Ortner tomou outra direção, e ela procurou explicitamente distanciar-se de alguns dos movimentos fundamentais daquele ensaio inicial e influente[1].

Em resumo, a visão desse texto inicial de Ortner é a de que, sim, existem diferenças biologicamente específicas que podemos considerar como dados naturais, e (a) as mulheres são muitas vezes, quase sempre, associadas à natureza, e (b) sua plena entrada na vida cultural e social envolvia a liberdade de superar e transformar a natureza, tal como ocorrera com os homens. É esta última ideia de transformação, radicalmente pré-ecológica, considerada não "um construto de cultura", mas sim um importante quadro normativo, que condiciona a reflexão crítica no próprio ensaio[2].

Grande parte da teoria feminista anglófona, incluindo os primeiros trabalhos de Gayle Rubin e os meus no início dos anos 1990, insistia que nascer mulher e tornar-se mulher são duas trajetórias diferentes, e que a primeira não é a causa nem o objetivo teleológico da segunda. Ao mesmo tempo, tanto Rubin

---

[1] Sherry Ortner, *Making Gender: The Politics and Erotics of Culture* (Boston, Beacon, 1997). Ortner esclarece que a agência das mulheres, especialmente as mulheres xerpa, do Tibete, depende mais de participar em organizações sociais de prática que de transcender a natureza.

[2] A visão de Ortner considera a natureza como material sobre o qual se espera que os seres humanos atuem para se libertarem. Essa ideia de libertação como superação da natureza foi duramente criticada por Donna Haraway, que se opôs à concepção da natureza como um recurso para o controle social. Na opinião de Haraway, essa visão negava as possibilidades libertadoras da ciência e da técnica e baseava-se em um dualismo entre natureza e cultura que só poderia erodir as posições éticas e libertadoras.

quanto eu compreendíamos que o "sexo" foi estabelecido por vários meios culturais e sociais, e hoje nos referimos de forma mais geral ao sexo "atribuído no nascimento" e não a um que é natural. É certo que avançamos, e talvez com um atraso indesculpável. A distinção natureza/cultura impede-nos de pensar corretamente sobre a complexidade em questão, pois abandona a natureza na zona do impensado e mesmo do não vivo, uma superfície muda à espera de inscrição, ou uma entidade sem vida que é vivificada apenas quando os seres humanos a dotam de significado. Ecologicamente considerado, o ser humano é uma criatura viva entre outras criaturas vivas, ligada a processos vivos dos quais depende e nos quais a intervenção humana pode ser destrutiva, como vemos agora com as mudanças climáticas. No entanto, um grande número de intelectuais que estudaram o marxismo, o estruturalismo e a filosofia existencial passaram a compreender a natureza como precisamente aquilo que tinha de ser superado para que uma ação e um significado distintamente humanos emergissem no mundo. Era um engano nosso. Donna Haraway, uma das primeiras e mais convincentes críticas da distinção natureza/cultura no contexto anglófono, vai ainda mais longe, insistindo que o próprio corpo é um resultado da interação:

> Os corpos científicos não são construções ideológicas. Sempre radical e historicamente específicos, os corpos têm um tipo diferente de especificidade e efetividade e, portanto, convidam a um tipo diferente de engajamento e intervenção. [...] Os corpos como objetos de conhecimento são nós material-semióticos geradores. *Seus limites materializam-se na interação social* [grifo meu]; "objetos" como corpos não preexistem como tais.[3]

As limitações da distinção natureza/cultura são dolorosamente claras, mas sugiro que o debate preparou o terreno para alguns dos problemas que encontramos agora, quando o sexo e o gênero entram nos debates contemporâneos sobre apenas o sexo ser real, enquanto o gênero seria uma espécie de artifício. Os primeiros esforços antropológicos feministas para descobrir se o patriarcado era universal (ou quase universal) deixaram de fora qualquer consideração da formação histórica, da variabilidade dos arranjos de parentesco e suas relações

---

[3] Donna J. Haraway, *Simians, Cyborgs, and Women: The Reinvention of Nature* (Nova York, Routledge, 1991), p. 208. [Ed. bras.: *A reinvenção da natureza: símios, ciborgues e mulheres*, trad. Rodrigo Tadeu Gonçalves, São Paulo, WMF Martins Fontes, 2023.]

com a economia e com a sociedade, no contexto das potências nacionais, coloniais e imperiais. Esses estudos não questionaram a brutal destruição e recomposição do parentesco negro pelo escravismo, por exemplo, ou a maneira como a propriedade invadiu, deslocou e ultrapassou as relações de parentesco, separando as crianças de suas mães, espalhando ou apagando patronímicos e zombando de patrilinearidade muito antes de as feministas começarem seu desmantelamento conceitual. Foi uma época inebriante, e houve muitos referenciais falhos que apagaram a história e a vida das mulheres de grupos étnico-raciais minorizados, mesmo quando procuravam elaborar os termos do gênero.

Consideremos primeiro a alternativa científica ao modelo natureza/cultura encontrado nas teorias interacionistas e de construção conjunta, para depois nos voltarmos aos legados raciais e coloniais tanto da natureza/cultura como dos ideais racializados do dimorfismo de gênero para compreender as implicações sociais e políticas da divisão natureza/cultura, bem como algumas saídas para seus impasses.

A distinção inicial entre natureza e cultura na teoria feminista da segunda onda serviu ao propósito de distinguir entre um sexo atribuído e um gênero subsequente, insistindo que os dois nem sempre coincidem. Que diferença faria começar por um quadro referencial de interação, para dizer que sexo e gênero constituem um ao outro, e que a interação entre eles é sua característica mais saliente? Há motivos para suspeitar. Afinal, Money autodenominava-se um "interacionista", mas claramente dava um poder excessivo à neurofisiologia e à neuropsicologia para determinar as causas últimas do que ele chamava de "transexualismo". Como várias críticas argumentaram, "um modelo de desenvolvimento no qual a complexidade e a interação só podem ser explicadas como 'adicionadas ou subtraídas de' uma 'causa principal' ou substrato fundamental não é 'verdadeiramente interacionista'"[4].

Thomas Pradeu, um filósofo das ciências biológicas e da imunologia, examina a teoria dos sistemas de desenvolvimento dentro da biologia evolutiva para distinguir cientistas que acompanham apenas a evolução de um único organismo daqueles que seguem "a coevolução dos organismos e de seus ambientes"[5].

---

[4] Ver Nikki Sullivan, "Reorienting Transsexualism", em *Fuckology* (Chicago, University of Chicago Press, 2015), p. 129-30. Sullivan faz a citação a partir de Ruth Doell, "Sexuality in the Brain", *Journal of Homosexuality*, v. 28, n. 3-4, 1995, p. 345-54.

[5] Thomas Pradeu, "The Organism in Developmental Systems Theory", *Biological Theory*, v. 5, 2010, p. 218.

O que esta perspectiva traz para nossa consideração sobre como repensar a distinção natureza/cultura e sobre quem estabeleceria o sexo por meio do determinismo genético? Pradeu cita a pesquisa da bióloga Susan Oyama, que afirma que "os genes não desempenham um papel central, nem sequer privilegiado, no desenvolvimento"; os fatores que desempenham um papel no desenvolvimento não são canais separados; eles se tornam causalmente relevantes apenas por sua interação; e, por fim, "a dicotomia natureza/criação deve ser eliminada". Para Pradeu, os genes estão entre as diversas condições necessárias ao desenvolvimento de um organismo, mas o "poder causal do DNA no desenvolvimento só surge através das interações com outros fatores". A posição à qual ele subscreve é elaborada como "construção conjunta"[6].

*

Apesar da importância de um quadro referencial desse tipo para a compreensão de questões tão díspares como a imunologia e o câncer, ele tende a ser rejeitado por quem quer manter um binário estrito entre homem e mulher, baseado apenas no DNA (deixando de lado as variações cromossômicas). Membros da Sex Matters, uma organização feminista transexcludente do Reino Unido dedicada ao que chamam de levantamento de dados, afirma que não considera paradigmas como esses nem aceita que os paradigmas científicos sejam historicamente cambiantes, nem está interessada, por exemplo, em debates sobre a determinação do sexo, que continua a ser uma questão importante para a pesquisa histórica e científica. Em contrapartida, na seção "Ciência" de seu website, paradoxalmente emitem um alerta contra a ciência em nome da ciência:

> Existe uma perigosa e anticientífica tendência à negação do sexo biológico, mesmo na ciência. Periódicos científicos altamente conceituados publicam agora artigos que subvertem a realidade observável do sexo biológico. Por exemplo, um artigo na *Scientific American* em 2018 argumentou: "Os biólogos agora pensam que existe um espectro maior que apenas o binário feminino e masculino". Em 2018, um editorial da *Nature* declarou: "A comunidade médica e de pesquisa agora vê o sexo como mais complexo que o masculino e o feminino". Argumenta-se que, por haver condições raras de desenvolvimento associadas a combinações

---

[6] Ver também o biólogo evolucionista Richard Lewontin, "The Organism as the Subject and Object of Evolution", *Scientia*, v. 118, 1983, p. 63-82.

cromossômicas anômalas ou que resultam em características sexuais ambíguas, as categorias masculino e feminino existem em um "espectro" ou são simplesmente "construções sociais". Tais tentativas de reformular o sexo como uma construção social são prejudiciais ao discurso e à pesquisa científicos, e à capacidade de discutir as implicações sociais da realidade do sexo.

Se a ciência citada pela Sex Matters é prejudicial à pesquisa científica, seus membros deveriam ser capazes de demonstrar o porquê, distinguindo a boa da má ciência. Em vez disso, resta apenas uma afirmação caricata onde deveria haver um bom argumento, formulado com base em evidências. Além do mais, parece haver uma confusão sobre o dano causado à pesquisa científica ser equivalente ao dano causado à capacidade de discutir "as implicações sociais da realidade do sexo". Entendo que os termos pelos quais essa realidade é descrita e conhecida são precisamente a questão a ser debatida. Mas se o sexo deve ser definido de acordo com um sistema de classificação que serve a objetivos sociais e políticos específicos buscados por um grupo transexcludente de feministas, então como devemos julgar suas afirmações? É esse grupo, ao fim, quem subordina a pesquisa científica à própria pauta social, entendida como excludente e discriminatória.

O estranho é que o website da Sex Matters cita revistas científicas consolidadas para culpá-las por publicarem trabalhos avaliados por pares que questionam formas anteriormente convencionais de determinar o sexo biológico. As autoras do site lutam contra a ciência em nome da ciência, mas qual é a ciência desse grupo? Ele não se baseia em feministas como Anne Fausto-Sterling, Cynthia Kraus, Helen Longino ou qualquer uma das muitas que há muito contestam os preconceitos sociais que norteiam a pesquisa sobre a determinação do sexo[7]. O website da organização não apresenta contraprovas para refutar publicações científicas que, infelizmente para o grupo, tornaram as questões sexuais mais complicadas do que ele gostaria. Por que é que esse grupo feminista não está interessado em todas as formas de discriminação de gênero, incluindo a sofrida por pessoas não conformantes de gênero, não binárias, trans e intersexo? Na

---

[7] Helen Longino e Ruth Doell, "Body, Bias, and Behavior: A Comparative Analysis of Reasoning in Two Areas of Biological Science", *Signs*, v. 9, n. 2, 1983, p. 206-27; mas também Cynthia Kraus, "Naked Sex in Exile: On the Paradox of the 'Sex Question' in Feminism in Science", *NWSA Journal*, v. 12, n. 3, 2000, p. 151-76; e Idem, "What is the Feminist Critique of Neuroscience?", em *Neuroscience and Critique* (Nova York, Routledge, 2015).

verdade, por recusar esse tipo de aliança, o grupo deseja se restringir apenas às formas de "ciência" mal documentadas em seu website, aquelas que reafirmam a posição do grupo à custa da objetividade.

A alegação de que o sexo como um "constructo social" não explica a realidade material ignora o que Catherine Clune-Taylor chamou de "construção material", que funciona em conjunto com o primeiro. E já que algumas feministas transexcludentes desejam defender as "*material girls*", elas fariam bem em compreender as vicissitudes do materialismo, a história da qual ele emerge e como ele realmente funciona. Não faz sentido que as feministas retornem a uma ideia de fatos biológicos, ou fatores genéticos, sem perceber as maneiras como tais noções interagem com vários tipos de mundos sociais para serem ativadas. Na verdade, é a ciência que nos diz que é hora de superar o argumento natureza/criação, ao mesmo tempo que as feministas transexcludentes pedem à ciência que insista nessa distinção.

Se as feministas transexcludentes pensam que separar a natureza da criação é a tarefa necessária para separar a materialidade do sexo de "constructos" ostensivamente falsos, elas imaginam que o biológico pode ser abordado separadamente das relações interativas que ativam seus potenciais. A complexa relação histórica e interativa entre vários domínios está em funcionamento na formação e nos processos de vida de uma criatura humana, que agora incluem fisiologia, anatomia, processos formativos sociais e íntimos, formação e resistência psicológica, e formas sociais e políticas de reconhecimento e apoio.

O bebê humano nasce em um estado de dependência que faz com que seus processos de vida sejam sociais desde o início. A dependência primária é ao mesmo tempo uma realidade social, biológica e psíquica. O fato de criaturas humanas vivas, como a maioria das outras, serem sociais é um sinal dessa dependência contínua e mesmo da interdependência. Dependendo do que e de quem está ali para sustentar sua vida, um bebê respirará, comerá, dormirá e se moverá. Sem apoio básico, o organismo não consegue sobreviver; portanto, quando falamos do caráter "orgânico" de um bebê ou de uma criança, já estamos falando da organização social das necessidades ou, como é frequentemente o caso, da desorganização ou da deficiente infraestrutura de cuidados que coloca os bebês em risco, que está registrada nos ossos, no coração, nos pulmões. O modo como essa organização da atenção básica funcionou ou não funcionou os habita não apenas na infância mas também ao longo da vida, como material incorporado, implicando a dimensão orgânica do tempo de vida nas estruturas sociais e psíquicas.

Mas tudo isso simplesmente prepara o terreno para uma explicação ainda mais poderosa de como o gênero pode permitir uma abordagem à materialidade do corpo e até ao próprio sexo. Precisaremos compreender o que significa "construção material" e como os legados do escravismo e do poder colonial – e seus fantasmas tóxicos – passaram a influenciar a chamada materialidade do sexo.

9.
Os legados racial e colonial do dimorfismo de gênero

Tanto a direita como as feministas transexcludentes pensam que sabem o que é sexo e insistem que ele é binário e encontrado na natureza. Essas opiniões, que sustentam a subsequente fantasia psicossocial que é o perigo do "gênero", foram efetivamente contestadas, por vezes de modo indireto, por novas investigações feministas, queer e trans que consideram as histórias raciais e coloniais em seus relatos ao mostrar como os sexos eram feitos. O idealismo dimórfico do gênero tem sido atribuído ao poder colonial, bem como ao escravismo, e tem uma história longa e brutal. Portanto, quando perguntamos *quando e como o gênero foi imposto à força*, temos de perguntar sobre as condições históricas e sociais de seu início. Esse é apenas um dos motivos pelos quais as considerações de gênero não podem seguir tratando da ideia como se estivesse separada dos legados coloniais formativos e de suas estruturas persistentes, da história do escravismo e do racismo contra pessoas negras, e das histórias de imigração, diáspora e imperialismo[1]. A história colonial do dimorfismo de gênero idealizado mostra como as potências coloniais impuseram normas de gênero aos corpos negros e marrons que naturalizaram e idealizaram normas heteronormativas brancas e (principalmente) europeias[2].

---

[1] Lisa Lowe, The Intimacies of Four Continents (Durham, NC, Duke University Press, 2015).

[2] Ver Greg Thomas, *The Sexual Demon of Colonial Power: Pan-African Embodiment and Erotic Schemes of Empire* (Bloomington, Indiana University Press, 2007); Camilla de Magalhães Gomes, "Gênero como categoria de análise decolonial", *Civitas*, v. 18, n. 1, 2018, p. 65-82; Oyèrónkẹ Oyewùmí, "Conceptualizing Gender: The Eurocentric Foundations of Feminist Concepts and the Challenge of African Epistemologies", *Jenda: A Journal of Culture and African Women Studies* 2, v. 2, n. 1, 2002, p. 1-9.

A binaridade de gênero não é apenas um "efeito" dessas formas de poder; o binário é concebido como obrigatório e ideal através de forças materiais e sociais conforme elas trabalham juntas. O modelo interacionista nos permite compreender como funciona essa história colonial e o que queremos dizer quando insistimos na materialidade do corpo sexuado.

*

Embora o Vaticano tenha argumentado que o gênero é uma imposição colonial e que nega a especificidade dos sexos, outros grupos, como as feministas transexcludentes, autores da direita antigênero e alguns deterministas biológicos, defenderam, como vimos anteriormente, que a facticidade dos dois sexos é senso comum, óbvia e simplesmente está aí para quem quiser ver. Quando o Vaticano se refere à "ideologia colonizadora de gênero", a "ideologia" referida parece ser a teoria e o ativismo queer e feminista, bem como os movimentos LGBTQIA+ na educação, na política social e no direito. O Vaticano considera que o ataque à conjugalidade heterossexual é uma imposição do pensamento colonial, uma ruptura dos valores locais por um intruso estrangeiro. Em contrapartida, quando as feministas decoloniais e teoristas queer se opõem ao colonialismo, também estão se opondo às normas da conjugalidade heterossexual impostas pelo Ocidente, inclusive pela Igreja – uma objeção que o Vaticano convenientemente ignora. A oposição do Vaticano aos efeitos "coloniais" do gênero pressupõe que antes – ou fora – dessas ideias invasivas o casamento heterossexual e o sexo binário, incluindo o dimorfismo biológico, se encontram firmemente estabelecidos. As críticas decoloniais ao gênero vão em direção bastante diferente, assim como os escritos feministas negros, queer e trans sobre a questão do sexo.

A abordagem estruturalista da cultura, que presumia o alcance universal de (várias) regras patriarcais, implicava que a tarefa do feminismo era compreender por que e como a subordinação das mulheres era tão regular em várias culturas. A ideia de "cultura" presente em tais análises, no entanto, era sustentada por etnografias coloniais e influenciada principalmente pelos legados do escravismo ou do colonialismo. Essas estruturas "universais" eram concepções caracteristicamente ocidentais que tendiam a usar exemplos coloniais, ou até os corpos de povos negros e colonizados, para fortalecer e exemplificar seus próprios referenciais. Essa forma de extrativismo teórico teve de ser combatida com a descoberta de histórias e arquivos específicos, narrativas mais confiáveis e formas de conhecimento produzidas por quem, durante demasiado tempo, constituiu os objetos fantasmáticos do medo, as zonas de experimentos, os exemplos fetichizados que demonstravam a "validade" das epistemologias ocidentais.

*

Enquanto as feministas transexcludentes insistem que o sexo é binário e que apenas uma pessoa ideologicamente desorientada afirmaria o contrário, a filósofa feminista Catherine Clune-Taylor argumentou que uma vasta gama de normas sociais, que poderiam ser chamadas de "ideologias", já está em funcionamento na produção da ideia de sexo binário como natural ou óbvio. Citando uma série de estudos científicos feministas recentes, incluindo o trabalho de Joan Roughgarden, ela escreve que as intervenções feministas aprofundaram uma

> compreensão do sexo como construído sociocultural e materialmente, expondo a infinidade de normas sociais, práticas, conhecimentos, tecnologias, burocracias, instituições e capacidades implicadas em sua produção como binário e natural. Aliás, na biologia, os sexos masculino e feminino são determinados apenas com base no tamanho dos gametas – membros de uma espécie que produzem os gametas menores ("espermatozoides") são identificados como machos, enquanto os que produzem gametas maiores ("óvulos") são as fêmeas.[3]

De fato, em seu livro *Evolution's Rainbow* [O arco-íris da evolução], Roughgarden escreve: "Para um biólogo, 'masculino' significa produzir gametas pequenos, e 'feminino' significa produzir gametas grandes. Ponto final! Por definição, o menor dos dois gametas é chamado de espermatozoide, e o maior, de óvulo". Ambos são necessários para a reprodução, mas, "para além dessas duas generalizações, a generalização acaba e a diversidade começa!". No entanto, até mesmo o esquema dessa distinção revela-se uma convenção aplicada erroneamente à espécie humana, dado que todos os membros de algumas espécies de algas, fungos e protozoários produzem gametas do mesmo tamanho. Nesses casos, a espécie é dividida em grupos genéticos conhecidos como "tipos de acasalamento"[4], mas o sexo sai de cena.

---

[3] Joan Roughgarden, *Evolution's Rainbow: Diversity, Gender, and Sexuality in Nature and People* (Berkeley, CA, University of California Press, 2004), p. 24.
[4] Ibidem, p. 23-4.

Clune-Taylor também se concentra na neurociência, deixando claro como um modelo interacionista pode, por si só, dar conta da miríade de processos em ação na produção do sexo[5]. Ela escreve:

> A natureza singularmente dinâmica e socialmente dependente do desenvolvimento neurológico torna o cérebro um local privilegiado para trazer à vista a constituição sociomaterial do sexo. Muitas vezes, é difícil imaginar que outras características sexuais aparentemente mais estáveis possam ser tão abertas à inscrição ambiental. No entanto, desde o início da década de 1980 as feministas têm estabelecido ligações entre as diferenças corporais sexuadas e as normas e práticas sociais, e essa pesquisa só irá se desenvolver conforme a ciência elucidar novos mecanismos através dos quais as influências ambientais são corporificadas (por exemplo, efeitos epigenéticos diretos e indiretos), e conforme o investimento sociocultural na diferença sexual persistir.[6]

No início da década de 1980, a filósofa feminista Alison Jaggar defendeu que a diferença naturalizada entre homens e mulheres no que diz respeito ao tamanho corporal poderia ser consequência do fato de este último grupo receber menos alimentos e recursos em consequência de uma desvalorização cultural de seu gênero/sexo, mostrando como os fatores ambientais entram na identificação de diferenças sexuais que algumas pessoas consideram naturais ou de senso comum. Alguns anos mais tarde, Anne Fausto-Sterling identificou "os efeitos de normas e práticas de gênero sociocultural e temporalmente específicas sobre o desenvolvimento ósseo" e argumentou ainda que "as diferenças sexuadas no sistema muscular, tão frequentemente identificadas com a masculinidade e a feminilidade, não são naturais e poderiam ser eliminadas com mudanças nas normas socioculturais em relação à atividade e à força muscular, bem como pelo maior acesso a exercícios de construção de musculatura"[7].

Fausto-Sterling amplia ainda mais sua afirmação geral – "de que anatomias e fisiologias específicas não são características fixas", mas sim que "emergem

---

[5] Catherine Clune-Taylor, "Is Sex Socially Constructed?", em Sharon Crasnow e Kristen Intemann (orgs.), *The Routledge Handbook of Feminist Philosophy of Science* (Londres, Routledge, 2021), p. 187-200.

[6] Ibidem, p. 193.

[7] Ibidem, p. 194. Ver Anne Fausto-Sterling, *Myths of Gender: Biological Theories about Women and Men* (2. ed., Nova York, Basic Books, 1985).

ao longo do ciclo de vida como uma resposta a vidas vividas específicas" – à raça, solapando o uso desse termo como uma categoria tipológica em pesquisa médica e revelando sua constituição conjunta material com sexo/gênero[8]. Donna Haraway aborda esse ponto de maneira diferente:

> Aceitamos tal como ela se apresenta a ideologia liberal tradicional de cientistas sociais do século XX, que mantém uma divisão profunda e necessária entre natureza e cultura e entre as formas de conhecimento relacionadas a esses dois domínios supostamente inconciliáveis. Permitimos que a teoria do corpo político fosse dividida de tal forma que o conhecimento natural fosse reincorporado secretamente em técnicas de controle social, em vez de ser transformado em ciências da libertação.[9]

Conforme afirmaram Catherine Clune-Taylor, Sally Markowitz e C. Riley Snorton, a própria ideia de um sistema de sexo/gênero, que Gayle Rubin tornou famosa na década de 1980, não pressupõe uma simples oposição binária entre masculino e feminino, mas, como diz Markowitz, o social *produz* o biológico em uma "escala de graus de diferença de sexo/gênero racialmente codificados, culminando no homem europeu viril e na mulher europeia feminina"[10]. O que aqui se denomina "escala" é, na visão de Clune-Taylor, "geralmente articulado em termos de patologia ou anormalidade", o que deixa clara "a emergência histórica de diferenças sexuadas/generificadas e racializadas a partir de histórias intimamente emaranhadas de colonialismo, escravismo, racismo científico e medicina clínica, de modo que as análises de sua construção social, em qualquer sentido do termo, devem ser cuidadosamente consideradas e situadas em relação a esses legados"[11].

---

[8] Anne Fausto-Sterling, "The Bare Bones of Race", *Social Studies of Science*, v. 38, n. 5, out. 2008, p. 658.

[9] Donna J. Haraway, *Simians, Cyborgs, and Women: The Reinvention of Nature* (New York, Routledge, 1991), p. 13. [ed. bras.: *A reinvenção da natureza: símios, ciborgues e mulheres*, trad. Rodrigo Tadeu Gonçalves, São Paulo, WMF Martins Fontes, 2023.]: "Essas ciências terão funções libertadoras na medida em que as construirmos em relações sociais que não se baseiem na dominação".

[10] Sally Markowitz, "Pelvic Politics: Sexual Dimorphism and Racial Difference", *Signs*, v. 26, n. 2, 2001, p. 391.

[11] Catherine Clune-Taylor, "Is Sex Socially Constructed?", cit., p. 187-200.

Em *Black on Both Sides: A Racial History of Trans Identity* [Negra de ambos os lados: uma história racial da identidade trans][12], C. Riley Snorton documenta uma história das técnicas ginecológicas realizadas durante e após a escravidão em mulheres negras que foram privadas de anestesia e tratadas como experimentos nos consultórios médicos do doutor Marion Sims. Para Snorton, a história do gênero nos Estados Unidos, especialmente a da identidade trans, está, assim, ligada à instituição escravista, e os procedimentos brutais realizados nas mulheres escravizadas aperfeiçoaram a ciência resultante. Documentando uma história sofrida de procedimentos ginecológicos utilizando a anatomia das mulheres negras como campo de captura, Snorton argumenta que as mulheres negras não foram capturadas por nenhuma versão do gênero. Na trilha do inovador artigo de Hortense Spillers, "Bebê da mamãe, talvez do papai"[13], de 1987, Snorton invoca a "carne sem gênero" de Spillers para descrever esta forma de desrealização visceral dos corpos negros a serviço das normas de branquitude, incluindo ideais brancos de dimorfismo de gênero, no longo rastro do escravismo. A carne não é pura matéria passiva, mas a própria condição das relações legíveis. Snorton coloca desta forma: "Como algo que produz relações, a carne *transorienta* o sexo e o gênero" (grifo meu). A carne é uma "estrutura capacitante", mas não para as pessoas cujos corpos fornecem a matéria-prima para investigações ginecológicas. As mulheres negras tornaram possível o que mais tarde será chamado de "medicina feminina", mas elas eram carne, não mulheres – uma vez que as mulheres eram presumivelmente brancas –, e não eram atendidas pelos tratamentos médicos que elas mesmas tornavam possíveis. O gênero aqui só chega com a branquitude. Fora das normas da branquitude, os corpos tornam-se carne, indiferenciados e desprovidos de gênero, propriedade potencial cujo valor de mercado será determinado na chegada ao porto, no leilão, para os corpos que sobreviverem à travessia.

Spillers explica:

> Antes do "corpo" existe a "carne", aquele grau zero de conceituação social que não escapa da dissimulação sob a escova do discurso ou dos reflexos da iconografia.

---

[12] C. Riley Snorton, *Black on Both Sides: A Racial History of Trans Identity* (Mineápolis, University of Minnesota, 2017). Ver também Deirdre Cooper Owens, *Medical Bondage: Race, Gender and the Origins of American Gynecology* (Atlanta, University of Georgia Press, 2017).

[13] Hortense Spillers, "Bebê da mamãe, talvez do papai: uma gramática estadunidense", trad. Allan K. Pereira e Kênia Freitas, em Clarx Barzaghi, Stella Z. Paterniani e André Arias (orgs.), *Pensamento negro radical: antologia de ensaios* (São Paulo, Crocodilo/ n-1 edições, 2021).

Mesmo que as hegemonias europeias, em conjunto com o "intermediário" africano, roubassem corpos – alguns deles femininos – das comunidades da África Ocidental, consideramos essa irreparabilidade humana e social como crimes graves contra a *carne*, uma vez que a pessoa de mulheres africanas e homens africanos registrou as feridas. Se pensamos na "carne" como uma narrativa primária, então queremos dizer que ela está cauterizada, dividida, rasgada em pedaços, rebitada no buraco do navio, caída ou "fugida" para o mar.[14]

Em um movimento de reparação, Spillers atribui o sexo novamente ao corpo que foi reduzido à carne, marcado, torturado, desmembrado e descartado: "Esta cena materializada da carne feminina desprotegida – da carne feminina '*desgenerificada*' – oferece uma práxis e uma teoria, um texto para viver e para morrer, e um método para ler a ambos através de suas diversas mediações"[15]. Spillers faz a afirmação comovente de que, de volumes dedicados ao "corpo feminino na cultura ocidental"*, esta carne será "ejetada", um termo que recorda corpos de pessoas escravizadas sendo lançados ao mar a partir dos cascos dos navios que fazem a travessia do Atlântico. Mais uma vez, a carne não é uma ideia metafísica de matéria pura, mas, sim, "a concentração de 'etnicidade' que os discursos críticos contemporâneos não reconhecem nem refutam". Para Spillers, em 1987, as pessoas escravizadas foram "culturalmente desfeitas", desconstituídas desde o início, e mais precisamente *não* foram culturalmente construídas em uma forma legível: "Sob essas condições, não se é nem mulher nem homem, pois ambos os sujeitos são levados em 'conta' como quantidades."**

A carne indiferenciada só posteriormente é reformulada como valor de mercado no leilão escravista. Embora Spillers mencione a violência cometida contra mulheres escravizadas que tiveram suas crianças roubadas, cujo mundo inteiro de parentesco foi distorcido e apropriado pelo sistema escravista que transformava pessoas em bens móveis de propriedade pessoal, ela também deixa claro que a mãe negra sob a escravidão – e nas consequências que a repercutem –

---

[14] Ibidem, p. 34.
[15] Ibidem, p. 36.
* Ver Susan Rubin Suleiman (org.), *The Female Body in Western Culture* (Cambridge, MA, Harvard University Press, 1986). (N.E.)
** Hortense Spillers, "Bebê da mamãe, talvez do papai: uma gramática estadunidense", cit., p. 47, tradução ligeiramente modificada. (N. E.)

nunca pode ser o exemplo que sustenta "a simbologia tradicional do gênero feminino". Ao contrário, ela nos diz que "é nossa tarefa dar lugar para esse sujeito social diferente". Essa tarefa pode ser cumprida se aliando não à "feminilidade de gênero", mas a um "sujeito social feminino", ou, melhor, "*reivindicando* a monstruosidade (de uma mulher com potencial para "nomear"), que sua cultura impõe na cegueira"[16]. A própria Spillers começa a fazer experimentos de nomeação. Qual será o nome desse sujeito? O pensamento de uma mulher negra como sujeito social feminino é a mesma coisa que a monstruosidade, ou o ato de nomear-se seria algo que emerge do próprio corte da linguagem que ela documentou de forma tão brilhante?

Spillers experimenta certas formas de conjugar o biológico e o social, recusando uma redução tanto à biologia quanto ao principal referencial simbólico cultural de gêneros dualistas construído sobre as costas de mulheres negras que nunca serão incluídas nessas categorias, exceto de forma distorcida. Snorton adota então esse quadro poderoso para refletir sobre vidas trans negras: "'Gênero' sob cativeiro não se refere a um sistema binário de classificação, mas ao que Spillers descreve como um 'território de manobra cultural e política'"[17]. Na visão de Snorton, é no momento em que as hierarquias de poder se esgotam que surgem novos poderes de nomeação[18]. Aquilo que Snorton nomeia como "a fungibilidade dos corpos" refere-se não apenas ao valor de troca deles no mercado escravista mas à maneira como "a carne funcionava desarticulando a forma humana de suas características anatômicas, e suas reivindicações de humanidade eram rebatidas em prol da produção e perpetuação de instituições culturais", incluindo instituições médicas cujos avanços dependiam da sujeição cirúrgica, do interrogatório e de tipologias raciais hierárquicas dos corpos negros. O que Spillers chama de "desgênero" é transposto e revisado em Snorton como "a expressividade transitiva do gênero dentro da negritude". A fungibilidade era, com efeito, um terreno para a prática experimental e para a mutabilidade do próprio gênero. Nas palavras de Snorton, "a negritude sem gênero fornece as bases para performances (trans) pela liberdade"[19].

Nos anos que se seguiram ao ensaio de Spillers, vários autores procuraram compreender os potenciais estéticos e políticos que podem derivar dessa ideia de

---

[16] Ibidem, p. 66.
[17] Citado em C. Riley Snorton, *Black on Both Sides*, cit., p. 12.
[18] Ibidem, p. 11.
[19] Ibidem, p. 58.

carne[20]. Local de dilaceração e morte, a carne também tem o potencial de escapar aos ideais estabelecidos de branquitude e gênero para se tornar a condição vital da liberdade[21]. Os corpos, os corpos negros como carne, não são matéria passiva, mas locais onde a transformação pode acontecer, onde o problema é libertar-se não apenas da imposição das normas de gênero brancas, mas da exigência brutal de se tornar a superfície na qual esses gêneros foram inscritos e produzidos.

*

Aquilo que o Vaticano chama de imposição da ideologia ocidental na vida das pessoas é, na verdade, exatamente a refutação do binarismo de gênero articulada pelos teóricos decoloniais. Assim, a crítica às normas brancas de masculino e feminino impostas violentamente durante o escravismo e em sua longa vida após a morte, bem como à imposição colonial do binarismo de gênero, implica que o que é imposto pelas potências coloniais e racistas e por seus representantes coloniais é o *binarismo de gênero*, não seu contrário.

Ainda assim, o papa Francisco afirma que o "gênero" é um exemplo da colonização imposta às comunidades locais pobres. Ele está realmente falando pelos desprivilegiados aqui? Um problema dessa visão é que ela imagina que as "culturas locais" nunca foram queer, gays ou trans. Não é de interesse do papa ou de outros que fazem tais afirmações o fato de que a complexidade e a variedade de gênero são encontradas nas mais variadas formas indígenas de parentesco e língua, e que o binarismo de gênero na verdade *interrompeu* outros arranjos de parentesco e referência que estavam em jogo para muitos povos que já haviam criado espaço para pessoas não conformantes de gênero, incluindo crianças intersexo. Na verdade, foi o colonialismo, e o tipo de expansão de mercado em que ele se baseou, que estabeleceu o referencial binário e heteronormativo para pensar e viver o gênero. Se considerarmos o trabalho da filósofa feminista María Lugones, que se inspira no trabalho do sociólogo peruano Aníbal Quijano[22],

---

[20] Ronald Judy, *Sentient Flesh: Thinking in Disorder, Poiesis in Black* (Durham, NC, Duke University Press, 2020); Alexander G. Weheliye, *Habeas Viscus: Racializing Assemblages, Biopolitics, and Black Feminist Theories of the Human* (Durham, Duke University Press, 2014).

[21] Para um tipo semelhante de argumento, ver, sobre a interrupção forçada de gestações na ilha de Reunião, ver Françoise Vergès, *The Wombs of Women: Race, Capital, Feminism* (Durham, NC, Duke University Press, 2020).

[22] Aníbal Quijano, "Coloniality of Power, Eurocentrism, and Latin America", Nepantla, v. 1, n. 3, 2000, p. 533-80. [ed. bras.: "Colonialidade do poder, eurocentrismo e América

veremos que os arranjos coloniais são o contexto para a compreensão de uma ampla gama de questões que consideramos pertencentes às relações normativas de gênero, incluindo a heteronormatividade, o idealismo dimórfico, a família patriarcal e as próprias normas que regem a normatividade da aparência de gênero[23]. Lugones descreve o processo assim:

> O dimorfismo sexual é uma característica importante para aquilo que chamo "o lado iluminado/visível" do sistema de gênero moderno/colonial. Aqueles localizados no "lado obscuro/oculto" não são necessariamente entendidos em termos dimórficos. Os medos sexuais dos colonizadores os fizeram imaginar que os indígenas das Américas eram hermafroditas ou intersexuais, com pênis enormes e peitos imensos vertendo leite. Mas como esclarece Paula Gunn Allen e outros/as, indivíduos intersexuais eram reconhecidos em muitas sociedades tribais anteriores à colonização sem serem assimilados à classificação sexual binária. É importante levar em conta as mudanças que a colonização trouxe, para entendermos o alcance da organização do sexo e do gênero sob a força do colonialismo e no interior do capitalismo global eurocêntrico. Se o capitalismo global eurocêntrico só reconheceu o dimorfismo sexual entre homens e mulheres brancos/as burgueses/as, não pode ser verdade que a divisão sexual seja baseada na biologia.[24]

Lugones deixa claro que muitas vezes o trabalho feminista que começa com o problema do gênero é incapaz de reconhecer como suas premissas de investigação resultam, na verdade, de um conjunto complexo de processos históricos no âmbito da modernidade colonial. O argumento a favor da complexidade do gênero deve basear-se em um trabalho histórico que saiba como rastrear as intersecções formativas de raça, colonialidade e gênero. Ela escreve:

> Uma organização social em termos de gênero não tem por que ser heterossexual ou patriarcal. E esse "não ter por que" é uma questão histórica. Entender os traços his-

---

Latina", em Edgardo Lander (org.), *A colonialidade do saber: eurocentrismo e ciências sociais. Perspectivas latino-americanas*, Buenos Aires, Clacso, 2005.]; "Coloniality and Modernity/Rationality", *Cultural Studies*, v. 21, n. 2, 2007, p. 168-78.

[23] María Lugones, "Colonialidade e gênero", trad. Pê Moreira, em Heloisa Buarque de Hollanda [Heloisa Teixeira] (org.), *Pensamento feminista hoje: perspectivas decoloniais* (Rio de Janeiro, Bazar do Tempo, 2020), p. 171.

[24] María Lugones, "Colonialidade e gênero", cit., p. 77.

toricamente específicos da organização do gênero em seu sistema moderno/colonial (dimorfismo biológico, a organização patriarcal e heterossexual das relações sociais) é central para entendermos como essa organização acontece de maneira diferente quando acrescida de termos raciais.[25]

Para Lugones, o dimorfismo de gênero baseado em pressupostos biológicos funciona em conjunto com o patriarcado heterossexual, e ambos são impostos pelo que ela chamou de lado "iluminado" da organização de gênero na modernidade colonial. À luz dos movimentos ideológicos antigênero e de suas ligações com novas formas de autoritarismo, ela pode muito bem considerar sua influência colonial um pouco "mais pesada que antes".

*

Quijano rastreia a objetificação do corpo como "natureza". Dentro de uma racionalidade eurocêntrica, certos corpos são mais corpo que mente, "mais próximos da natureza" e mais distantes da "racionalidade". Consideradas mais naturais, certas raças, incluindo povos indígenas, negros e asiáticos, estão sujeitas à dominação e à exploração. A dominação dos mundos naturais se estende a populações humanas consideradas "mais naturais", e a branquitude é aliviada do fardo da vida natural (há outra pessoa fazendo o trabalho que produz os bens necessários à vida), posicionada no lugar do explorador e não do explorado. Esse quadro daquilo que Quijano chama de "civilização europeia" produz um dualismo em que as mulheres estão mais próximas da natureza, o que se aplica em dobro às mulheres de minorias étnico-raciais, racionalizando sua exploração. Quijano sugere que "a ideia de gênero se tenha elaborado depois do novo e radical dualismo como parte da perspectiva cognitiva eurocentrista"[26]. Se o "gênero" é cultural e não material, ele pressupõe o próprio dualismo que caracteriza a cognição eurocêntrica, na perspectiva desta. Uma implicação dessa análise é que a colonialidade do poder opera, assim, tácita mas vigorosamente no dualismo que muitas feministas, tanto "críticas ao gênero" como não, tomavam como dado.

Ao deixar clara sua apreciação dessa análise, Lugones oferece uma crítica à posição de Quijano, mobilizando um referencial interseccional. Na opinião de Lugones, a posição de Quijano compreende o gênero dentro de um referencial

---

[25] Ibidem, p. 69.
[26] Aníbal Quijano, "Colonialidade do poder, eurocentrismo e América Latina", cit., p. 129.

que permanece sem exame crítico, "[uma descrição] demasiadamente estreita e hiperbiologizada – já que traz como pressupostos o dimorfismo sexual, a heterossexualidade, a distribuição patriarcal do poder e outras ideias desse tipo"*. Além disso, na visão de Lugones, Quijano presume em sua crítica da materialidade muitos dos termos do sistema de gênero moderno/colonial. Para compreender o que esse sistema de gênero oculta, é preciso prestar atenção às histórias que ele apaga e às formulações alternativas que forclui. Lugones recorre ao trabalho inovador da acadêmica feminista africana Oyèrónkẹ Oyěwùmí para defender seu ponto de vista.

O trabalho de Oyèrónkẹ Oyěwùmí, que inclui *A invenção das mulheres***, de 1998, e a organização do volume *African Gender Studies* [Estudos africanos de gênero], de 2004, argumenta que o gênero binário é imposto pelo colonialismo e, em particular, por suas doutrinas de determinismo biológico. Essa "bio-lógica", para usar o termo dela, opera sob uma falsa reivindicação de universalidade. Quando as acadêmicas feministas utilizam esse referencial, impõem um quadro ocidental à África, não conseguindo compreender ou descrever o que acontece nas sociedades africanas. Oyěwùmí se opõe a identificar gênero com a categoria das mulheres e salienta que os significados sociais atribuídos à "esposa", ao "marido" e mesmo à "matriarca" não estão de forma alguma ligados à biologia. Esses significados estão precisamente ocluídos na análise crítica que não questiona os termos do sistema colonial de gênero. Contra a presunção estruturalista de que o parentesco e a conjugalidade estão ligados às chamadas funções sexuais biológicas ou aos atributos sexuados, Oyěwùmí argumenta que as formas ocidentais de conectar gênero e sexualidade ignoram a separação desses papéis na sociedade africana. Contra o referencial ocidental, ela afirma a importância das epistemologias locais. A África é muitas vezes explorada em busca de exemplos que confirmem os quadros ocidentais (o que poderíamos chamar de uma espécie de extrativismo teórico)[27], mas as formas africanas de conhecimento deveriam fazer parte da investigação acadêmica sobre sexualidade e gênero. Embora não esteja claro até que ponto essas formas de conhecimento estão imaculadas e intactas nas condições globais contemporâneas, ou se alguma vez estiveram tão livres de hierarquia como

---

* María Lugones, "Colonialidade e gênero", cit., p. 75. (N. E.)
** Ed. bras.: trad. Wanderson Flor do Nascimento, Rio de Janeiro, Bazar do Tempo, 2021. (N. E.)
[27] Mahmood Mamdani, "The African University", *London Review of Books*, v. 40, n. 14, 18 jul. 2019; disponível online.

eventualmente se postula, permanece importante documentar como os regimes coloniais e decoloniais continuam impondo o dimorfismo a línguas e modos de criação de mundo que excedem os termos do sistema colonial de gênero.

Segundo a obra de Zethu Matebeni, escritora e professora sul-africana, têm circulado na região muitos vocabulários que contestam os modos dominantes de falar sobre gênero[28]. Matebeni, seguindo Lugones, argumenta que é importante não romantizar nem as relações de gênero nem as relações sexuais pré-coloniais, pois isso constitui essencialismo, fixando uma imagem das comunidades africanas fora da história e da dinâmica social pelas quais foram transformadas ao longo do tempo pelas potências coloniais[29]. E, no entanto, pergunta Matebeni, que vocabulários locais foram "velados" pelas noções ocidentais de gênero? Um problema é que feministas que tomaram a família heteronormativa como ponto de partida metodológico tendem a presumir que essa forma social é uma norma transcultural e trans-histórica e, portanto, não conseguem compreender de que modo veio a ser imposta essa norma, bem como as outras organizações sociais de sexualidade e parentesco que ela oclui e exclui.

Ifi Amadiume, em *Male Daughters, Female Husbands* [Filhas masculinas, maridos femininos], descreve os arranjos de gênero na Nigéria antes do século XX, ressaltando como as relações e atribuições de gênero mudam dependendo da distribuição da riqueza, do poder de contribuir economicamente e do papel assumido nas relações de cuidado dentro de um contexto de redes de parentesco ampliadas. Pesquisadoras africanas documentaram mulheres se casando com mulheres, e o modo como as mulheres podiam se tornar maridos quando não houvesse um filho para herdar os bens[30]. O que isso diz a respeito de como o gênero pode mudar dependendo do papel atribuído ou assumido? Além disso, conforme os colonizadores cristãos buscavam substituir as divindades africanas por uma versão masculinizada de Deus, eles promoveram a ideia de masculinidade de formas que iam contra a noção religiosa de *chi*, um termo em igbo que se refere igualmente a divindades masculinas e femininas. A ideia de uma "mulher" única apresentada pelos moralistas cristãos não

---

[28] Zethu Matebeni "Nongayindoda: Moving Beyond Gender in a South African Context", *Journal of Contemporary African Studies*, v. 39, n. 4, 2021, p. 565-75; Zethu Matebeni e Thabo Msibi, "Vocabularies of the Non-normative", *Agenda*, v. 29, n. 1, 2015, p. 3-9.
[29] Leticia Sabsay apresenta um argumento similar em "Bodies as Territories: Revisiting the Coloniality of Gender" (manuscrito inédito).
[30] Zethu Matebeni, "Nongayindoda", cit., p. 566.

tem lugar nos contextos africanos onde as mulheres podem assumir papéis sociais – incluindo o de marido – a depender das mudanças nas circunstâncias e nas exigências sociais.

Esses tipos de complexidade não constituem uma teoria queer *avant la lettre*, mas, antes, uma complexidade social cujo vocabulário e significado dependem do contexto em que são vividos. A questão é não confiar em termos em língua inglesa, ou em referenciais seculares, para realizar uma crítica ao "binário rígido" imposto pelo cristianismo. Ao impor modelos bíblicos de binarismo de gênero, as potências coloniais muitas vezes condenaram e patologizaram as formas africanas de relacionamento íntimo e aparência de gênero, por isso, mais uma vez, vemos que essa imposição não é das elites urbanas, e sim de formas cristãs de colonização[31]. Da mesma maneira, estudos sobre a África Oriental e Uganda demonstraram que a desigualdade de gênero foi introduzida por missionários cristãos, sugerindo que as relações sociais tradicionais eram, em alguns aspectos, mais variáveis e complexas que as introduzidas e impostas por meio da educação missionária e do atendimento de saúde.

Desenvolvendo ainda mais o quadro referencial de Amadiume, Matebeni estuda como o termo *unongayindoda* se tornou menos comum nas línguas ngoni na região do Cabo Oriental, na África do Sul. Usado para descrever uma mulher que se parece com um homem, ou que faz coisas que um homem geralmente faria, ou que "se veste de maneira esquisita", o termo passou de meramente descritivo para cada vez mais pejorativo. Mas não está necessariamente ligado à identidade ou prática sexual, nem pode ser facilmente assimilado no modelo binário de gênero. Agora pejorativo, recentemente reivindicado com o objetivo de afirmação da liberdade ou mesmo para escapar de abusos[32], *unongayindoda* é um termo linguístico específico que só pode ser entendido em relação a várias coordenadas sociais. Ao ser reutilizado, torna-se um termo aberto a uma infinidade de significados, gerando possibilidades inesperadas e até novos imaginários[33].

---

[31] Mohammed Elnaiem, "The 'Deviant' African Genders That Colonialism Condemned", *JSTOR Daily*, 29 abr. 2021; disponível on-line. Boris Bertolt, "Thinking Otherwise: Theorizing the Colonial/Modern Gender System in Africa", *African Sociological Review*, v. 22, n. 1, 2018, p. 2-17.

[32] Zethu Matebeni, "Nongayindoda", cit., p. 571.

[33] Matebeni mostra como a instalação de 2006, "Unongayindoda", de Nicholas Hlobo, confirma a generatividade imprevisível do gênero.

Os exemplos que Matebeni oferece não têm como propósito principal apoiar ou contestar as teorias ocidentais, e sim recuperar e introduzir uma linguagem nova e diferente para a compreensão das atribuições de gênero. Para Matebeni, *unongayindoda* existe para além do próprio gênero. Stella Nyanzi, antropóloga médica e poeta exilada de Uganda, insiste que o mais necessário é um modo de "pensar para além do sobrecarregado quadro ocidentalizado do acrônimo LGBTI". Recusando tanto o binarismo colonial de gênero como o modelo de emancipação LGBTQIA+, ela se une a uma série de pessoas africanas da academia que se ocupam não só de uma série de expressões para gêneros e sexualidades não normativas, mas também de outros modos mediante os quais a linguagem faz e desfaz sujeitos sociais: "gestos, silêncios, rasuras e invisibilizações". A própria distinção entre normativo e não normativo nem sempre se aplica, pois essa separação exclui, desde o princípio, possibilidades que não se enquadram em nenhuma das categorias[34]. A questão não é converter esses modos de se referir a integrantes da rede de parentesco e da comunidade em sujeitos detentores de direitos. Isso apagaria os arranjos específicos do amar e do viver no interior das comunidades, bem como suas formas de sofrer e de exercer a liberdade[35].

Enfatizando novamente a importância da linguagem, Matebeni discute o termo *gogo*, que significa a mãe de uma mãe ou de um pai, mas também uma profeta, uma vidente ou uma curandeira. O termo desdobra vários significados que confundem tanto as versões coloniais quanto as homonormativas de gênero e sexualidade. Para Matebeni, *gogo* vai além do gênero, pois refere-se aos avós homens e mulheres, bem como a um corpo de conhecimento autóctone que liga quem está vivo e quem está morto. Desafia o binário, mas não pode servir como exemplo não ocidental a respaldar a rejeição do binarismo pela teoria queer ocidental. Ao contrário, pertence a uma vertente da filosofia africana que associa a conectividade do parentesco e da intimidade com a dignidade. Pertence, especificamente, a uma compreensão ubuntu dos seres humanos como parte de um mundo maior, conectado a uma inter-relacionalidade espiritual. Se *gogo* for traduzido muito rapidamente nos termos da "teoria de gênero" como

---

[34] Neville Hoad, *African Intimacies: Race. Homosexuality, and Globalization* (Mineápolis, University of Minnesota Press, 2007).
[35] Stella Nyanzi, "Queering Queer Africa", em Zethu Matebeni (org.), *Reclaiming Afrikan: Queer Perspectives on Sexual and Gender Identities* (Cidade do Cabo, Modjaji Books, 2014), p. 65-8.

um quadro referencial dominante ou se for transformado em um quadradinho a ser assinalado, perde todas as coordenadas e significados temporais, espirituais e sociais. De fato, acaba por perder-se na tradução[36].

*

Dizer que o sistema moderno, colonial e europeu de binarismo de gênero é um signo e um veículo de colonização (como faz Lugones) é opor-se à imposição colonizadora representada exatamente pela organização de gênero naturalizada e heteronormativa que o Vaticano defende. A Igreja é responsável por parte dessa missão colonizadora, identificando famílias heterossexuais normativas como a meta da colonização. No entanto, se incluímos no "gênero" desvios desse mesmo sistema normativo – englobando vidas e categorias trans, lésbicas, gays, bissexuais, queer e intersexo que desafiam a heteronormatividade, ou as muitas dezenas de gêneros hoje listados, por exemplo, pelo Facebook/Meta –, o gênero não está a serviço da missão cristã que lança sua própria história colonizadora para fora de si mesma em uma "ideologia de gênero" que ameaça colonizar o Sul global. Insistir que todos os grupos marginalizados, assediados e censurados que lutam estão na verdade representando as imposições e violações do poder colonial é não conseguir enxergar como a luta precária e imponente deles resulta diretamente de sua condenação pelas autoridades estatais e religiosas. Defender, como muitas pessoas acertadamente defenderam, que é o poder colonial que organiza o gênero de forma patriarcal e heteronormativa acarreta que a resistência à colonização esteja estreitamente aliada à afirmação de vidas queer, trans e intersexo. As pessoas LGBTQIA+ deveriam juntar-se a essa luta contra a persistência da colonização em Porto Rico, na Palestina, na Nova Caledônia, para citar alguns lugares, e contra a captura neocolonial de partes de África, que também são lutas contra o racismo e a exploração capitalista. Quem deixa de fazer isso não percebe que seu destino está ligado ao de tantas outras pessoas, e que aquelas que se opõem a um grupo tendem a se opor aos demais. É tolice não perceber as estratégias desagregadoras pelo que elas são e recusar alianças contra os poderes que não só marginalizarão, mas também rebaixarão e negarão muitas vidas interligadas.

---

[36] Zethu Matebeni, "Gogo: On the Limits of Gender on African Spirituality and Language", comunicação apresentada na conferência "Traffic in Gender: Political Uses of Translation Within and Outside Academia", Laboratório de Estudos de Gênero e Sexualidade, Centro Nacional de Pesquisa Científica (CNRS), Universidade de Paris 8, Paris, 14 abr. 2022.

A ideia de que a homofobia é um problema pré-moderno e que deve ser combatido por nações mais modernas ou "avançadas" que ensinam quem é menos moderno revela-se falsa: a homofobia está bastante viva em toda a Europa e está aumentando também nos Estados Unidos. Os debates sobre a homossexualidade "não ser africana" ou, mais recentemente, "não ser ugandense" caem no erro de inserir tanto a vida gay e lésbica quanto a africanidade em referenciais coloniais e nacionalistas, de modo a desconsiderar a organização e os vernáculos da vida íntima e generificada existentes fora daqueles dois termos. Lugones e outras pessoas procuraram verificar a maneira como as comunidades indígenas criaram um lugar para terceiros gêneros, por exemplo, e uma ampla gama de pesquisas discutiu o termo *two spirit* [espírito duplo], que descreve pessoas não conformantes de gênero em diversas comunidades indígenas e de povos originários das Américas[37].

O ataque colonial a culturas locais tomou forma, em parte, através da regularização do próprio gênero e da produção do binarismo heteronormativo e de seus corolários: homem, mulher e família heteronormativa. Na direita, a posição da ideologia antigênero quer reforçar justamente essas regulamentações, trabalhando assim em prol do processo colonizador que condena. Como a atribuição de sexo, que contém uma imaginação da vivência de gênero que se segue, a imposição colonial do dimorfismo de gênero determina, de forma brutal, normas da branquitude para práticas linguísticas e sociais indígenas ou locais que efetivamente recusam essa imposição; a cirurgia ginecológica em corpos negros escravizados, como imposição brutal de normas, é mais um exemplo do modo como aqueles ideais compulsórios são impostos violentamente. Essas expectativas, formas de idealismo de gênero tecidas através de fantasmas racistas, não existem apenas na mente: são imposições forçadas, o resíduo vivo e tóxico de uma história de violência racista e colonial.

---

[37] Sarah Hunt, *An Introduction to the Health of Two-Spirit People: Historical, Contemporary, and Emergent Issues* (Prince George, National Collaborating Centre for Aboriginal Health, 2016); disponível on-line. Ver também Manuela Lavinas Picq e Josi Tikuna, "Indigenous Sexualities: Resisting Conquest and Translation", em Caroline Cottet e Manuela Lavinas Picq (orgs.), *Sexuality and Translation in World Politics* (Bristol, E-International Relations, 2019), p. 57-71; disponível on-line.

10.
Termos estrangeiros ou a interferência da tradução

Consideremos a afirmação de que o gênero é a intrusão de um termo "estrangeiro", uma intrusão imperialista, que é uma das queixas feitas pelos grupos contrários à ideologia de gênero em contextos não anglófonos. Alguns desses opositores do gênero argumentaram que o termo em inglês *gender* não pertence à sua língua e, por essa razão, não deveria ser ensinado em suas escolas ou incorporado em suas políticas públicas. Ele vai contra a nação. Ou ameaça a nação. É mais uma coisa estrangeira se inserindo e impurificando o país: a expulsão é necessária. No entanto, se essas nações estiveram sujeitas a potências imperiais, a resistência se volta não apenas ao gênero, mas à própria história do imperialismo. É fácil perceber como um pode passar a representar o outro. Mas nestes tempos, os antigos impérios – o Reino Unido, os Estados Unidos, França, Itália e Espanha – estão entre os países onde a ideologia antigênero circula de forma bastante furiosa.

Ao mesmo tempo que, por um lado, nos opomos ao imperialismo cultural e, por outro, recusamos a xenofobia, devemos questionar se o problema da tradução pode escapar dessas alternativas ou se é um cenário em que essas duas tendências compensatórias estão representadas. A resistência a um termo estrangeiro pode ser uma objeção a algo assustador ou desconhecido, uma objeção ao próprio multilinguismo ou uma resistência legítima ao apagamento das línguas locais e regionais. É verdade que gênero, quando sai do contexto do inglês, demonstra a forma como a sintaxe de uma língua sofre interferência e é transformada pela sintaxe de outra. Embora o movimento contra a ideologia de gênero frequentemente use motivos nacionalistas para se opor à "estrangeiridade" do gênero, ele oscila entre retratar o estrangeiro como uma potência imperialista e um migrante indesejado. Estas são, evidentemente, duas figuras contrastantes, e a objeção ao inglês como língua imperial, ou mesmo como língua de mercado, decerto não equivale à objeção ao multilinguismo como futuro da nação. E, no entanto, os dois tipos de objeção se confundem no fantasma do gênero disseminado pela direita. Seu apelo localista ao sentimento anti-imperialista faz uma apropriação de uma crítica de esquerda, coisa que com certeza não é. Seu apelo estimula a xenofobia nacionalista e o racismo, e angaria apoio a políticos que prometeriam patrulhar mais ferozmente as fronteiras. Tal combinação não é surpreendente. A construção do "gênero" como um inimigo só ocorre quando se reúnem tendências políticas opostas e se agrupam medos oscilantes sem precisar conciliá-los de modo lógico, ou seja, sem assumir responsabilidades. Assim, o fantasma funciona como uma síntese fraudulenta.

A tradução é não apenas uma prática, mas um modo de desenvolver uma epistemologia multilíngue, extremamente necessária para proteger as línguas locais e regionais da extinção, para contrapor-se à hegemonia do inglês e para ajudar o público leitor a desenvolver maneiras complexas de compreensão mútua e do mundo. Em uma epistemologia multilíngue, não existem línguas estrangeiras, pois toda língua soa estrangeira a partir do interior de outra língua; ou talvez toda língua seja estrangeira, o que significa que não há línguas que não sejam estrangeiras. O estrangeiro está na fronteira de cada língua e muitas vezes provoca os tipos de cunhagem que estabelecem uma vida futura para a língua. O esforço para expurgar de uma língua uma presença estrangeira indesejada sugere que as línguas podem ser isoladas, que não devem ser tocadas nem transformadas umas pelas outras, e que as fronteiras das línguas nacionais devem ser patrulhadas em prol da identidade nacional. A resistência ao estrangeiro mobiliza a fantasia de que tais fronteiras podem ser lacradas, embora cada fronteira, cada movimento de migração, seja um cenário de tradução.

Politicamente, faz bastante sentido resistir quando a língua de uma potência imperial se insere em uma região ou uma nação como força colonizadora. Quando o termo *gender* passa do inglês para outra língua, é também o inglês que se insere, e com certeza não pela primeira vez. O inglês sem dúvida tem se inserido há muito tempo. Contudo, as potências imperiais não conseguem manter o controle sobre as palavras que impõem ou excluem; as palavras não reproduzem automaticamente o imperialismo da língua de que se originam. A origem de um termo não prediz, de modo algum, todos os seus futuros usos. Para parte da direita nacionalista, no entanto, deixar uma língua altamente nacionalista sofrer a interferência de uma série de termos estrangeiros, ou mesmo vislumbrar a perspectiva de um multilinguismo completo, é um ataque a seus projetos nacionalistas, suas políticas contra a imigração, seus esforços para atingir a pureza nacional por meio da regulação da família e da sexualidade. E em lugares como a Rússia de Putin, trata-se da frustração de seus desígnios imperialistas. "Estrangeiro" é um termo que está no centro dos investimentos fantasmáticos, assim como em parte "gênero" porque, na maioria dos lugares, este continua sendo um termo estrangeiro ou uma cunhagem intrigante.

Podemos aprender com essa resistência ao *gender* inglês ao mesmo tempo que desenvolvemos uma compreensão alternativa do problema. As teorias feministas e de gênero da anglosfera presumiram por tempo demais que tudo que se entende por *gender* está sendo pensado em todas as traduções estrangeiras, sem levarem em consideração o que pode haver de intraduzível na palavra. Por que será que os debates sobre o termo *gender* não analisam regularmente a presunção de monolinguismo em jogo? Em contextos anglófonos, quando abordamos gênero como categoria ou conceito, tendemos a deixar de lado o fato de estarmos nos referindo a uma convenção do inglês. Presumimos que nas línguas românicas será a mesma coisa – *le genre, el género* – ou que deveria ser, e que, em princípio, as discussões existentes em inglês são generalizáveis para um número indefinido de contextos. Quando discutimos sobre *gender* – aprofundando seu significado ou sua conceitualização –, já estamos atuando em um campo monolíngue, a menos, é claro, que estejamos discutindo em outra língua que não o inglês e *gender* seja um termo estrangeiro, ou que tenhamos um quadro referencial deliberadamente translinguístico. Mas mesmo quando se apresenta como um "termo estrangeiro", *gender* permanece estranhamente estrangeiro. Como tal, levanta todas as questões habituais: o que é que o estrangeiro está fazendo aqui? Ele é bem-vindo? Foi convidado? É uma incorporação imperial? Seria esta uma oportunidade para afirmar a diversidade linguística como quem somos e de que modo conhecemos? Até que ponto a objeção ao "gênero" é uma objeção ao inglês ou uma objeção mais ampla à entrada de palavras e coisas estrangeiras naquilo que deveria ser defendido a todo o custo contra o estrangeiro? *Gender* atravessa fronteiras, se infiltra e, nesse sentido, é insidioso*. Mas seria ele insidioso tal como uma potência estrangeira? Ou teria

---

* No original, Judith Butler utiliza os termos *inside* e *insidious* que, embora tenham origens diferentes (latim e protogermânico, respectivamente), compartilham de grafia e sonoridade muito próximas em inglês. Nesse sentido, identifica-se aqui um jogo de palavras que reforça a ideia de impregnação, que a tradução infiltrar-se/insidioso não reproduz. (N. T.)

ele se tornado uma palavra de qualquer pessoa, uma estranha democratização transnacional no nível do vocabulário? Infelizmente, quando as reflexões sobre o gênero ocorrem em inglês como se tudo o que é dito fosse traduzível, essa presunção mostra-se arrogante, só podendo ser combatida pensando-se no gênero como um cenário de tradução.

Quando, em inglês, fazemos várias generalizações sobre gênero –generalizações que podem incluir "o gênero é performativo" ou "o gênero é relacional" ou "interseccional" ou "principalmente uma questão de trabalho" –, presumimos que tais afirmações são facilmente, se não totalmente, traduzíveis em virtude da generalização. Embora nem sempre o reconheçam, teóricos de gênero de língua inglesa involuntariamente assumem uma atitude em relação à tradução quando estão discutindo gênero. É verdade que há quem simplesmente não se importa se os termos-chave são traduzíveis – afinal, esse é um problema para profissionais da tradução e, embora às vezes até nos satisfaçamos em ajudar tais profissionais em suas pelejas, nem sempre consideramos que o potencial de generalização de nossas afirmações depende, na verdade, do estabelecimento de uma equivalência conceitual entre os termos nas duas línguas. Essa visão é uma forma de monolinguismo presunçoso. Afinal, quando nenhuma equivalência conceitual pode ser estabelecida entre o inglês e outra língua, estamos diante de um problema diferente. Mas se o resolvermos convidando todo mundo a adotar o inglês como referencial linguístico contemporâneo consolidado, ou se exportarmos esse referencial com um espírito de beneficência, não passamos de imperialistas polidos. Ou pode ser que filosoficamente pensemos que o gênero nomeia um conceito e que a linguagem que usamos para nomear ou descrever o conceito seja bastante incidental ao próprio conceito. Se o uso linguístico não gera ou sustenta conceitos, adiciona ou subtrai significados, e se os conceitos têm uma independência relativa do uso linguístico, seria impossível entender como o gênero é flexionado pelos verbos, ou como outros tipos de nomenclatura funcionam em uma língua para designar o que em inglês é chamado de *gender*. Nossa compreensão dos fenômenos é ampliada, mas apenas se abandonarmos nosso apego ao referencial monolíngue. A tradução é, de fato, a condição de possibilidade da teoria de gênero em um quadro global.

Para algumas acadêmicas do Sul global, não faz sentido trazer a linguagem do g*ender* a suas conversas com familiares e colegas, especialmente quando já existem outros termos em suas próprias línguas para comunicar o que têm a dizer, como discutimos no capítulo anterior a respeito dos termos *unongayindoda* e *gogo* na África do Sul. A palavra *hijra*, na Índia, é outro exemplo; a tradução aproximada é de que é um "terceiro gênero", mas não "transgênero". As *hijras* foram criminalizadas em 1871 sob o domínio colonial britânico. O nome funciona não apenas como uma "identidade", mas como designação para um conjunto de relações, um grupo ao qual elas pertencem (e foram tradicionalmente iniciadas) e um conjunto de práticas, incluindo canto e dança, que tradicionalmente realizam[1]. Não faz sentido encaixar em tipologias de gênero contemporâneas esse grupo de pessoas presente há centenas de anos, especialmente quando o legado de sua criminalização ainda as assombra e marginaliza. Se existem formas locais e vernáculas de deslocar o binarismo de gênero, como sem dúvida acontece, isso significa que o discurso ocidental – ou qualquer outra imposição "estrangeira" – não produziu tais formas de viver e de desejar, apenas desenvolveu para elas um vocabulário cuja universalidade deve ser contestada e cujos poderes de apagamento devem ser expostos. O movimento imperialista ocorre quando g*ender* é adotado por organizações e Estados que procuram divulgar seus feitos no campo dos direitos humanos para pessoas gays e lésbicas como maneira de desviar a atenção de suas políticas racistas de imigração, suas guerras coloniais e suas atividades de retirada de direitos de povos indígenas e subjugados[2]. Desse tipo de aliados nós não precisamos.

Nenhuma língua tem o poder exclusivo de definir gênero ou de regular seu uso gramatical, e isso significa que cada forma de se referir ao gênero tem determinada contingência. Podemos, compreensivelmente, sentir como um desrespeito quando nos chamam de uma forma errada, mas por que pedimos às pessoas que entrassem em nosso próprio quadro de referências? Essas reações podem ser momentos de obstinação monolíngue ou de falha em perceber que o trabalho de tradução é obrigatório. Esses também podem ser momentos em que refinamos e proliferamos formas de nomeação e chamamento em inglês que intensificam as não equivalências conceituais entre as línguas. Refletir sobre a obstinação monolíngue é uma chance para sentirmos humildade em relação à língua específica que usamos, especialmente se ela alcançou uma

---

[1] Ver Gayatri Reddy, *With Respect to Sex: Negotiating Hijra Identity in South India* (Chicago, University of Chicago Press, 2005); Max Bearak, "Why Terms Like 'Transgender' Don't Work for India's 'Third-Gender' Communities", *The Washington Post*, 23 abr. 2016. Disponível on-line.

[2] Ver Jasbir Puar, "Rethinking Homonationalism", *International Journal of Middle East Studies*, v. 45, n. 2, 2013, p. 336-9. Sobre a relação entre migração, parentalidade gay e lésbica e cidadania, ver também Bruno Perreau, *The Politics of Adoption: Gender and the Making of French Citizenship* (Cambridge, MA, MIT Press, 2014).

posição hegemônica. Se nenhuma língua monopoliza uma palavra ou ideia, se há outras palavras que tentam chegar ao mesmo fenômeno ou a um fenômeno semelhante, então perguntar a que nos referimos com o termo "gênero" pode dar início a uma conversa extremamente interessante entre pessoas que usam línguas diferentes. Se o sentido do eu estiver ligado à linguagem que usamos para nos descrever e se a insistência neste ou naquele termo nos lançar ainda mais profundamente no monolinguismo, anulamos os encontros com outras línguas e com o que elas podem nos ensinar sobre aquilo que parte de nós chama de g*ender*.

Consideremos, por exemplo, como a proliferação de formas nominais para gênero e identidade sexual levanta problemas específicos de tradução. Não existe forma substantivada para "gênero" em japonês, chinês e coreano. Existem palavras para mulheres e para homens, mas não para o conceito de *gender* em si. Em japonês, por exemplo, a autorreferência linguística tem marcação de gênero: os termos *ore* e *boku* são maneiras informais de se referir ao "eu" como primeira pessoa do singular de um homem, enquanto *atashi* e *watashi* são referências de primeira pessoa para uma mulher. O uso de cada um desses termos, no entanto, é influenciado pela classe social, formação educacional, convenções culturais e, mais importante, pela relação com a pessoa com quem se fala. O mais próximo que os japoneses chegam de se aproximar dessa palavra inglesa não traduzível é *jen-daa*, que não é diferente da cunhagem francesa *gendaire*, ao buscar um eco fonético de *gender*. Onde *gender* não pode entrar, ele é cunhado, mas isso sempre ocorreu, dado que o próprio termo g*ender*, como mencionado anteriormente, surgiu como uma cunhagem.

Em chinês, a gramática do gênero é expressa de várias maneiras pela conjunção de fonemas e números: o termo para *gender* é *xing* (4) *bie* (2). Os números denotam qual dos quatro "tons" da língua chinesa é usado para cada uma das sílabas de *xing-bie*. *Xing* (2) significa algo diferente de *xing* (4). Na verdade, esse sistema romano *já* é uma tradução/transliteração de caracteres chineses, por isso forma uma espécie de grade a partir de um sinal gráfico. *Xing* (4) é um termo que significa "categoria ou tipo", mas também significa "sexo" e, assim, mantém uma relação com as línguas que ligam o sexo às espécies. Somente no início do século XX o termo começou a significar g*ender*; posteriormente, para distinguir gênero de sexo, algumas acadêmicas feministas na China colocaram o termo "social" (*she* [4] *hui* [4]) antes do termo *xing* (4) *bie* (2). *Bie* (2) significa "diferença", ligando-se assim às formulações de gênero como diferença sexual. Dessa maneira, em contato com uma série de discursos globais, os chineses desenvolveram cunhagens em resposta à necessidade de tradução. Isso acontece não apenas em ambientes não anglófonos, mas também no inglês. A cunhagem e a tradução parecem ser o atual dilema da teoria do gênero. E contar a história de como *gender* se insere – ou por que acaba sendo proibido – dá-nos um novo itinerário não apenas para os estudos de gênero e sua justificação acadêmica, mas para vivermos juntos num mundo multilíngue onde algumas palavras estrangeiras parecem exercer uma força perturbadora, carregando muito mais do que eles poderiam significar[3].

Algumas feministas e teóricas de gênero têm discutido se pode haver gêneros que vão além do homem e da mulher, se o próprio gênero deveria ser transcendido ou abolido, e se deveríamos viver em um mundo sem quaisquer categorias de gênero. Minha opinião é que devemos procurar criar um mundo onde as muitas relações com a existência socialmente corporificada se tornem mais viváveis, e as pessoas em geral se tornem mais abertas às maneiras pelas quais o gênero pode ser feito e vivido sem julgamento, medo ou ódio. Algumas pessoas adoram o caráter binário do gênero e não querem que ele mude. Algumas pessoas trans afirmam o binarismo, só querem encontrar seu lugar de direito como homem ou como mulher e viver pacificamente, se não com alegria, nessa morada linguística. Para elas, garantir um lugar na linguagem de gênero é um pré-requisito para habitar o mundo. Considerado eticamente, tal desejo deve ser honrado – radicalmente e sem qualificação. Ao mesmo tempo, há outras pessoas que não conseguem viver muito bem dentro desses termos binários, incluindo pessoas trans que entendem que "trans" existe em ângulo crítico em relação ao binário; para elas, outros vocabulários de gênero, incluindo pronomes, são necessários para que habitem o mundo e se sintam em casa, ou relativamente em casa, na linguagem que usam, ou na recusa da linguagem que nega quem elas são; essa recusa é também uma abertura para um mundo habitável, e quem se opõe a ela se opõe a uma vida vivível para um grupo de pessoas que deixou claras suas condições de vida. E assim, o que é bastante razoável, algumas pessoas demandam novos léxicos, ou maneiras de viver completamente fora das categorias de gênero recebidas, como por vezes fazem as pessoas não binárias, por exemplo: elas levam a cunhagem ainda mais ao extremo e com outro propósito, refinando seu vocabulário de autorreferência dentro de um quadro monolíngue, ou abandonam a prática de uma nova

---

[3] Li Xiao-Jian, "Xingbie or Gender", trad. inglês Wang Bin, em Nadia Tazi (org.), *Keywords: Gender* (Nova York, Other Press, 2004), p. 87-102.

nomeação, empreendendo um ataque linguístico e corporificado às categorias de gênero tal como as conhecemos.

Todas essas posições são legítimas porque cada uma delas nos fala de um grupo de pessoas que busca vidas vivíveis na língua que encontram, criam ou rejeitam. Não podemos ser "contra" nenhuma dessas posições, se cada uma delas abre uma trajetória diferente de esperança para uma vida vivível. Dado que nem todas as pessoas consideram vivíveis os mesmos termos, precisamos ter cuidado para não impor uma nova norma de gênero que generalize as condições do vivível ou que decida sem consulta como outra pessoa deve ser chamada (alguns dos debates sobre de quem é a percepção que define "cisgênero" trazem isso à tona)[4]. Temos de estar preparados para traduzir entre uma língua em que vivemos, aquela de que necessitamos para viver, e uma língua alheia que nos despoja daquele sentido seguro das coisas trazido pela convicção monolíngue. Afinal, algumas pessoas encontram vida e alento escapando dos termos pelos quais o reconhecimento de gênero é conferido; outras encontram vida e alento justamente ao se sentirem reconhecidas pelos termos existentes; e algumas acolhem ou fazem do termo estrangeiro uma forma de contestar a função naturalizadora da língua, ou do inglês em particular.

Se a tarefa não é a de generalizar um modo de vida, mas a de entrar em consonância com os vários vocabulários que tornam a vida mais vivível, então um feminismo transfóbico está fora de questão. Aliás, um feminismo transfóbico não é feminismo e alia-se a formas coercitivas de normas de gênero que exigem uma aplicação paternalista ou autoritária. Uma posição trans antifeminista também tem de repensar a história do feminismo, especialmente do feminismo negro, dadas as profundas e difíceis alianças formadas entre todas aquelas que emergem da subjugação e que procuram ter suas reivindicações de reconhecimento político registradas e respeitadas. As pessoas que deveriam ficar mais enfurecidas com meu argumento são aquelas que acreditam que o binarismo de gênero é determinado por uma versão da lei natural referenciada ou ocasionada pela Bíblia, ou determinado por uma compreensão anglófona do dimorfismo de gênero, elaborada de acordo com os ideais brancos. Elas têm muito a perder e deveriam iniciar esse processo de luto. Esperemos que sua raiva destrutiva se transforme em sofrimento produtivo, para que possam

---

[4] Ver B. Aultman, "Cisgender", *TSQ*, v. 1, n. 1-2, maio 2014, p. 61-2; Erica Lennon e Brian J. Mistler, "Cisgenderism", *TSQ*, v. 1, n. 1-2, maio 2014, p. 63-4.

emergir em um mundo comprometido com a coabitação e a igualdade em meio à diferença.

Eu mesma fui retratada como um demônio, uma bruxa, uma pessoa trans, uma judia de traços exorbitantes na propaganda oferecida pelo movimento contra a ideologia de gênero. Vi meu nome circulando de maneiras que mal consigo entender, e parte da motivação para este livro foi tentar investigar a fundo como os argumentos de alguém se tornam fantasmas distorcidos, como o nome de alguém pode ser transfigurado em um fantasma quase irreconhecível[5]. Se tento confrontar essa forma de despossessão para fazer uma apresentação mais justa de quem sou, tenho de me lembrar que a alternativa à difamação não é o assenhoramento. A linguagem que utilizo para declarar quem sou acaba não sendo fundamentalmente a minha, mas isso não significa que eu não possa, ou não queira, contestar seu significado. O gênero introduz um problema de tradução na melhor das circunstâncias, mas também pode ser fonte de ceticismo para quem teme outra incursão imperial do inglês em contextos que, compreensivelmente, resistem às interferências sintáticas que ele introduz. A resposta, contudo, não é recuar para as línguas nacionais intocadas ou não transformadas no decurso do intercâmbio linguístico, um impulso que é perigosamente nacionalista em seu cerne. É preciso permanecer na peleja da tradução. Como escreve Joan W. Scott:

> A questão é, obviamente, em parte linguística – existe uma palavra equivalente para o *gender* inglês em outras línguas? Mas é também política e filosófica – uma questão de significados contestados, tanto explícitos quanto implícitos, que (nas palavras de Barbara Johnson) "excedem os limites do controle estável ou da coerência". Torna-se algo sobre o qual se luta incessantemente.[6]

Em sua monografia *O monolinguismo do outro*, Jacques Derrida refere-se à "obstinação monolíngue" para descrever a "resistência à tradução". Ali ele descreve a convicção que se fortalece à medida que alguém se aprofunda cada

---

[5] Para uma consideração ponderada e oportuna sobre essa alienação do nome nas condições políticas contemporâneas, ver Naomi Klein, *Doppelganger* (Nova York, Farrar, Strauss and Giroux, 2023).

[6] Joan W. Scott e Luise von Flotow, "Gender Studies and Translation Studies: 'Entre braguette' – Connecting the Transdisciplines", em Yves Gambier e Luc van Doorslaer (orgs.), *Border Crossings: Translations Studies and Other Disciplines* (Amsterdã, John Benjamins, 2016), p. 358.

vez mais na própria língua para defender um argumento ou aprimorar uma descrição. A pessoa não apenas habita essa língua específica como se fosse sua casa mas também se convence de que somente *nessa* língua pode dar sentido e comunicar o sentido das coisas[7]. Então, eu não apenas falo esta língua como esta língua é minha maneira de habitar o mundo e pode até parecer ser, ou fornecer, a própria essência de quem sou, o sentido que dou ao mundo e, portanto, o sentido do próprio mundo. E, no entanto, a linguagem em que afirmo minha vivência de gênero nem sempre é aquela que eu mesma criei. Inseriram-me, por assim dizer, em uma linguagem que nunca escolhi, sem ter a posse da própria linguagem que torna minha vivência de gênero possível. E quando procuro dizer quem sou, faço-o em uma linguagem que se revela intraduzível ou que, em aspectos importantes, já é estranha a mim.

Só vendo a questão *dessa* forma poderemos escapar à intensificação de um monolinguismo cada vez mais refinado, à medida que procuramos nos fazer compreender. Por mais que procuremos possuir e controlar a linguagem do eu para contestar as atribuições que recusamos, ainda somos pessoas despossuídas dentro da própria linguagem que nos dá nosso sentido de assenhoramento. A tarefa, por assim dizer, é romper com o monolinguismo, suportando as humildades da tradução, recusando o nacionalismo implícito em uma língua singular e hegemônica, alcançando e deixando-nos alcançar por um mundo mais amplo, que seja multilíngue e multissintático, e que tenha condições linguísticas do vivível sempre diferentes. Assim, os mais valiosos de nossos autoproclamados substantivos podem muito bem desmoronar conforme passamos a valorizar a tradução e as importantes possibilidades que a perda de domínio abre para a construção e sustentação de um mundo vivível[8].

---

[7] Derrida simula, qual um ventríloquo, a postura defensiva do monolinguista quando escreve o seguinte (estou usando a tradução para o inglês): "Não só estou perdido, caído e condenado fora da língua francesa como tenho a sensação de honrar ou servir a todos os idiomas, em uma palavra, de escrever "mais" e "melhor" quando afio a resistência do meu francês, a "pureza" secreta do meu francês [...] daí, sua resistência, sua resistência implacável à tradução; tradução para todas as línguas, incluindo outro francês", em *Monolingualism of the Other ou The Prosthesis of Origin* (trad. ingl. Patrick Mensah, Stanford, Stanford University Press, 1998), p. 56. [Trecho traduzido a partir do inglês. A obra tem uma ed. bras.: *O monolinguismo do outro ou a prótese de origem*, trad. Fernanda Bernardo, Belo Horizonte, Chão da Feira, 2016 – N. T.]

[8] O paradoxo envolvido em todos os atos de reivindicação pública é o que chamamos de performativo. Isso não significa que o gênero é sempre escolhido, ou que ele seja uma expressão voluntarista da individualidade. O ato performativo pelo qual o gênero é reivindicado

Mesmo dentro do quadro monolíngue, o estrangeiro está presente desde o início. Ao receber um nome, ao ter um sexo atribuído no nascimento, o desejo de outra pessoa está alojado neste nome, ou até mesmo toda uma história de desejos vindos de outro lugar. Não há também um elemento fantasmático e estrangeiro alojado naquele nome e naquele gênero atribuídos, sobre o qual nos resta decifrar, conviver ou mudar?

Jean Laplanche argumentou que a atribuição de gênero é a situação em que a criança recebe um desejo enigmático do mundo adulto: do que estão me chamando? Que nome é esse? O que o gênero quer de mim?[9] E como o desejo do gênero se insere no meu?

Por isso, a atribuição de gênero não produz, mecânica ou inevitavelmente, a criatura que se conformará à categoria pela qual é chamada. A interpelação não funciona sem algum tipo de interferência potencial ou real. Na verdade, a atribuição de gênero surge, para Laplanche, desde o início como enigmática e estrangeira. O gênero apresenta à criança uma tarefa de tradução, e essa tarefa nunca é totalmente concluída na vida. Para Laplanche, nunca superamos totalmente a estranheza da língua em que vivemos – talvez esta seja uma aliança que ele tem com a obra de Derrida (e a de Theodor Adorno). Estes esforços de decifrar e traduzir uma exigência imposta por categorias e nomes nada mais fazem que abrir uma zona de liberdade provisória onde reivindicamos ou cunhamos uma língua própria em meio a uma despossessão linguística para a qual não há solução nem saída. Afinal, o que chamamos de nossa língua tanto é quanto não é nossa; os termos pelos quais nos apropriamos de nós mesmos podem ou não ser traduzíveis, inclusive para nós. O intraduzível pode ser outro nome para o desejo que excede todo esforço de captura lexical e controle normativo. Ele pode constituir aquela pausa ou intervalo na linguagem que nos pede para prestarmos atenção uns aos outros, de maneira ética, através das línguas. Pode também, para quem vive em inglês, apontar para o valor de hesitar em uma língua estrangeira, abrindo mão do assenhoramento do monolinguismo em favor de um mundo em que somos, felizmente, pessoas despossuídas juntas, compreendendo o gênero, na medida do possível, por meio de termos que encontramos e criamos, a fim de encontrar uma maneira

---

comunica as condições vivíveis para quem o reivindica. Este é, talvez, o sentido mais importante de performatividade de gênero a ser preservado no presente.

[9] Ver John Fletcher e Nicholas Ray (orgs.), *Seductions and Enigmas: Cultural Readings with Laplanche* (Londres, Lawrence and Wishart, 2014).

mais vivível de habitar o mundo multilíngue com todas as suas interferências promissoras. É importante, no entanto, o modo como concebemos esse multilinguismo, uma vez que o ideal de "inclusão" deixa de compreender o problema do conhecimento posto pela tradução[10].

Para a teórica literária e cultural Gayatri Chakravorty Spivak, o fracasso da tradução abre espaço para uma nova reflexão sobre a vida geopolítica, expondo os limites, na forma de uma uniformização em expansão, de qualquer ideal de uma língua globalizada e orientada para o mercado:

> A tarefa da tradução no contexto global deve ser pensada nesse quadro, em que a aprendizagem de línguas é o primeiro imperativo – a produção de tradução é um ativismo – e não simplesmente uma desistência em favor da conveniência em um país onde o multiculturalismo anda de mãos dadas com o monolinguismo. Nossa obrigação de traduzir deveria ser reconhecida como, no nível mais profundo, determinada pela "ideia do *intraduzível* não como algo que não se pode traduzir, mas como algo que nunca paramos de (não) traduzir", uma preparação epistemológica persistente, e não meramente uma resposta a um mercado global entendido como um apelo ao pluralismo equitativo.[11]

O que Spivak chama de "uma preparação epistemológica persistente" pode ser entendido como uma maneira de nos prepararmos para um impasse, ou seja, para a descoberta de que a tradução não é totalmente possível, nem mesmo impossível. Embora esse impasse seja uma decepção, também podemos encontrar no intraduzível um vislumbre do modo específico de conhecimento que espera ser todo-poderoso. O "pluralismo equitativo" pode parecer um ideal digno, mas Spivak nos convoca a levar em consideração que palavras trocadas *não* são precisamente como moedas. Quando a tradução se revela renitente ou impossível, o caráter provisório da língua-fonte pode ser revelado: seu limite

---

[10] David Gramling, *The Invention of Multilingualism* (Cambridge, Cambridge University Press, 2021); Emily Apter, *The Translation Zone: A New Comparative Literature* (Princeton, Princeton University Press, 2006).

[11] Gayatri Chakravorty Spivak, "Translating in a World of Languages", *Profession*, 2010, p. 35-43. Spivak cita sua própria formulação no verbete "Planetarity" [Planetariedade], em Barbara Cassin (org.), *Dictionary of Untranslatables: A Philosophical Lexicon* (Princeton, Princeton University Press, 2014), p. 1123, atribuindo-a a Alexandra Russo. Ver também *Living Translation* (Calcutá, Seagull Books, 2022), coletânea de escritos de Spivak sobre tradução organizada por Emily Apter, Avishek Ganguly, Mauro Pala e Surya Parekh.

epistêmico ou sua incapacidade de incluir todas as formas possíveis de organizar o mundo. O sentido de humildade linguística que se segue vai contra o imperialismo cultural e linguístico que impulsiona o monolinguismo, isto é, a crença de que todo e qualquer significado possível pode ser, ou deveria ser, capturável por nossa própria língua, pelo inglês, o francês ou outra língua que presuma ter alcance universal.

A tradução desperta o potencial produtivo da cunhagem e da errância, desafiando ideais de assenhoramento linguístico, oferecendo um caminho de humildade linguística especialmente para quem trabalha exclusivamente em inglês, e uma possibilidade de encontro que ressalta a dimensão intraduzível de qualquer língua. A dimensão intraduzível de *gender* apresenta a questão de como coabitar um mundo quando a não equivalência conceitual é uma condição do debate feminista e de gênero cada vez mais global. Nenhum de nós pode pensar ou falar globalmente. Somente através de uma perspectiva parcial é que qualquer de nós participa da conversa transnacional[12]. E, uma vez que participamos dela, percebemos que somos tirados dos trilhos por aquilo que encontramos, deslocados nos mundos que procuramos conhecer, submetidos a um incômodo produtivo que nos impele a pensar de outra forma.

Tentei argumentar que não existe monolinguismo que não seja abalado pelo que é "estrangeiro". Pessoas que prezam a pureza de uma língua imaginam a expulsão de palavras estrangeiras, mas teriam de retraçar toda a história dela para alcançar a "pureza" que imaginam. Um dado importante é se a língua está em extinção, conquistada e apagada pelas línguas coloniais. Mas a oposição ao gênero tende a emergir de formas de nacionalismo que procuram manter o estrangeiro fora, incluindo o regresso das pessoas colonizadas às metrópoles da Europa – o que o teórico social Stuart Hall caracterizou corretamente como um escândalo para os colonizadores.

Quando o gênero é retratado assim, como um invasor estrangeiro ou a própria invasão, aquelas pessoas que combatem o gênero revelam que se dedicam à construção da nação e da patrulha das fronteiras. A nação pela qual lutam é muitas vezes fundada na supremacia branca ou seu legado oculto, a família heteronormativa, e uma resistência a todo questionamento crítico das normas que claramente restringiram as liberdades e colocaram em perigo a vida de tantas pessoas. Defender o uso do gênero na educação e na vida cotidiana, na

---

[12] Ver Idem, *An Aesthetic Education in the Era of Globalization* (Cambridge, MA, Harvard University Press, 2013).

formulação de políticas e na política, é afirmar o valor da abertura e da aliança, e questionar o imperativo monolíngue que é legado do imperialismo.

*

Por mais importante que seja compreender as ficções eurocêntricas que organizaram a linguagem de gênero em binários fixos e normativos, é igualmente importante se perguntar qual é o aspecto de uma explicação anticolonial do gênero. O gênero pode e deveria ser o ponto de partida para uma crítica ao monolinguismo, ao nacionalismo e às potências coloniais. E quando ele não leva em consideração todas essas questões, torna-se cúmplice[13]. Dado que nenhuma língua nacional pode fornecer um referencial adequado para a compreensão do gênero, a tradução se torna um cenário importante para uma aliança anticolonial. O gênero é estrangeiro ao inglês e estrangeiro aonde quer que vá. Não viaja sem carregar todas as associações que o estrangeiro carrega. Seu sentido tornou-se redobrado e comprimido, por isso ele é sempre uma condensação de sentidos e também, sempre, um deslocamento. Uma clara ameaça para algumas pessoas, mas, para outras, um sinal de esperança, até mesmo um espaço de encontro, o "gênero" está em vias de ser queerificado, retrabalhado e revisto, pervertido e substituído[14]. Como escreveu Theodor Adorno contra o fascismo alemão: "O poder de uma linguagem desconhecida e genuína que não está aberta a nenhum cálculo, uma linguagem que surge apenas em pedaços e a partir da desintegração da existente; este poder negativo, perigoso e, ainda assim, indubitavelmente prometido, é a verdadeira justificativa das palavras estrangeiras"[15]. Para quem teme o gênero, o perigo parece superar a promessa, por isso nossa tarefa é tornar o gênero novamente promissor, mas isso só pode acontecer por meio da aliança, da tradução e de um contraimaginário.

---

[13] Ver Lila Abu-Lughod e Rema Hammami, *The Cunning of Gender Violence* (Durham, NC, Duke University Press, 2023).

[14] Kathryn Bond Stockton, *Gender(s)* (Cambridge, MIT Press, 2022).

[15] Ver Theodor Adorno, "On the Use of Foreign Words in Writing", em *Notes on Literature*, v. 2 (Nova York, Columbia University Press, 1992), p. 290-1, no qual ele observa a importância da ruptura da ideia orgânica e pura de língua por palavras estrangeiras. Ele provavelmente estava pensando no desmonte do nacionalismo alemão, e não no problema da incursão imperial.

A objeção à tradução do g*ender* inglês não é expressa apenas pelas forças conservadoras e reacionárias. Pode fazer parte da crítica ao colonialismo, como vimos. E, no entanto, existe uma diferença entre o quadro referencial heteronormativo para o binarismo de gênero imposto pelas potências coloniais e a crítica a esse referencial binário imposto pelo colonialismo. A versão binária de *gender* imposta pelas autoridades coloniais não pode ser eficazmente combatida por um quadro referencial de direitos humanos que se entenda como universal. *Gender* passa a ser identificado, desse modo, com essa forma de imperialismo cultural, perdendo aliados na esquerda e antagonizando ainda mais a direita. *Gender* tem de permanecer relativamente selvagem em relação a todos aqueles que afirmam possuir sua definição correta. Só então poderemos rastrear todos os poderes e medos que *gender* atraiu e o que agora representa.

Quando o Vaticano expressa inquietações com o gênero como força colonizadora, preocupa-se com tudo o que o gênero permite: aborto, contracepção, educação sexual, redesignação de sexo, direitos de gays e lésbicas, vida queer e trans. Quer instalar o mesmo binário que as autoridades coloniais, com a ajuda das religiosas, levaram ao Sul global. Com efeito, quer dar continuidade às formas de colonização que o Vaticano ajudou a impor no passado. Opõe-se a quaisquer quadros referenciais ou movimentos sociais de direitos humanos que procurem desfazer "a família natural [heteronormativa]" como forma colonial, deixando claro que o objetivo do Vaticano é preservar os entendimentos coloniais de gênero. Assim como a tradução é a condição de possibilidade da teoria de gênero em um quadro global, a crítica das imposições coloniais é também um requisito. Para podermos fazer essa crítica, no entanto, temos de distinguir entre os efeitos colonizadores produzidos por autoridades religiosas como o Vaticano, que chamam sua pauta de "lei natural", e aqueles outros efeitos que são impostos pela obstinação monolíngue e pela presunção imperial. Quem teme o gênero sabe que ele também oferece uma promessa de liberdade, uma liberdade em relação ao medo e à discriminação, à violência e ao homicídio homofóbicos, ao feminicídio, ao encarceramento, à restrição da vida pública e à ausência de atendimento de saúde adequado, seja ela permitida ou imposta pelos poderes estatais em expansão. A visão de aliança e de empoderamento necessária para derrotar esses fantasmas tóxicos instalados na formulação de políticas, na plataforma e no policiamento será aquela que artistas nos ajudarão a fazer, uma forma de imaginação que emerge de coletivos em que a autoria não é de ninguém, que já estão vivos e cuja promessa provoca medo no coração de quem se dispõe a impor suas políticas reacionárias por meio de poderes estatais, incluindo a violência. Embora os movimentos aos quais essas pessoas se opõem sejam imaginados como destrutivos, por vezes os mais destrutivos poderes do mundo, talvez possamos mostrar-lhes qual é a cara de uma afirmação radical da vida partilhada. Ao menos parece ser essa a tarefa comum a nós.

Conclusão

O medo da destruição, a luta para imaginar

> Se você está em uma coalizão e se sente confortável, você sabe que a coalizão não é ampla o bastante.
>
> – Bernice Johnson Reagon

Ninguém está conseguindo imaginar o futuro muito bem. E, quando tentamos, ele parece um pesadelo. O espectro do fascismo é frequentemente invocado na esquerda, mas já não temos certeza de que esse seja o nome certo. Por um lado, o termo é ventilado por aí com muita facilidade. Por outro, cometeríamos um erro ao pensar que todas as suas formas possíveis já existiram e que só podemos chamar algo de "fascista" se estiver em conformidade com os modelos estabelecidos. Imaginar o futuro não é exatamente uma previsão. Imaginar não ocorre apenas na mente. Requer um objeto, um meio, uma forma sensorial de expressão. Imaginar o futuro é mais próximo à libertação de um potencial através de um meio sensorial; o meio não é um simples veículo para uma ideia já formada, e sim uma ideia que se consolida e toma forma, som e textura, libertando um potencial próprio.

Ninguém quer realmente imaginar o futuro, a não ser aquelas pessoas que anteveem a expansão de seus negócios e a acumulação de seu capital, que veem o futuro como o horizonte de seu próprio e crescente poder. Pensar dessa maneira é não se importar caso essa forma de acumulação ocorra à custa da Terra, de outras vidas ou da vida em todas as suas formas. E, no entanto, em nossos atos e práticas, reproduzimos implicitamente uma ideia de futuro, sabendo ou não muito bem o que ele é. Vivemos desse modo agora, supondo que viver assim é o modo de viver; e uma vez que essa prática repetida se torna um modo de vida, esse passa a simplesmente parecer o modo como as coisas são, ou deveriam ser. Porém, quando o modo de vida reproduzido destrói *todos* os modos de vida, incluindo esse mesmo, é preciso questionar como a busca pela destruição é levada adiante por práticas que são consideradas apenas o modo como as coisas são, ou têm de ser. A destruição climática é o exemplo mais terrível. No entanto, ela nos ensina não apenas que muitas pessoas hoje vivem com medo da destruição que o modo de vida delas ajudou a produzir. Ela nos ensina também que muitas pessoas não têm ideia de *como* viver com esse medo da destruição, que é um medo não só do futuro, em que pode acontecer algo, mas do que está acontecendo agora e do que vem acontecendo há algum tempo. Olhamos, desviamos o olhar; sabemos, deixamos de saber. Vivemos na ansiedade produzida por sabermos que não sabemos o que secretamente deveríamos saber, e sabemos.

E quanto à guerra, como essa que está efetivamente sendo travada contra a Ucrânia: nós que vivemos fora daquela região conhecemos essa destruição? O que significa *não* a conhecer, ou mesmo saber que ela é inconcebível, ultrapassando o alcance do conhecimento? Ou a dizimação de povos da Amazônia, que estão morrendo e cujo extermínio está previsto em decorrência do extrativismo corporativo? E o que dizer dessa pandemia que ainda avança a taxas reduzidas, e das que estão por vir, que fazem com que tantas pessoas vivam com uma sensação de morte ambiental que elas não sabem nem como delimitar nem como lamentar? E consideremos o neoliberalismo e a destruição dos serviços sociais e públicos, o caráter cada vez mais precário do trabalho, a retirada do atendimento de saúde, da aposentadoria, dos direitos de proteção contra despejos: tudo isso ressalta o caráter cada vez mais dispensável das vidas, sua precariedade induzida. No momento em que escrevo, mais de 80 milhões de pessoas no mundo todo estão sendo deslocadas à força de suas casas, e aproximadamente uma em cada oito vive em favelas. As devastações do capitalismo exigiriam muitos livros a serem catalogados, mas a sensação de destruição, da destruição do que é mais valioso, está conosco o tempo todo, como realidade consumada, como processo contínuo ou como uma perspectiva apavorante. Muitos de nós vivemos com a sensação de que nossas vidas também são dispensáveis, ou podem vir a sê-lo a qualquer momento ou com o tempo; que podemos vir a nos encontrar ou já estamos em um endividamento impossível de ser pago, dependentes dos bancos por toda a vida, garantindo o lucro deles enquanto sequer somos capazes de pagar por abrigo. E o que dizer de todos nós que não sabemos se o futuro proporcionará atendimento de saúde acessível ou a preços razoáveis, nem temos qualquer perspectiva de trabalho estável que garanta nossas condições de vida e as daquelas pessoas de quem somos interdependentes?

Talvez tudo isso pareça distante do gênero. Mas quando o gênero é encarado como uma ameaça à humanidade, à civilização, ao "homem" e à natureza; quando o gênero é comparado a uma catástrofe nuclear, ao vírus ebola ou ao mais pleno poder demoníaco, então é a este medo crescente da destruição que os atores políticos recorrem. Eles veem o medo crescente e sabem que podem fazer uso dele para seus próprios propósitos, por isso o fazem crescer ainda mais. Existe o medo imediato e contínuo da destruição, cuja fonte é difícil de ser identificada, e que é solicitado e estimulado a fim de fortalecer tanto as autoridades religiosas como os poderes estatais – ou a aliança cada vez mais forte entre ambos, como vemos na Rússia de Putin, no Partido Republicano dos Estados Unidos e em vários países da Europa Oriental, do Leste Asiático e da África. O deslocamento desse medo da destruição de suas condições de produção identificáveis – desastre climático, racismo sistêmico, capitalismo, poderes carcerários, extrativismo, formas sociais e estatais patriarcais – resulta na produção de figuras ou fantasmas "culturais" investidos do poder para destruir a Terra e as estruturas fundamentais das sociedades humanas. É precisamente porque essa destruição está acontecendo sem que suas fontes sejam nomeadas e verificadas que o medo e a ansiedade se cristalizam sem um vocabulário ou análise adequada, e o "gênero" e a "teoria crítica da raça" são produzidos e apontados como as causas da destruição. Gênero não é apenas uma questão de identidade individual, mas uma categoria que descreve a divisão do trabalho, a organização dos Estados, a distribuição desigual do poder. Gênero nunca foi "meramente cultural", mas foi assim definido por oponentes que querem encarar o gênero como uma preocupação secundária, ou aqueles que acreditam que as patologias culturais são responsáveis pelo colapso dos mundos sociais. Uma vez identificado como causa de destruição, o próprio gênero deve ser destruído, e o que se segue são a censura, a extinção de departamentos de estudos de gênero e estudos sobre as mulheres, a retirada de direitos a atendimento de saúde, o aumento da patologização, a restrição de espaços para reuniões públicas, a revogação ou a rejeição de leis que protegem contra a discriminação e a aprovação de leis que segregam, silenciam e criminalizam quem tenta viver sua vida sem medo. Todas essas leis dizem: não, vocês viverão a vida com medo, ou talvez sequer valham como vidas.

Lembremo-nos de que o assassinato de mulheres e de pessoas trans, queer, bissexuais e intersexo é uma forma real de destruição em curso no mundo. O assassinato de mulheres negras, o assassinato de pessoas queer e trans negras, o assassinato de imigrantes, incluindo imigrantes queer e trans – todos esses são atos destrutivos. À medida que os números aumentam, torna-se cada vez mais evidente quais vidas são consideradas dispensáveis e quais não o são. A desigualdade do que é enlutável se dá a conhecer. Uma vez que o gênero, em sua forma fantasmática e abreviada, passa a incluir diversos elementos – o direito ao aborto; o acesso à tecnologia reprodutiva; serviços de saúde sexual e de gênero; direitos para pessoas trans de qualquer idade; liberdade e igualdade das mulheres; lutas pela liberdade das pessoas queer de minorias étnico-raciais; monoparentalidade; paternidade gay; novo parentesco fora dos modelos heteronormativos; direitos a adoção, redesignação sexual, cirurgia de confirmação de gênero, educação sexual; livros para jovens; livros para adultos e imagens de nudez –, ele representa uma ampla gama de lutas políticas às quais seus oponentes procuram pôr fim em seu esforço por restaurar uma ordem patriarcal para o Estado, a religião e a família, um autoritarismo para o presente. O único caminho a seguir é que todos os grupos atacados se reúnam de forma mais eficaz que seus inimigos, reconheçam uma aliança e combatam os fantasmas preparados por eles com um imaginário poderoso e regenerativo que possa distinguir entre a destruição da vida e uma afirmação coletiva da vida, definida pela luta e até pela indecisão.

*

Parece claro que as paixões ou tendências políticas fascistas são aquelas que procuram despojar as pessoas dos direitos básicos necessários para que vivam, e que fazem isso sem levar em consideração a provável morte dessas pessoas – seja porque o fascismo é um modo eficaz de aniquilar essas vidas, seja porque estabelece que elas são dispensáveis. Em contrapartida, o autoritarismo é geralmente entendido como uma forma de poder estatal, porém, autocratas emergem de dentro dos regimes democráticos, sendo eleitos exatamente por alimentarem paixões fascistas, aumentando o medo da destruição por movimentos sociais, o qual se converte em um álibi moral para destruir a vida de outras pessoas. O autocrata que procura atiçar as paixões fascistas sabe muito bem que o medo da destruição já se alastra entre quem viu a destruição do clima, do ambiente, dos sindicatos e das perspectivas de segurança financeira. Quando esse medo é inflamado e organizado pela sintaxe do fantasma, a "destruição" é localizada externamente, em pessoas ou línguas estrangeiras, em poderes de elite, ambos embutidos no "gênero", que ameaça invadir e destruir. O ataque ao gênero mobiliza lógicas conspiratórias milenares para sustentar regimes antidemocráticos. Se as fontes estrangeiras forem caracterizadas como judaicas, eis um modo aparentemente ainda mais eficaz de converter o medo da destruição em paixão fascista.

Talvez argumentos não tenham o poder de fazer frente ao medo da destruição que motiva o movimento da ideologia antigênero. O movimento explora a sensação de um mundo a caminho da imolação e incita esse medo a fim de angariar apoio para seu plano "moral" de destruição. Praticamente não há instância do movimento antigênero que não alegue estar salvando as crianças – do mal. O movimento encontra, alimenta e organiza esse medo sempre que pode. A tática é inteligente e eficaz, pois poucas coisas poderiam ser mais pessoais e singulares que o medo pela própria segurança corporal ou a de nossas crianças ou pessoas mais próximas. Porém, à medida que o medo de algumas pessoas é aliviado, o daquelas que são atacadas aumenta: o medo de serem feridas, mortas, patologizadas ou encarceradas se apodera de crianças trans e queer, adolescentes em busca de cuidados de saúde e jovens – incluindo garotas – que necessitam de serviços de saúde reprodutiva, um conjunto prejudicado por esse movimento que afirma estar "salvando as crianças". Igualmente doloroso é o medo que as mulheres sentem nas ruas enquanto tentam simplesmente viver a vida e circular livremente. Perceber quantas mulheres e pessoas LGBTQIA+ são tomadas pelo medo nas ruas, no local de trabalho ou em suas casas é começar a tomar consciência de como esse medo pode ser difuso e corrosivo. É importante saber quantas pessoas negras e marrons vivenciam esse medo diante da aproximação de um policial ou do dono de uma loja que as olha desconfiado; quantos jovens negros nos Estados Unidos, por exemplo, têm o fôlego sufocado por policiais que sabem de antemão que serão absolvidos. Trata-se de um medo específico, o sentido pela própria vida e, ao mesmo tempo, o medo de outra pessoa, aquele que ela sentiu antes de morrer, que um pai ou mãe sentiu quando mandou uma criança fazer compras no mercado da esquina. E se os movimentos políticos fossem forjados com todos aqueles que temem a discriminação e a violência nos espaços públicos e privados, que exigem viver e amar livremente, sem medo da violência? Talvez, então, "o medo da destruição" possa ser identificado de uma forma que mostre como a exploração fascista que se faz dele é tão flagrantemente errada.

Consideremos as fantasias operativas sobre os migrantes, elaboradas em apoio à política migratória xenófoba e racista, ou as fantasias sobre as mulheres como assassinas de crianças, operantes na retórica antiaborto, ou as que retratam as mulheres trans como violadores cis que se infiltram nos banheiros públicos. Em cada um desses casos, encontramos fenômenos que são ao mesmo tempo sociais e psicológicos. Quando o medo se alastra por uma população-alvo, quando o ódio é alimentado contra um conceito ou ideia como "gênero", que supostamente exerce o poder de destruição total, os instrumentos de que precisamos para compreender, reduzir e nos opor a tal movimento são extraídos de meios com o poder de ocupar e esvaziar o fantasma a serviço de outra forma de imaginação, aquela necessária para construir alianças vibrantes e transnacionais. Precisamos dessa forma de imaginar o avanço da solidariedade tanto quanto precisamos de ar para respirar, pois continuar vivendo e convivendo requer a solidariedade em meio a um ar respirável e um sentido de vida que inclua e exceda a vida humana para incluir outros seres vivos e processos. Se algo ou alguém tenta tirar aquilo de que precisamos para viver, começamos a lutar pela sobrevivência, mas lutar sem companhia nunca leva ninguém muito longe. O desamparo que se sente lembra o desamparo primário do bebê e a clara percepção de que, sem infraestrutura de apoio, nenhuma vida é vivível.

Quando os movimentos antigênero dizem que o gênero irá despojar você de sua identidade sexual, estão tentando despojar um grupo de pessoas da identidade sexual delas. A inversão e externalização que promovem devem ser lidas como uma confissão: o que defendem é a retirada de direitos. Essas pessoas alertam contra o "recrutamento" feito por docentes ou livros gays e lésbicos, mas estão recrutando o público para um cenário fantasmático em que são elas que estão sendo despojadas, por leis progressistas, de uma identidade sexual. Poderíamos esperar que a identificação com esse posicionamento expandisse as forças da afinidade e da preocupação, mas, nesse caso, a retirada dos direitos das pessoas trans é totalmente absorvida e obstruída pela identificação que o público é convidado a sentir. Em outras palavras, tudo se passa como se eles fossem os únicos que correm o risco de perder sua identidade sexual. Para eles, aparentemente, a única saída é negar os direitos de atribuição de sexo às pessoas trans. No entanto, os direitos trans à autodeterminação não negam direitos a ninguém. A autoatribuição é uma forma de liberdade para viver uma vida vivível, uma liberdade coletiva que foi alcançada por meio da luta. No entanto, ela é distorcida como um ato de privação de direitos a fim de justificar a privação dos direitos das pessoas trans. Da mesma forma, as famílias queer não negam as heterossexuais. Apenas contestam a inevitabilidade e a superioridade da forma familiar heteronormativa.

Pessoas que defendem "a família" estão sendo convidadas a aceitar um mundo em que as famílias assumem várias formas e a compreender que elas mesmas vivem apenas uma dessas formas. Esse mundo de parentesco e associação íntima complexos não é um mundo futuro, e sim *este* mundo, aquele em que efetivamente vivemos. Como denunciar mais publicamente todos os estratagemas do movimento antigênero? Poderá a dimensão psicossocial desse novo fascismo tornar-se conhecida em termos que todas as pessoas possam compreender? Sem essa investigação psicossocial, não podemos saber como os medos e desejos mais íntimos são entremeados ao tecido social em que vivemos – incluindo as rupturas e conflitos sociais, os rasgos nesse tecido social que lançam tantas pessoas na precariedade. Talvez possamos encontrar em inúmeras tradições religiosas e formas éticas de vida o simples preceito de que só podemos sobreviver a tempos perigosos e cruéis se houver quem não nos deixe cair.

*

Como tentei argumentar, esse foco intensificado no "gênero" por parte da direita tergiversa das várias forças sociais e políticas que estão, de fato, destruindo o mundo tal como o conhecemos: a destruição climática, a guerra, a exploração capitalista e a desigualdade social e econômica, a intensificação da precariedade e do abandono econômico, as favelas globais, a falta de abrigo, os campos de detenção, as formas sistêmicas de racismo, a desregulamentação, o neoliberalismo, o autoritarismo e as novas formas de fascismo. Mesmo assim, não podemos concluir que o "gênero" seja apenas uma forma de desviar a atenção destas outras forças mais verdadeiramente destrutivas, pois o gênero está relacionado a um sentido íntimo da experiência corporal vivida, um sentido de quem se é, os contornos corporificados de um eu e, para algumas pessoas, o sentido de uma âncora que mantém coesa a arquitetura do ego. A informação de que o sexo atribuído no nascimento não é necessariamente o mesmo que o sexo assumido ao longo do tempo é perturbadora apenas para quem quer pensar na própria atribuição de sexo menos como um ato jurídico conduzido de acordo com normas codificadas do que como uma verdade imutável do eu. Talvez algumas pessoas vivam o gênero como imutável, e isso é certamente aceitável. Mas deduzir dessa experiência uma generalização teórica, ou mesmo uma regra universal, é impor uma falsidade cruel a quem vive o gênero de forma diferente. E, no entanto, o gênero é apresentado pela direita como assustador, não só porque expõe como mutável o que antes era considerado imutável, mas porque, se outras pessoas podem se envolver em sexo gay e redesignação de sexo ou desfrutar de uma imagética sexual que a direita nega a si mesma ou trata como impensável, isso significa que o outro está vivendo uma possibilidade humana que redefine o que pode ser considerado humano. Sob tais condições, essa negação das possibilidades humanas torna-se, paradoxalmente, uma exigência de um eu normativo e, portanto, aquelas vidas ali estão vivendo o que foi estabelecido como impensável para alguém. Torná-las impensáveis significa que não podem ser imaginadas, por isso, quando aparecem, aparecem como fantasmas com o poder de destruir um eu heteronormativo ancorado em uma atribuição sexual inicial que se baseou na negação dessas vidas. É claro que as pessoas trans são concebíveis e imagináveis por muita gente que não é trans. Isso também se aplica ao aborto ou à sexualidade lésbica e gay. Mas, para pessoas transfóbicas, quando as vidas trans se tornam pensáveis, públicas e imagináveis, elas não aparecem como possibilidades humanas a serem afirmadas, mas como ameaças ao humano: monstros, fantasmas destinados a destruir a ordem sexual que reproduz tacitamente a arquitetura do ego transfóbico. A forclusão da própria ideia de trans leva a seu retorno na forma de fantasmas paranoicos. Por sua vez, isso produz a situação paradoxal em que a direita, e suas aliadas feministas transexcludentes, aparentemente pensam nas pessoas trans o tempo todo. E sob certas condições políticas, esses fantasmas podem ser colocados em circulação para se obter apoio a movimentos que atacam o "gênero" e prometem restaurar ordens patriarcais que prosperam com tautologias vibrantes e tóxicas: sexo é sexo, e nenhum debate ou mudança é permitido.

Em maio de 2022, pouco antes de ser eleita primeira-ministra da Itália pelo partido de direita Irmãos da Itália, Giorgia Meloni participou de um comício em Marbella, Espanha, realizado pelo Vox, o partido reacionário andaluz, para alertar sobre a ameaça à Espanha e à Europa em geral representada pela "ideologia de Greta Thunberg", o "Novo Acordo Verde" e outras formas de "fundamentalismo climático". Mas a pior ameaça, enfatizou ela, continua sendo a "*ideología de género*", que suprime a diferença entre masculino e feminino, dedica-se ao fim das mulheres e à morte da mãe; em seguida, ela pediu às mulheres e mães que se rebelassem e lutassem por suas "identidades sexuais". Seu discurso enveredou, então, em uma caricatura cruel de imigrantes do norte da África abusando de crianças. A ideologia do gênero é como a "invasão" de imigrantes, uma vez que ambas ameaçam a família tradicional e sua tarefa de reproduzir a família e a nação etnicamente puras. A passagem de um tópico a outro sem transição sugere uma ligação metonímica entre eles: o gênero é um migrante indesejado e abusivo, os norte-africanos estão levando abusos para a Europa e ambos estão ameaçando a nação e a própria Europa. Gênero e raça entrelaçam-se como um fantasma que ameaça a identidade nacional. Só no final de suas observações ela acrescentou uma referência aparentemente obrigatória a "Goldman Sachs", o qual, segundo ela, não tem lugar na Itália. Meloni entrou na política aos 15 anos, juntando-se a um grupo de ex-fascistas, a Frente Juvenil do Movimento Social Italiano. Em seu discurso, ela passa do capital financeiro judaico à menção a intelectuais progressistas, ao fundamentalismo islâmico e à esquerda secular, em nome do "povo", entendido como ocidental, cristão e europeu. Nesse trajeto, ela gritou algumas vezes, como se estivesse cantando um hino nacional estridente: "Não à ideologia de gênero, sim à identidade sexual!".

Em 2020, Meloni discursou na Conferência do Conservadorismo Nacional em Roma intitulado "Deus, Pátria, Família", defendendo "a família natural" e opondo-se à homoparentalidade e à gestação por substituição como práticas desumanas. Na opinião dela:

> Eles gostariam que desistíssemos de defender a família, considerando-a um conceito arcaico e atrasado a ser superado. Gostariam de nos convencer de que família é qualquer vínculo afetivo entre seres sencientes, que é um sinal de grande progresso civil e moral pagar a uma mãe pobre para manter seu filho em seu ventre durante nove meses e depois arrancá-lo de seus braços e entregá-lo a quem o comprou. Rejeitamos tudo isso, sem qualquer hesitação, embora hoje seja considerado extremamente escandaloso e até mesmo revolucionário dizer que uma família é composta por um homem e uma mulher, e por quantos filhos eles possam ter.

Não é escandaloso, mas é certamente falso. Eis uma retórica fascista emergindo de uma candidata posteriormente eleita mediante procedimentos de votação democráticos, alertando contra os poderes desses "ideólogos de gênero" que destruirão a base social do eu e suas relações mais íntimas, os direitos dos pais e o direito de viver no sexo do qual se é. E, no entanto, esses são exatamente alguns dos direitos pelos quais a maior parte dos ativistas de gênero está lutando e que ela propôs revogar.

Os movimentos antigênero alimentam o medo de que as pessoas comuns, heterossexuais e em conformidade com o gênero, sejam despojadas de sua condição de mãe, pai, homem ou mulher; que tais palavras deixem de ser pronunciáveis, ou que outras pessoas venham a interpretá-las com fins nefastos. Mas o apelo à negação dos direitos das pessoas trans a seu sexo autodesignado é invertido no cenário fantasmático, produzindo a ideia de que permitir tais direitos implicará tê-los retirados de si. Aqui a direita partilha uma suposição com as feministas transexcludentes: o sexo é uma propriedade à qual se tem direitos exclusivos, e qualquer esforço para desafiar o quadro de propriedade é um estratagema de quem tenta furtar ou se apropriar daquilo que não é seu por direito.

Em todo o movimento contra a ideologia de gênero, um sadismo da justiça moral triunfou sobre os poderes de uma aliança ampla ou de qualquer compromisso de coabitação com base na igualdade. Essa forma de sadismo baseia-se na convicção de que alimentar o ódio é a única forma de salvar o mundo, e que só com destruição se põe fim à destruição. Uma formulação desse tipo, é claro, intensifica a destrutividade no mundo sob o pretexto de salvar o mundo da destruição. Esse ataque aos direitos de jovens trans a atendimento de saúde é empreendido com a desculpa de salvar as crianças do mal. Mas aqui, mais uma vez, o ataque ao direito a atendimento de saúde é o próprio mal; a alegação de estar "salvando" a juventude dá ao sadismo um álibi moral.

Para deixar claro: há muitas razões para temer a destruição, incluindo o neoliberalismo intensificado, o fosso cada vez maior entre ricos e pobres, o número crescente de pessoas que estão pobres e vivem em favelas globais, o ataque ao meio ambiente e a sensação de que a Terra tal como a conhecemos não será capaz de sobreviver à destruição climática. Às vezes, o medo é mais íntimo: a família, ou o próprio sentido de família, é radicalmente desafiada pelas associações íntimas estabelecidas por outras pessoas, ou mesmo aquelas estabelecidas por pessoas mais jovens da própria família. O medo da pobreza e a experiência de viver na pobreza são sempre viscerais, sentidos no nível corporal como fome, medo e raiva, a perspectiva ou realidade de viver sem abrigo, a perspectiva ou realidade de nunca ganhar dinheiro suficiente para o aluguel ou de nunca conseguir pagar dívidas que duram mais que nossa própria vida.

Os grupos conservadores que se opõem ao gênero como um grave perigo, um fantasma monstruoso, já estão assolados por tremores fantasmáticos, isto é, por viverem em um mundo cujo futuro é radicalmente incerto. Esse é o contexto em que emergem os medos apocalípticos do gênero, no qual o sentimento de destruição iminente se localiza no termo, na forma de estudo, no uso da palavra pelas políticas públicas contra a discriminação e a violência.

Há um motivo pelo qual é o "gênero" que atrai ansiedades específicas, e não qualquer outro termo. Mesmo que seus oponentes não tenham lido muito, compreendem que o gênero está relacionado à sua própria corporificação, suas formas de intimidade, seu modo de vida sexual, aos limites sob os quais vivem e imaginam, às formas potenciais de viver ou amar que as proibições tornam mais vívidas e assustadoras. Se o tabu contra a homossexualidade for superado, isso significará que os tabus sexuais, incluindo os que excluem o sexo com crianças e animais, também serão eliminados? Algumas pessoas temem uma onda de sexualidade não licenciada resultante da superação de tabus que não têm razão de existir. Esse deslizamento de um tema para outro pertence à metonímia do cenário fantasmático que permite que as associações tenham precedência sobre o que ainda poderíamos chamar de "fatos". O medo se propaga de um tabu a outro, libertando a imaginação sexual em espectros de terror, até que se imagine uma sexualidade totalmente sem lei ou um sentimento desenfreado de prerrogativa que destruirá todos os vínculos sociais.

Pensar no movimento antigênero apenas como uma "guerra cultural" seria um erro. O movimento está claramente reagindo a formações econômicas que deixaram muitas pessoas radicalmente inseguras quanto ao próprio futuro, com a sensação de que suas condições de vida estão se deteriorando. As acadêmicas polonesas Agnieszka Graff e Elżbieta Korolczuk argumentaram que cometemos um erro ao imaginar que as pessoas críticas ao gênero são simplesmente conservadores culturais com sentimentos profundos sobre a preservação da família tradicional. Na opinião das autoras, tais pessoas estão, de fato, respondendo ao deslocamento e à insegurança que resultam do neoliberalismo. No caso da Polônia e dos países adjacentes no Leste Europeu,

> os atores antigênero posicionam-se consistentemente como guerreiros da justiça e defensores das pessoas comuns contra a ganância corporativa do capital global. Por isso, listam entre seus inimigos não apenas instituições transnacionais como a ONU e a Organização Mundial de Saúde, mas também figuras icônicas do capitalismo global, como George Soros e Bill Gates, empresas farmacêuticas que procuram vender contraceptivos e o *establishment* médico que oferece aborto e fertilização *in vitro*.[1]

Esses atores se opõem às formas de individualismo, privatização e destruição de serviços públicos provocadas por uma política de austeridade considerada imposta pela União Europeia e pelas principais instituições bancárias. Não é apenas a esquerda que se opõe aos efeitos devastadores do neoliberalismo, incluindo a saturação da vida cotidiana com os valores mercadológicos. Graff e Korolczuk afirmam:

---

[1] Agnieszka Graff e Elżbieta Korolczuk, *Anti-Gender Politics in the Populist Moment* (Nova York, Routledge, 2021), p. 7.

No centro e no leste da Europa, a revolução neoliberal – o desmantelamento do Estado de bem-estar socialista, com seu generoso sistema universal de atendimento de saúde, segurança no emprego e apoio estatal às famílias – ocorreu como parte da transformação sistêmica na década de 1990 e foi acompanhada por um retorno aos papéis de gênero tradicionais. [...] A diferença importante entre o contexto pós-socialista e o contexto estadunidense é que, enquanto nos Estados Unidos o regresso aos "valores familiares" foi concebido principalmente em termos de reforço da responsabilidade individual, sendo, portanto, totalmente compatível com o *ethos* neoliberal, nos países pós-socialistas a revolução neoliberal foi vivida por muitas pessoas como uma destruição da comunidade e da tradição.[2]

No movimento contra a ideologia de gênero, no entanto, os tradicionalistas conservadores (distintos dos neoconservadores) emergem como uma força política oposta ao neoliberalismo, e no Leste Europeu essa oposição centra-se em formas de individualismo (e em seu imperativo empreendedor) que são vistas como destruidoras das relações sociais e dos laços tradicionais. À medida que os serviços sociais são retirados e desmantelados sob o neoliberalismo (e à medida que o ideal de bem-estar social é dissolvido em prol de mercados privatizados), a família torna-se ainda mais importante, sobredeterminada e sobrecarregada na condição de substituta do Estado social. O individualismo, percebido como algo que flui livremente a partir de Bruxelas ou Washington é contrariado não pelo renascimento dos ideais socialistas ausentes de estruturas estatais totalitárias, mas pelo tradicionalismo de gênero e pela restauração da família patriarcal e do aparelho estatal. As mulheres conservadoras rejeitaram o feminismo porque ele parecia representar um modelo de liberdade individual que as arrancaria de seus laços sociais mais importantes, incluindo os laços com igrejas que procuram defendê-las do feminismo e do "gênero". E uma vez que esses laços são agora seu ponto de apoio social, o individualismo do tipo associado ao feminismo liberal e ao gênero parecia uma força de destruição social. A oposição à devastação econômica, à dívida e à saturação neoliberal da vida cotidiana com valores de mercado ligava-se, assim, à oposição ao "gênero", entendido como uma força neoliberal com o poder de despedaçar as famílias tradicionais.

Neville Hoad nos faz saber de como essa oposição acontece na África, onde a dependência de nações e instituições ricas cria ceticismo diante da versão seletiva de direitos básicos e valores liberais imposta em troca de bens básicos:

---

[2] Ibidem, p. 31.

Sob a globalização, os programas nacionais de redistribuição de excedentes sociais ficam paralisados. A provisão de itens básicos, como alimentos, água, abrigo, medicamentos, abastecimento de água abundante e limpa, depende cada vez mais dos países doadores (embora seja importante lembrar que, em função do serviço da dívida, a África é um exportador líquido de capital). Esses países doadores são, ou são imaginados como, os guardiões dos valores liberais, entre o quais a tolerância à homossexualidade. No entanto, a seletividade desses direitos e valores ostensivamente universais deve ser entendida como propaganda. Ela ignora exatamente os direitos [...] como o direito à alimentação, o direito ao abrigo, o direito à água potável e o direito a atendimento de saúde.[3]

É, portanto, crucial que a política de gênero se oponha ao neoliberalismo e a outras formas de devastação capitalista e não se torne seu instrumento; que se oponha à continuidade da colonização e de todas as formas de racismo, incluindo aquelas que afligem migrantes; e que se posicione no âmbito de alianças em expansão. A política de gênero não é corretamente descrita como política "identitária" se seu objetivo final for criar o mundo em que todos nós queremos viver. É em virtude de nossa interdependência que temos uma oportunidade de sobreviver e prosperar. Será que podemos fazer alianças que reflitam essa interdependência com a vida humana e não humana, uma aliança que se oponha à destruição climática e defenda uma democracia radical informada por ideais socialistas?

*

Quando a política de gênero permanece restrita à esfera liberal dos direitos individuais, ela não é capaz de abranger os direitos básicos como o de habitação, alimentação, ambientes não tóxicos, proteção contra endividamentos impagáveis e atendimento de saúde que deveriam pertencer a qualquer luta por justiça social e econômica. Quando países e regiões são coagidos a aceitar uma versão de direitos que deixa desatendidas suas necessidades básicas, não é de admirar que surja ceticismo em relação a esses mesmos direitos. E quando esses direitos são enquadrados em termos que não se traduzem bem nas culturas locais, a crítica do imperialismo cultural não é injustificada. Para que a crítica da

---

[3] Neville Hoad, *African Intimacies: Race, Homosexuality, and Globalization* (Mineápolis, University of Minnesota Press, 2007), p. 85.

coerção financeira e do imperialismo cultural se torne parte integrante de uma política de gênero transnacional, precisaremos fazer as pessoas lembrarem por que e como desejam viver, reivindicando a vida para a esquerda, encontrando vida nas relações que nos sustentam, em alianças formadas entre todas aquelas pessoas que procuram que a igualdade e a liberdade sejam alcançadas em um mundo habitável, em uma Terra duradoura e regenerativa. Isso significa conviver em nossas profundas diferenças sem sucumbir às formas destrutivas às quais devemos nos opor.

A única maneira de sair desse dilema é aliar a luta pelas liberdades e direitos de gênero à crítica do capitalismo, formular as liberdades pelas quais lutamos como liberdades coletivas e deixar o gênero se tornar parte de uma luta mais ampla por um mundo social e econômico que elimine a precariedade e forneça atendimento de saúde, abrigo e alimentos em todas as regiões. Essa pauta desenvolveria um entendimento da formação do indivíduo dentro de um mundo social, o corpo individual como portador do traço do social em suas relações, reais e implícitas, com os outros – um corpo ao mesmo tempo poroso e interdependente. Significaria aceitar que, como criaturas humanas, persistimos apenas na medida em que estamos ligadas umas às outras. Quando dizemos "quero ser livre" ou "quero que você seja livre", estamos falando sobre esses eus distintos, mas também sobre liberdades sociais que devem ser concedidas a todas as pessoas, desde que nenhum dano real seja causado. E para que essa advertência funcione, temos de denunciar a disseminação do medo que transformaria as liberdades fundamentais em males, a fim de fazer da liberdade um objeto novo e vital de desejo. Viver de acordo com essa máxima significa que devemos distinguir entre males reais e aqueles que dominam a imaginação como possibilidades iminentes, produzidas por quem faz da incitação ao ódio um negócio. Mas não podemos aprender como não causar o mal se a própria liberdade for considerada um mal, ou se nos convencermos de que as lutas por igualdade, liberdade e justiça prejudicam o mundo. Em vez disso, vamos mostrar que o mundo, a Terra, depende de nossas liberdades, e que a liberdade não faz sentido quando não é coletiva, por mais difícil que a vida em coletividades emancipatórias possa ser.

*

Nestas páginas, procurei fornecer argumentos contra algumas das principais alegações do movimento contra a ideologia de gênero, incluindo a ideia de que o gênero é uma invenção e apenas o sexo "natural" é real; a de que o gênero pertence a um regime totalitário ou irá resultar em um; que exemplifica o hipercapitalismo e roubou poderes criativos ao divino; que é uma força de destruição comparável ao ebola ou a uma guerra nuclear; que é uma forma de colonização; que prejudica as crianças. Os argumentos que apresentei funcionam em conjunto com uma leitura da sobredeterminação fantasmática do "gênero" como termo, procurando localizar alguns dos medos e ansiedades, bem como os ódios, que entram na retórica política dirigida contra o gênero. O fato de o "gênero" ser chamado de ideologia é um exemplo do tipo de externalização, projeção e inversão de significados que ocorrem na zona do fantasmático. Ao chamar o gênero de construção ou formação ideológica, seus oponentes procuraram associá-lo a crenças falsas, que apoiam o totalitarismo ou o comunismo de Estado, por um lado, mas também o imperialismo e a destruição de culturas locais, por outro. Esta crítica, por outras palavras, toma emprestado e anula a história do próprio conceito de ideologia para travar uma batalha contra o "gênero", que é, nas mãos de tais oponentes, uma abreviatura para um conjunto de movimentos sociais e políticos que ainda precisam encontrar a forma de um contramovimento durável e poderoso. Se for bem-sucedida, essa aliança abrirá novas formas de afirmação da vida após a derrocada patriarcal.

Para quem pensa que o gênero é uma opressão secundária ou que as feministas deveriam cerrar fileiras atrás da esquerda presumivelmente masculina, é hora de repensar as coordenadas do mapa político contemporâneo. O gênero não é uma questão secundária para Orbán, Putin ou Meloni, mas um ponto de convocação fundamental na defesa dos valores e até da segurança nacionais. As feministas que pensam que os direitos trans ou as mobilizações LGBTQIA+ são uma distração ou uma ameaça deveriam, francamente, perceber que todas as nossas lutas estão agora interligadas, na medida em que procuramos superar os poderes que procuram privar-nos de condições básicas de vida. Não pode haver uma luta bem-sucedida contra as forças que negam direitos básicos às mulheres sem reconhecer todas as pessoas que são mulheres, sem reconhecer que essas mesmas forças estão fechando fronteiras em nome de ideais racistas e nacionalistas e atacando lésbicas, gays, pessoas não conformantes de gênero e jovens trans, especialmente a juventude de grupos étnico-raciais minorizados.

Podemos pensar que o movimento contra a ideologia de gênero está errado, mas por que sustentar que também é fascista? Como insisti no início deste livro, o fascismo dá nome às paixões, mas é o autoritarismo que dá nome à realidade política emergente, quando não já concretizada. No *The Michael Knowles Show*, que atrai centenas de milhares de ouvintes on-line, Knowles, um comentarista de direita e orador de destaque na Conferência de Ação Política Conservadora nos Estados Unidos, declarou o seguinte:

> Se o transgenerismo [sic] for falso, como é, não deveríamos ceder a ele, especialmente porque essa indulgência exige a retirada dos direitos e costumes de tantas pessoas. Se for falso, então, para o bem da sociedade, e especialmente para o bem das pobres pessoas que foram vítimas dessa confusão, o transgenerismo deve ser totalmente erradicado da vida pública. A ideologia afrontosa como um todo – em todos os níveis.[4]

A linguagem da erradicação pertence ao fascismo e hoje é dirigida não apenas contra pessoas trans, mas contra todas aquelas que foram agrupadas sob os signos do "gênero", da "teoria crítica da raça" e do "*woke*". As definições de fascismo tendem a basear-se no estudo da forma que ele tomou no século XX, motivo pelo qual são necessários novos vocabulários para compreender as novas iterações do fascismo que surgiram nas últimas décadas. Dado o caráter mutável das economias e das formas contemporâneas de estender as formas militarizadas de poder à polícia, às prisões e ao patrulhamento de fronteiras nacionais, estamos diante de uma combinação de neoliberalismo e formas intensificadas de segurança que racionalizam a destruição de vidas e meios de subsistência[5]. Os autocratas contemporâneos podem não se considerar fascistas, mas recorrem à técnica fascista e ao estímulo às paixões fascistas para permanecer no poder. Os novos autocratas protestam contra os movimentos sociais, incluindo o feminismo, o multiculturalismo e os movimentos pelos direitos e liberdades LGBTQIA+, pelos direitos civis e a proteção dos direitos de populações migrantes e refugiadas, todos eles apresentados como inimigos internos que ameaçam a nação, ou como inimigos externos prestes a derrubar a porta e ameaçar a pureza fantasmática da nação.

Talvez seja nas alegrias do sadismo desavergonhado que se encontrem potenciais fascistas do presente. Todos os autocratas contemporâneos prometem uma "libertação" de um superego esquerdista que afirmaria vidas trans, a cultura

---

[4] Ver Émile P. Torres, "Are Conservatives at the Daily Wire Really Calling for Trans 'Genocide'?", *Truthdig.com*, 22 maio 2023; disponível on-line.

[5] Ver Zeynep Gambetti e Marcial Godoy-Anativia (orgs.), *Rhetorics of Insecurity: Belonging and Violence in the Neoliberal Era* (Nova York, New York University Press, 2013).

"*woke*" e as lutas feministas e antirracistas. Esse ataque descarado aos movimentos sociais progressistas desencadeou uma "libertação" da responsabilidade moral e um direito ao privilégio e ao poder que, por sua vez, demonstrou seu triunfo ao destruir os direitos básicos de imigrantes, pessoas queer, mulheres, pessoas negras e marrons e dos povos indígenas. Esses autocratas procuram reforçar o apoio público que recebem destruindo qualquer sentimento de pertença política comum em favor de formas nacionalistas, racistas, patriarcais e religiosas de supremacia sociopolítica, subordinação e despossessão.

A postura e prática de impunidade e a falta de vergonha que encontramos nas figuras de Trump, Bolsonaro, Orbán, Meloni e Erdoğan, por exemplo, são bastante diferentes daquelas dos chamados fascistas carismáticos do século XX. As tendências fascistas contemporâneas – aquelas que se envolvem em negociações mortíferas e na privação de direitos em nome da defesa da família, do Estado e de outras instituições patriarcais – apoiam formas de autoritarismo cada vez mais fortalecidas. É por isso que não faz sentido que feministas "críticas ao gênero" se aliem a poderes reacionários para atacar pessoas trans, não binárias e de gênero queer. Temos de promover uma luta que atravesse as nossas diferenças e mantenha em foco a fonte da opressão, testando nossas teorias sobre o outro por meio da escuta e da leitura, permanecendo abertos a que nossas suposições tradicionais sejam desafiadas e encontrando formas de construir alianças que permitam que nossos antagonismos não reproduzam os ciclos destrutivos aos quais nos opomos. Não podemos nos opor à discriminação contra nós para depois apoiá-la contra os outros. Não podemos nos opor a formas sistemáticas de ódio contra um grupo caso nos aliemos a outros que intensificariam esse ódio em múltiplas direções. Não podemos censurar mutuamente nossas posições só porque não queremos escutar. Não é hora de nenhum dos alvos deste movimento ser mesquinho e divisionista, pois defender os estudos de gênero e a importância do gênero, segundo qualquer conceito de justiça, liberdade e igualdade, é aliar-se à luta contra a censura e o fascismo.

É certo que não estamos vendo Estados fascistas da ordem da Alemanha nazista, mas até mesmo essa história nos aconselha a não desviar o olhar dos potenciais fascistas que são cada vez mais efetivos em várias regiões do mundo, através do movimento contra a ideologia de gênero. Dado que o fascismo emerge ao longo do tempo, precisamos conhecer os passos pelos quais ele emerge e identificar potenciais fascistas quando eles aparecem. Nada disso implica que os potenciais fascistas se materializarão como regimes fascistas, mas, se a disposição para resistir é imperativa – e é – temos de identificar esses potenciais e agir contra seu ímpeto crescente. Podemos deter esse ímpeto, mas apenas intervindo como uma aliança que não destrua os próprios laços. Afinal, isso seria reiterar a lógica à qual nos opomos, ou à qual deveríamos nos opor. Em contrapartida, libertar os potenciais democráticos radicais das nossas próprias alianças em expansão pode mostrar que estamos do lado da vida vivível, do amor com todas as suas dificuldades e da liberdade, tornando esses ideais convincentes a tal ponto que ninguém poderia desviar o olhar, tornando o desejo novamente desejável de maneira tal que as pessoas queiram viver, e queiram que as outras pessoas vivam, no mundo que imaginamos, em que o gênero e o desejo pertencem ao que entendemos por liberdade e igualdade. E se transformarmos a liberdade no ar que respiramos conjuntamente? Afinal, esse é o ar que pertence a todas as pessoas, sustentando nossa vida, a menos, é claro, que as toxinas – e são muitas – permeiem a atmosfera.

Agradecimentos

Esta obra foi desenvolvida ao longo de vários anos, começando com acontecimentos no Brasil em 2017, onde a queima de uma efígie que me representava reuniu multidões do lado de fora de uma conferência organizada no Sesc Pompeia, em São Paulo, e onde, no aeroporto, minha parceira, Wendy Brown, e eu nos deparamos com pessoas que nos ameaçaram de agressão física. Agradeço ao jovem da mochila que jogou seu corpo entre mim e um agressor, recebendo os golpes que me eram dirigidos. Gostaria de saber o nome dele, mas tudo que tenho é sua imagem travando uma briga no chão do aeroporto. Esse estranho extraordinário e a coragem manifesta de Wendy reforçaram minha crença tanto na ética espontânea como na solidariedade política. Ao refletir sobre quem eram aquelas pessoas furiosas que nos acusaram de um conjunto caótico e sinistro de crimes sexuais, decidi escrever sobre o movimento contra a ideologia de gênero.

Posteriormente, tomei parte de conversas contínuas com um grupo extraordinário de especialistas e ativistas de muitas regiões que já estavam analisando e resistindo a esse movimento antigênero em suas formas globais e locais. Algumas dessas pessoas ofereceram suas opiniões sobre versões anteriores deste trabalho, o que permitiu a este livro tornar-se melhor do que teria sido. Suas opiniões nem sempre são as minhas, e elas não têm responsabilidade por erros ou omissões encontrados neste livro. Entre elas estão Sonia Corrêa, Zeynep Gambetti, Başak Ertür, Adriana Zaharijević, Sarah Bracke e Sabine Hark. Leticia Sabsay concedeu conversas inestimáveis sobre a estrutura e o objetivo do livro, e sou grata por sua sabedoria. Também sou grata à rede estabelecida no Departamento de Estudos de Gênero da London School of Economics – Transnational "Anti-Gender" Movements and Resistance: Narratives and

Interventions [Movimentos Transnacionais "Antigênero" e Resistência: Narrativas e Intervenções], dirigida por Clare Hemmings e Sumi Madhok – por preparar o caminho para uma ampla estratégia de resistência. Agradeço também ao Centro de Estudos de Gênero da Universidade de Cambridge, especialmente a Jude Browne e Sarah Franklin, e ao Programa Psicossocial da Faculdade Birkbeck da Universidade de Londres, onde uma série de colegas ajudaram a esclarecer a importância do psicossocial ao longo de vários anos. Vários outros públicos (a maioria digitais!) e colegas nos Estados Unidos, Canadá, Brasil, Chile, Argentina, Itália, França, Uganda, África do Sul, Japão, China, Quirguistão, Turquia e Alemanha envolveram-se neste trabalho de forma produtiva, e agradeço pelas perguntas críticas e sugestões úteis oferecidas ao longo do caminho. Estou em dívida com a Universidade da Califórnia em Berkeley, pelo apoio contínuo, e com o Consórcio Internacional de Programas de Teoria Crítica, apoiado pela Fundação Mellon, cujas afiliadas melhoraram minha compreensão do mundo além da medida. Agradeço também a Éric Fassin, Jacqueline Rose, Joan W. Scott, Wendy Brown, Michel Feher, Athena Athanasiou, Elena Tzelepis, Elena Loizidou, Eva von Redecker, Akiko Shimizu, Elsa Dorlin, Gayle Salamon, Angela McRobbie, Nacira Guénif-Souilimas, Natalia Brizuela, Ken Corbett, Sara Ahmed, Jay Bernstein, Lynne Segal, Mandy Merck e Denise Riley por mobilizarem meus pensamentos à medida que eles se desenrolavam ao longo de um caminho difícil e por me incentivarem a enfrentar a dificuldade e pensar de novas maneiras. Agradeço a Alexandra Chasin, Frances Bartkowski e A. B. Huber pela amizade e o apoio duradouros. Sou especialmente grata a Sarah Chalfant e Claire Devine, da Wiley Agency, pelo apoio contínuo ao meu trabalho, e a Eric Chinski e Jackson Howard, editores da Farrar, Straus e Giroux, cujas paciência, atenção e confiança me ajudaram a terminar o livro.

Partes desta obra foram publicadas anteriormente em diferentes versões: "Gender in Translation: Beyond Monolingualism", *philoSOPHIA: A Journal of Continental Feminism*, v. 9, n. 1, 2019, p. 1-25, revisado em Jude Browne (org.), *Why Gender?* (Cambridge, Cambridge University Press, 2021), p. 15-37; "What Threat? The Campaign Against 'Gender Ideology'", *Glocalism*, n. 3, 2019, p. 1-12; "Anti-Gender Ideology and Mahmood's Critique of the Secular Age", *Journal of the American Academy of Religion*, v. 87, n. 4, 2019, p. 955-67; "Why Is the Idea of 'Gender' Provoking Backlash the World Over?", *The Guardian*, 23 out. 2021; "The Backlash Against 'Gender Ideology' Must Stop", *The New Statesman*, 21 jan. 2019.

Sobre Judith Butler

Judith Butler nasceu em Cleveland, Ohio, nos Estados Unidos, em 1956. Cursou o Bennington College e, depois, a universidade de Yale. Em 1979 recebeu a bolsa Fulbright para estudar na universidade de Heidelberg. Seus estudos em filosofia tiveram início com o idealismo alemão, a fenomenologia e a Escola de Frankfurt. Depois de obter seu título de Ph.D. pela Yale em 1984, voltou-se para o pós-estruturalismo, para o qual sua obra tem dado grande contribuição.

Escreveu diversos livros, incluindo *Problemas de gênero: feminismo e subversão da identidade* (trad. Renato Aguiar, Rio de Janeiro, Civilização Brasileira, 2018), *Corpos que importam: os limites discursivos do "sexo"* (trad. Veronica Daminelli e Daniel Yago Françoli, São Paulo, n−1/Crocodilo, 2019), *A vida psíquica do poder: teorias da sujeição* (trad. Rogério Bettoni, Belo Horizonte, Autêntica, 2017), *Discurso de ódio: uma política do performativo* (trad. Roberta Fabbri Viscardi, São Paulo, Editora Unesp, 2021), *Corpos em aliança e a política das ruas: notas sobre uma teoria performativa de assembleia* (trad. Fernanda Siqueira Miguens, Rio de Janeiro, Civilização Brasileira, 2018), *Caminhos divergentes: judaicidade e crítica do sionismo* (trad. Rogério Bettoni, São Paulo, Boitempo, 2017) e *A força da não violência: um vínculo ético-político* (trad. Heci Regina Candiani, São Paulo, Boitempo, 2021).

Além de suas inúmeras distinções e publicações acadêmicas, Butler escreveu editoriais e resenhas em veículos como *The Guardian*, *The New Statesman*, *The Nation*, *Time*, *London Review of Books* e em uma ampla variedade de revistas acadêmicas, jornais, programas de rádio e podcasts em diversas partes do mundo. É docente titular da Escola de Pós-Graduação da Universidade da Califórnia em Berkeley, onde atualmente reside. Seu trabalho foi traduzido para mais de vinte e sete idiomas.

OUTRAS PUBLICAÇÕES DA BOITEMPO

Democracia para quem?: ensaios de resistência
ANGELA DAVIS, PATRICIA HILL COLLINS E SILVIA FEDERICI
Tradução de VComunicações
Prefácio de Marcela Soares
Orelha de Juliana Borges

A ordem do capital: como economistas inventaram a austeridade e abriram caminho para o fascismo
CLARA E. MATTEI
Tradução de Heci Regina Candiani
Nota da edição de Clara E. Mattei e Mariella Pittari
Orelha de Luís Nassif
Apoio de Fundação Perseu Abramo

Enfrentando o Antropoceno: capitalismo fóssil e a crise do sistema terrestre
IAN ANGUS
Tradução de Glenda Vicenzi e Pedro Davoglio
Apresentação de John Bellamy Foster
Orelha de Alexandre Araújo Costa

Pessoas decentes
LEONARDO PADURA
Tradução de Monica Stahel
Orelha de Xico Sá
Apoio do Ministerio de Cultura y Deporte da Espanha

Por que Lukács?
NICOLAS TERTULIAN
Tradução de Juarez Torres Duayer
Revisão técnica de Ester Vaisman
Prefácio de Ester Vaisman e Juarez Torres Duayer
Orelha de Miguel Vedda

ARSENAL LÊNIN

Conselho editorial: Antonio Carlos Mazzeo,
Antonio Rago, Fábio Palácio,
Ivana Jinkings, Marcos Del Roio, Marly Vianna,
Milton Pinheiro e Slavoj Žižek

O desenvolvimento do capitalismo na Rússia
VLADÍMIR ILITCH LÊNIN
Tradução de Paula Vaz de Almeida
Apresentação de José Paulo Netto
Orelha de Anderson Deo
Apoio da Fundação Maurício Grabois

BIBLIOTECA LUKÁCS
Coordenação: José Paulo Netto e Ronaldo Vielmi Fortes

Estética: a peculiaridade do estético – volume 1
György Lukács
Tradução de Nélio Schneider
Revisão técnica de Ronaldo Vielmi Fortes
Apresentação de José Paulo Netto
Orelha de Ester Vaisman

ESCRITOS GRAMSCIANOS
Conselho editorial: Alvaro Bianchi, Daniela Mussi, Gianni Fresu, Guido Liguori, Marcos del Roio e Virgínia Fontes

Vozes da terra: escritos de 1916 a 1926
Antonio Gramsci
Organização e apresentação de Marcos Del Roio
Tradução de Carlos Nelson Coutinho e Rita Coitinho
Notas da edição de Rita Coitinho e Marília Gabriella Borges Machado
Orelha de Giovanni Semeraro

ESTADO DE SÍTIO
Coordenação: Paulo Arantes

Colonialismo digital: por uma crítica hacker-fanoniana
Deivison Faustino e Walter Lippold
Prefácio de Sérgio Amadeu da Silveira
Orelha de Tarcízio Silva

MARX-ENGELS

Ludwig Feuerbach e o fim da filosofia clássica alemã
Friedrich Engels
Tradução de Nélio Schneider
Apresentação de Eduardo Chagas
Orelha de Arlene Clemesha

MUNDO DO TRABALHO
Coordenação: Ricardo Antunes
Conselho editorial: Graça Druck, Luci Praun, Marco Aurélio Santana, Murillo van der Laan, Ricardo Festi e Ruy Braga

A angústia do precariado: trabalho e solidariedade no capitalismo racial
Ruy Braga
Prefácio de Sean Purdy
Orelha de Silvio Almeida

PONTOS DE PARTIDA

Lukács: uma introdução
José Paulo Netto
Orelha de João Leonardo Medeiros

ARMAS DA CRÍTICA

O CLUBE DO LIVRO DA **BOITEMPO**

UMA BIBLIOTECA PARA **INTERPRETAR** E **TRANSFORMAR** O MUNDO

Lançamentos antecipados
Receba nossos lançamentos em primeira mão, em versão impressa e digital, sem pagar o frete!

Recebido camarada
Todo mês, uma caixa com um lançamento, um marcador e um brinde. Em duas caixas por ano, as novas edições da Margem Esquerda, **revista semestral da Boitempo.**

Fora da caixa
Além da caixa, a assinatura inclui uma versão digital do livro do mês*, um guia de leitura exclusivo no Blog da Boitempo, um vídeo antecipado na TV Boitempo e 30% de desconto na loja virtual da Boitempo.

Quando começo a receber?
As caixas são entregues na segunda quinzena de cada mês. Para receber a caixa do mês, é necessário assinar até o dia 15!

FAÇA SUA ASSINATURA EM
ARMASDACRITICA.COM.BR

*Para fazer o resgate do e-book, é necessário se cadastrar na loja virtual da Kobo.

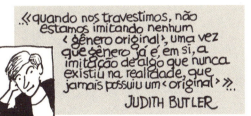

Recorte de resenha em quadrinhos de Laerte Coutinho sobre o livro *Judith Butler e a teoria queer*, de Sara Salih, para o caderno *Ilustrada* da *Folha de S.Paulo*, 5 jan. 2013.

Este livro foi publicado em fevereiro de 2024, 6 anos após a viagem ao Brasil que motivou Judith Butler a escrevê-lo. Composto em Adobe Garamond Pro, corpo 11/14,3, foi reimpresso em papel Pólen Natural 70 g/m² pela gráfica Rettec, para a Boitempo, em julho de 2024, com tiragem de 3 mil exemplares.